講座 近代日本と漢学

第6巻

漢学と近代文学

山口直孝 編

戎光祥出版

「講座　近代日本と漢学」刊行にあたって

ここでいう「漢学」という言葉は、「国学」や「洋学（蘭学）」に対しての表現であり、近代の用語である。それが近代以降の用語であるのは、それ以前において漢文漢籍を読解することは、学問そのものだったからだ。もっとも中国の漢籍から学ぶこと自体は、朝鮮半島を経た漢字の伝来から始まったといってもよいだろう。以来、日本人は漢籍から学び続けることになる。しかし、江戸幕藩体制から明治新政府に政権が移った時、天皇制日本は欧化政策による近代化を目論んだために、「漢学」という学問は衰退することになる。江戸時代後半には、各藩にあった「漢学」を学ぶ藩校も、明治期に入ると近代的な教科内容の学校として組み替えられていくか、廃止されていくことになった。

しかし、江戸時代に育った若者たちには、手に入れた「漢学」の読解素養で新時代の知見を手に入れようとするものもいた。新しい帝都には、たくさんの漢学塾が開かれており、地方の若者たちが遊学したのである。もちろん、いち早く英語塾で学ぶものも多かっただろう。しかし、こうした西洋の言語や諸制度に、多くの若者たちが目を向けたことは、近代の私立学校の成立史にはっきりと示されている。やがて世代の推移とともに漢学塾そのものは消滅していき、漢文で書かれた小説を読むものも、漢詩文を作るものも少なくなっていった。明治末年、自然主義文学の流行からより新しい文学の台頭に見るように、明治期の近代的な教育制度のなかで育った世代が若者に成長してきたからだ。

しかも、帝国大学文科大学の制度では、中国の文献を対象とした領域の「漢学」は、ひとつは各国文学としての中国文学に向かわざるを得ないことになる。各国文学とそれを対象にした学問研究が、近代国民国家の成立と共に生みだされたからである。さらに、学問体系が哲学・史学・文学に再編されていくなかでは、「国学」が対象としたものは、哲学（神道）と国史学と国文学に分かれ、「漢学」が対象としたものは、中国哲学と中国史と中国文学に分かれていく。これらを近代史のなかでの学問領域の再編と呼んでもいいだろう。

また、藩校や漢学塾などで学ばれていた、「漢学」の教育的要素は、近代教育制度のなかでは、中等教育に移されていく。その後、幾度も存亡の危機に会うことになる、いわゆる漢文科の登場である。

こうして、江戸時代後半期に「漢学」として明確な輪郭をこの日本に現した、いわば総合的な学問領域は、近代日本の諸社会制度のなかで切り刻まれ、その姿を消すことになる。あるいは、天皇制イデオロギーと結びついて、新たに再編された姿を現すことになる。ここでは、江戸時代から近代までの、日本の「漢学」という領域の軌跡を追うことで、広く学問というものの意味を問いたいと思う。そのための講座本を、何よりも漢学塾から展開してきた二松学舎大学が提供したいと考えた。漢学塾二松学舎の軌跡は、あるいは、創設者三島中洲の人生は、日本の「漢学」が近代社会のなかで揺れ動き、切り刻まれた歴史そのものでもあるからだ。

＊

本講座本は、町泉寿郎を代表者とする「二松学舎大学　文部科学省私立大学戦略的研究基盤形成支援事業（SRF）」によるものである。ここでは、「漢学」が解体・再編された過程を、通時的、共時的かつ多面的にとらえることによって、「漢学」から日本の近代化の特色や問題点を探ることを目的とする。したがって、時間軸としては前近代・近代を分断せず通時的に見ることに努め、内容的には西洋由来の外来思想と東洋の伝統文化がいかなる接点を探ったかを問題とする。また、東アジア諸国を含む国外の多様な分野の研究成果をできる限り取り込んだ。より広い視野を備えた「近代日本漢学」という学問領域の構築と、その普及を目指したい。

二〇一九年一〇月

二松学舎大学学長　江藤茂博

目次

【研究の窓】

【凡　例】

・本講座の編集にあたって、文字の統一や表記、さらに記載内容・考察などは各執筆者に委ねた。したがって、各項目の文責は各項目執筆者に帰属するものである。

・本講座の写真の選択はすべて執筆者による。

・人名や歴史用語には適宜ルビを振った。読み方については、各章の執筆者による。

第Ⅰ部　漢学と近代文学の胎動

第一章　幸田露伴における漢学――元曲受容の近代

関谷 博

第一節　江戸漢学と露伴

露伴は『普通文章論』[*1]（明治四一年一〇月）で、徳川氏時代に入り「平民的文明の光輝の発した為、国民と文章との距離は余程少くなつて、一般世人と実用的文章との距離は密接すると迄にはならなかつたが殆ど僅になつた」というのに、その中期、「支那の古文辞崇拝」派と「日本古文辞崇拝」派が台頭して、再び「国民の理想の文章は国民と少からぬ距離を有して居るものとなつて来た傾がある」と述べている。ただこれは、かならずしも徂徠・宣長その人の仕事への評価でないのは言うまでもなく、むしろ江戸後期に行われだした「一斎点」に代表される漢文訓読法（これには露伴ははっきり批判的であるようだ）が流行する土台を彼らが用意したことの指摘と思われる。[*2] 荻生徂徠については、露伴は幾つかの箇所で言及している。中で、量的に最もまとまっているのは『文章講義』[*3]中の、「徂徠の文章」（大正七年二月）だろう。「其の主張するところ、刑名の学に近きものあり、豪侠の徒多くはこれを悦びて、篤

＊1　第二次『露伴全集』（岩波書店。一九七八―一九八〇年）第二七巻、二〇七―二〇八頁。以下、露伴の引用はこの全集から（『全集』と略記）。

＊2　詳しくは拙稿「幸田露伴の〈国民〉―『土偶木偶』と『普通文章論』―」（藤女子大学『国文学雑誌』九三、二〇一五年一一月）を参照。

＊3　初出「新修養」。続く太宰春台の項と併せて『全集』第四〇巻、四二二―四三五頁。

厚の士或は服せず。たゞ其の大才博識、書として窺はざる無く、事として通ぜざる無きに至つては、まさに是儒中の雄傑といふべし」と紹介した後、『政談』の一節（「人材を得るを論ず」）を引き、注している。その注は詳細で、特に朱子の解との相違に関する説明は周到といっていい。結論的一節を引くと「畢竟朱子の学は、子思孟子の系に依る。徠翁の学は、潜かに荀子の学を承く。荀子は先王の道を奉ずるものにして、もとより異端にはあらずと雖も、孟子とは既に見解を異にするあり。徠翁と朱子とは、学風の異なるのみならず、学系もまた異なり、一々齟齬打格（かんかく）する所以なり。後学妄（みだり）に是非を決せんとする勿れ」—穏当のところと思う（こう言いつつ、露伴本人は程朱の学に留まるのである）。

幸田露伴（1867—1947）。明治29年夏に撮影されたという、若き日の露伴。

『文章講義』で採られた全二〇編の文章のうち、儒学者の文章は、この他には太宰春台（「俗楽を論ず」大正五年一一月）だけだが、二人に関わる総論部分と、春台紹介部分を読むと、露伴が漢学を土台に持つ文章を深く愛していたことがあらためて実感できる。その総論部分、

儒家の文、多くは秦漢唐宋の法に倣ひ、焉矣乎哉の辞を為す。然れども惺窩羅山よりして白石徂徠の輩、皆我が古典に親み、雑書に通ず。時に邦文を為（つく）れば、縦横揮灑

> して、不用意の中に自然の妙を発す。蓋し腹笥（ふくし）余有りて、腕力固（もと）より足るを以てなり。

次いで、春台紹介文、

> 惺窩以来、徂徠、益軒、白石、春台等、漢学先生皆邦文を能くす。其の自在の揮灑は、所謂国学者の文の擬古に意あるものの及ぶ所にあらざる也。

同じ「古文辞崇拝」でも、国学者のそれは、漢学者に比べ邦文の書き手として一段下にみられている。

以上、簡単に露伴の文章観を一瞥した上で、次に江戸漢学の動向について、露伴の認識を確認しよう。「我邦文学の滑稽の一面」*4（明治二七年一月）に次のような一節がある。

> 天明前後に於て注意すべきことは、漢学者が其前は唯単に真面目な支那のもの――古文的の物ばかり読んで居つたので、法律と、程朱の書と、禅宗の語録類の書を外にしては、殆ど俗語の書を読まなかつたらしいのです。特（こと）に民間の詰らぬものはそれ程に漢学者は読まない傾きが有つたのです。所が天明前後になつては岡白駒や岡島冠山などが支那の小説などを読んで来て、段々それ等の読方などに付ても教へたりなど致しました。又語学上の必要から長崎の通辞の吉雄氏なども、俗書を読みもし読ませもした。それで今までは多くさう云ふものは我が邦へ入つて来なかつたのですが、天明前後からしてさう云ふものが段々入つて来ました。何か新しいものが入つて来れば、必ずそれで幾らかの風も起り浪も動く道理でございますから（以下、略）

＊4　初出「帝国文学」。『全集』第一五巻、二六九頁。

いわゆる「漢文」体の規格ある文語を用いた、経書・詩・散文等に加えて、俗語で書かれた禅僧の問答集・古則公案・語録等や朱子語類等を読みなれた人々が増えるに従い、「演義三国志」「水滸伝」「西遊記」等、中国の白話小説への関心が高まり、その流行を見るに至ったことを記している。これが、空前の読本ブームにつながっていったのは言うまでもない。

その出世作『風流仏』[*5]（明治二二年九月）が仏教語彙の意匠をほどこされた西鶴調文体で衆目を驚かせたせいか、露伴というと仏教思想の影響、はたまた西鶴再評価に果たした役割といったトピックが注目されがちだが、彼の思想基盤は仏教よりも儒学であることは論を俟たないし、西鶴調文体も『風流仏』・『一刹那』[*6]（明治二二年七月）他、ごく初期作品にみられる程度にすぎない。『辻浄瑠璃』[*7]（明治二四年二月）以降、彼の書く中・長編小説は、西鶴よりも馬琴の方にはるかに近い（露伴は馬琴にやさしい。彼の書く善玉を、拵えものにすぎないとする人は多いが、それは理想を形象化しているからで、悪玉の方は決して空想の産物とはいえない、「邪悪庸劣の徒は、蓋し皆当時実に此（かく）の如き人ある也……曲亭氏の稗史実に此の一面ありて而して躍動す……其の実に遠きの一面のみを道（い）ふは、車を論じて隻輪を遺（わす）るゝが如し」[*8]と擁護している）。してみれば、露伴小説とは、江戸儒学者の思想および文章鍛錬の流儀の伝統を尊重しつつ、天明期以後の文芸の流行変化を、その精華としての馬琴小説の筆法に沿うことで、明治の新文学の中につなげたものだ、といえそうである。

『風流仏』は、社会的に無と化した男の内面を、新たな芸術（としての小説！）表現の対象

＊5　『全集』第一巻。
＊6　＊5に同じ。
＊7　『全集』第五巻。
＊8　「八犬伝」解題（一九一〇年一月）。『全集』第三二巻、九九―一〇〇頁。

に、如何にして繰り込むか、というすぐれて近代的な課題に応えようとした作品だった。『浮雲』第三篇（明治二二年七・八月）を最後に、文三の〈妄想〉に寄り添うことを、二葉亭四迷が断念してしまった後を受け、『風流仏』は主人公・珠運の、自分を棄てた女への未練を―風流仏来迎、という仕方で―全肯定してみせた（「堅く妄想を捏して自覚妙諦」第九・下の副題）[*9]。この仕事は、近代社会の構成要素である、単位存在としての〈個〉の自覚・それに伴う不安や危機意識に対応しうる文学ジャンルを用意した、という点で近代化の要請に沿う重要な意義を持ち、露伴はこの問題を『辻浄瑠璃』以下、『五重塔』[*10]（明治二五年四月）までの作品で（例の、馬琴ばりの文体で！）追究したのだった。新しい時代に即応したテーマ（新酒）を、江戸以来の漢学を基盤とする文学（古い皮袋）に注ぎ込んだのである。

大局的には、そういっていいと思う。だから、その後の長い作家生活で、文壇からは古臭い、時代遅れと言われ続けた。が、その一方で、日本のナショナル・アイデンティティが問題とされる時には、江戸文化との連続性顕著な露伴の文学は、便利なアリバイ証明のように、召喚される。文化勲章が制定されれば、その第一回受章者となるわけである（昭和一二年）。

しかし、このことは江戸以来の漢学的教養が、露伴文学を通じて、近代の諸問題にぶつかり、その可能性と限界を試された、ということでもあろう。近代化の要請に応えて、漢学的教養が一体どのような展開をみせたのか。この点について、露伴にそくして、具体的に考えてみたい。

＊9　「捏して」は捏造の意。ヒロイン・お辰への珠運の未練の情を、（土をこねるように）捏ね固めて風流仏は完成したことを表す。

＊10　＊7に同じ。

第二節　元曲の方へ

天明期前後に、白話小説が加わったことで一変容を経験した日本文学に対し、明治二〇年代、露伴は戯曲（元代に栄え、明清も含め革命前夜までの、いわゆる支那戯曲を指す）を導入することで、その更なる刷新を図ったのではないか？これが本稿で提出したい仮説である。

露伴の戯曲への関心について、まずは奥野信太郎の次の発言を見る。[*11]

中国文学そのものに関する専門学者の研究の進歩はまつたく往年と同日の談ではない。露伴翁がわづかに元曲の数曲を解題して世人を烟にまいていた頃に比べてみると、文字どおり隔世の感がある。殊に中国文学を従来の漢文学といふ観念から離れて、外国文学そのものに対する新しい観点から、あらゆる批判的な、分析的な研究法をとつて臨むやうになつてきていることは、顕著な進歩であるといはなければならないであらう。

「元曲の数曲を解題して」云々とは、『露伴叢書』（明治三五年六月）所収の「元時代の雑劇」のことを指している。これに、青木正児の発言を加える。[*12] 青木はいう、「江戸時代の元曲研究は取り立てて云ふほどのことは無い。明治四十年前後に至つて『元曲選』の梗概を紹介した学者が二人有る」として、露伴と森槐南の名を挙げる。そして奥野と同じく『露伴叢書』を指して「露伴先生が『元曲選』紹介の皮切りと云ふわけ」としつつ、「だが、先生の専門

*11　奥野信太郎「露伴翁と漢文学」（『文芸春秋』一九四七年一〇月）。

*12　青木正児「狩野君山先生と元曲と私」（一九四八年四月）。『青木正児全集』第七巻（春秋社。一九七〇年）、三三九頁。

青木正児（まさる）（1887―1964）。明治44年京都帝国大学卒業時の撮影（写真右側）。露伴は明治41年秋から1年間だけ、同大学の教壇に立ったが、その講義を受けた学生のひとりが青木である。

的教養から見て、其の読曲法は余り高くは評価出来かねるものであつたであらう」とするのである。青木は更に、評価に関する部分で、もう少し詳しく説明してくれている。

> 吾師君山先生（引用者注・狩野直喜のこと）が元曲研究に関して収穫の一端を具体的に示されたのは、右の二先生よりやゝ後れて、四十三年私が三回生になつた年度の講義に、先づ戯曲史の大要を講じ、併せて「漢宮秋」「竇娥冤」の二曲を講読せられたのに始まる。然るに其の読み方の合法的なると正確なるとに於ては、前二家の単に梗概を伝ふるものと日を同じうして談ずる能はざるものが有つた。つまり「北曲譜」「中原音譜」に照らして曲文を正確に句読し、一言一句を忽諸にせずして意義を解釈せられるのであるから、かくの如き読曲法は先生のやうに非凡な読書力を持ち、且つ支那語に精通した者でなければ容易に企図し難い所であつた。されば正式なる元曲読法は先生より始まつたわけであり、此の意味に於て我国の元曲研究は君山先生を鼻祖とすると断言して敢て憚らないのである。

つまり、年次だけをいえば露伴の元曲への着眼は確かに早い。が、それは「従来の漢文学という観念」（奥野）の下での関心にすぎない、近代的（西欧的）研究法で元曲を扱った最初は狩野先生である（青木）、という主張である。

誠にその通りで、露伴が戯曲そのものについて書いたすべては、梗概紹介と作者周辺の調査に尽きるといってよく、韻書に照らして曲文を精読する、といったプロセスは全く含まれていない。あくまでも江戸以来の漢文学の延長上で、露伴は戯曲に着目したにすぎない。ただ、きわめて早期に関心を抱いたことだけは、誰も無視することが出来ない。しかも、奥野・青木に言及がないが、その関心は晩年まで続いたのである。戯曲に対して、近代的研究法を欠如させたまま、江戸漢学の延長上で持続的な関心を抱き続ける—そういうことをしたのは恐らく露伴が最初で、かつ最後だろう。空前絶後、本稿が戯曲に着目する所以である。

奥野・青木は共に、露伴の「元時代の雑劇」を『露伴叢書』で読んでいるが、その初出は雑誌「太陽」明治二八年一月創刊号から九月号である。元曲紹介の意義を露伴は次のように述べている。[*13]

予浅学といへども、彼の如く盛なりし元の劇が此の如く吾が邦人に冷看せられて、絶えて人の元劇のために一言を発するをも聞かざるを憾みとして、聊か元劇を世人に紹介するあらんとす。

他の箇所でも「予の学浅き未だ多く元人の劇を読まずといへども」、「予の学の浅くして識の

＊13　『全集』第一五巻、四九一—一六〇頁。

陋なる」、「予の耳目の及ぶところの狭きや」等、まだ十分な準備が整っていないことを繰返し、また「作者の苦心焦慮は、能く韵調を言はんと欲するところに協はせて之を表現するに在りしこと知るべし。たゞ予が異域後代に生れて之を視聴直覚する能はず、従つて其間微妙の消息を悟る能はざるは之を如何ともすべからざるなり」と述べ、青木のいう「正式なる元曲読法」の欠如をも自覚している気配である。にも拘わらず、今（この日清戦争の最中）、どうしても元曲を紹介したいんだ、という何やら闇雲めいた熱意が伝わってくる文章である。

露伴が元曲を意識し出したのは、もう少し時間を遡ることができそうだ。先に名前の出た『辻浄瑠璃』（明治二四年二月）冒頭のところで、語り手が退屈まぎれに「……頭陀物語、綴白裘新集、ずつと飛んで甄正論と彼此読み散らせど」という一節がある。その中の「綴白裘新集」とは、戯曲の名場面をサワリだけ集めた書物である。[14] さらに、『対髑髏』[15]（明治二三年一月）の「後書」に「韓湘が歎ぜし髑髏」とある韓湘子は、八仙人中のひとりで、元曲おなじみのヒーローであるから、これなどが戯曲への興味の発端になっているのかもしれない。

してみれば、小説家として出発する最初期から、露伴にはぼんやりとした戯曲への興味関心があり、手当り次第に読んださまざまな本の中に時折紛れ込む、戯曲関連の情報が少しずつ膨らんで、明治二八年段階でひとまず紹介するに足る分量にそれらが達した、といったところであろうか。その後も、彼の戯曲への興味は持続した。そして、それが或るはっきりとした問題関心のかたちをとるに至ったのは、明治三六年である。

＊14　その前後にみえる「頭陀物語」は建部綾足による逸話集、「甄正論」は唐僧・玄嶷による仏教サイドからの道教批判の書。

＊15　『全集』第一巻。但し、この全集版『対髑髏』に付されている後書は、『露伴叢書』（一九〇二年六月）に収められた際に書き換えられた、別バージョンであり、そこでは「韓湘が歎ぜし髑髏」が「韓湘子嘆骷髏詞」と改められている。明治二三年版「対髑髏後書」の全文は、『全集』第一〇巻に「逸文」として収められている。

明治三六年一―三月、「女学世界」に露伴は、「支那第一戯曲の梗概」を発表する。[*16]「西廂記」と並ぶ「支那戯曲の中の二大明珠」と称される、「琵琶記」の紹介である。「蔡生といふ男と其妻趙氏との上にかゝる孝義の談」「清浄無垢」な物語の梗概を丁寧に説明した後、その末尾で次のように述べている。

なんだか余りに近来色恋の失敗から自棄になつて暴れたり自殺したりするといふやうな事を道理でゞもあるやうに見做して書いた歟と思はるゝ如き小説などが流行致しますやうですから、特と其風潮に「まぎり」を乗つて此様いふものもあるといふことを御眼にかけましたまでです。

「まぎり」とは帆船が逆風を斜めに受けながら、風上に向かってジグザグに進むこと。恋愛讃美という風の力を、それ自体は尊重しつつ、その力を利用して、流行の風向きと逆の生き方を、若い女性たちに勧めたい、という心かと思う。

「元時代の雑劇」から一〇年近く経って、まずはお得意の教訓物の種として「琵琶記」を活用しようというわけである。明の太祖が「五経四書は五穀の如く、家々欠ぐ可からず。高明の『琵琶記』は珍羞百味の如し、富貴の家豈欠ぐ可けんや」といったと伝えられているそうだから、[*17]露伴の用い方は、従来からの「琵琶記」鑑賞法に則っているといえそうだ。

また、同年「新小説」の三月号には「娼夫張酷貧」を載せた。[*18]「薛仁貴」「合汗衫」の作者として知られ、「娼夫」すなわち俳優をも兼ねた作家・張酷貧（或いは国賓）について説明し

---

*16　『全集』第二四巻、三七七―四〇五頁。

*17　青木正児『支那近世戯曲史』（一九三〇年二月）。『青木正児全集』第三巻、七八頁。

*18　『全集』第二九巻、三一二―三一九頁。

た後、「薛仁貴」の梗概を記す。作家説明でいう、「元の時に当つて劇を作ることの大に行はるゝや、娼夫の賤しきもまた懐を抒べ想を叙べて腔を按じ詞を填せるもの独り国賓一人のみならず」、他の同類の作家の作品の多くが伝わらぬ中で「至賤者の代表者として国賓の名は元劇を談ずるものの記憶するところとなれり」と。作品の内容に関しては、「琵琶記」との類似性を指摘している。

戯曲の聴衆は一般に大衆といってよいのだが、決してそれに留まらず、高度な教養をもった知識人層も大いに楽しんだ。それに伴い、その作り手も多様で、詩文の制作を表芸とするような「士人」階級出身からの参加者もあれば、雑劇を専門に制作するプロ作家も生まれた。「士人」の文学が製作者＝享受者、つまりアマチュアの世界であったのに対し、これは画期的な出来事、と吉川幸次郎は評価している。[*19] このような状況の中で、俳優のような賤民階級出身者が制作に参与するということも起こったわけである。中国の文芸世界で生じた、この一種の地殻変動のごとき現象に、露伴は瞠目している。

そして、この年の仕事として最も注目していいのが「諺説」・「元時代の諺」（明治三六年一—三月）である。[*20]

露伴はいう、「支那の人民の如何なるものなる歟」を知ろうと願ったら、どうすればいいだろうか。それを知るには「俗諺」・ことわざが有益だろう。なぜならことわざは「実に国民の性質習慣及び社会組織の実相を示すところの写真画」だからである。然るに、「俗諺」は「所

＊19　吉川幸次郎『元雑劇研究』（岩波書店。一九四八年三月）、その「第二章」および「第三章」を参照。

＊20　『全集』第三一巻、一五六—一八〇頁。これらは『潮待ち草』（一九〇六年三月）に収められた。「元時代の諺」を注した成瀬哲生に次の指摘がある。「日本で中国の諺といえば、文語文献に片寄っており、白話文献に着目していることそれ自体が現在に於いても新鮮である。（中略）民間で交わされる諺は、異なる言語文化に対する理解を深めてくれる。露伴のこのノートは、古いようで、実は先端的な仕事なのである。」（池内輝雄・成瀬哲生『露伴随筆『潮待ち草』を読む』。岩波書店。二〇〇二年二月、二三七—二三八頁）。

謂文人の著すところの書」つまり正史や文章・詩賦の類からは、その卑俗性ゆえになかなか採取し難い。「俗諺」を最も多く含むのは、「道学者先生の語録類」、「禅僧等の語録」、そして「才人の雑劇伝奇」、すなわち白話（口頭語）文献である、と。以上を「諺説」で述べ、「元時代の諺」で実際に露伴が収集した中国のことわざを列挙・紹介したわけである。元曲から採ったことわざが多数を占めている。

露伴が元曲に向けたまなざしは、中国「国民の性質習慣及び社会組織の実相」つまりはナショナリティを幻視しようとするものだった、といってよいと思う。それを、露伴は漢学の伝統的思考の枠内で敢行したわけだ。[*21]

その歴史的意義は恐らく重大である。なぜなら、漢学的伝統の裡にある、ということは、当然ながら中国の学知への深い敬意・崇敬の念が維持されていることを意味する。国際関係においては、それは華夷秩序モデルへの親近と結びつきやすいだろう。だが、一方、ナショナリズムの本来は、相互に対等な主権国家であることを前提とした国際秩序を求めるものだからである。そこには矛盾、とはいえないまでも、或る種の緊張関係が、ある。

黒船ショック以後、日本人の多くは、それまでの中国への学知に対する敬意をあっさりと捨て去り、それまでの「知」を、西洋文明という新たな「知」の光によって一掃されるべき「蒙昧」とした。自己を「啓蒙」し、「未開」状態の今を「文明」国という未来へ向けて「開化」する道を選んだ。これは要するに、日本と中国の間にあったはずの、近代化過程におけ

＊21　本稿執筆に当たって参考にした『青木正児全集』第七巻に、たまたま次の一節があるのが目についた（四五―四六頁）。

「明治以来支那文学研究の先輩達は、其の野心を欧州先進国の文化より教へられた新しき研究法及び着眼点を活用することに由つて、支那の学者に対して機先を制し、一日の長を示して来た。（中略）文学一科に就いて其の主なる点を指摘するならば、新しき体系を取れるものは文学の史的研究法であり、未開の分野を拓いたものは戯曲小説等通俗文学の評価を高めたことであつた。其等は固より欧州文化の影響に因るものであるが、支那の学界に先んじて覚醒し、而して欧州の支那学者よりも有力な立場に在つたのである」（「支那文学研究に於ける邦人の立場」、一九三七年六月）。

是非の問題でなく、戯曲への関心の所在が、露伴とはだいぶ違う、という感を拭いがたい。

る、あの緊張関係を回避すること、もともとそんな緊張関係など無かったことにする道である。その結果、日本人は自身を、いちはやく西欧化・近代化を達成した優秀な先進国家、中国を因循姑息な儒教国家、というように見做す視点しか持つことが出来なくなってしまった。脱亜論の呪縛[*22]。

日本の知識人があの緊張関係にもっと誠実に向き合い、もう少し辛抱強くそれに耐える姿勢を保っていたならば、日清・日露戦争、或いはそれ以後の東アジア情勢は、また違った様相を呈していたろう、と考えられるのである。

第三節　集散、往還の場

露伴による、伝統漢学への戯曲導入の試みは、かつての白話小説との遭遇の時のような、目につく大きな変化を日本の文学史にもたらさなかった。その梗概紹介が従来通りの書き下し文体でなされたことも大きいと思うが、多くの戯曲の内容が、主に中国古典文学の有名エピソードを骨子に作られていたことが根本的原因であろう。しかし、戯曲のその特徴そのものが、後期露伴文学で重要な位置を占める、史伝・考証―今日、露伴の遺した仕事の中で、最も高く評価されている領域と思われる―の成立に、恐らくは不可欠であった。

露伴の戯曲研究が本格始動したのは明治三六年と考えられるが、その翌年の一二月、彼は

＊22　中国近代思想史家・佐藤慎一は、「日本にあって中国に欠けていたのは、「文明開化」というスローガンである」と述べている。中国の近代化を主導した士大夫たちにとって「文明社会」とは「五倫として表象される人倫秩序」と「人倫を形式に表現した礼秩序」とを完備していることであって、戦争の勝敗はそれに関係しない。ゆえにアヘン戦争以来、どんなに連戦連敗を繰り返しても、「夷狄である西洋にならって自らの礼秩序を変更しなくてはならない理由は、どこにも存在しない」。中国において「文明開化」というスローガンは成立する余地がない」と(『近代中国の知識人と文明』。東京大学出版会、一九九六年一二月。一四―一五頁)。

美術院で講演を行った（その筆録「画題としての詩仙」は「日本美術」〔明治三八年二・三月〕に掲載[*23]）。李白一代の伝記をたどりながら、その折々の情景や出来事から様々な画題が生じたこと、各地に遺る伝説やそれにまつわる名所旧跡、また李白にちなむ元曲「彩毫記」等が語られている。つまり、李白その人というよりも、中国文学史上、最大のスーパー・ヒーローとしての李白が、様々な時代、様々な場所で、社会各層の人々に受け入れられ、親しまれた、虚実交々取り混ぜたイメージの多様性を紹介している文章である。

これはひとり李白だけのことではない。およそ戯曲の主人公は、唐代伝奇や詩・筆記等の世界から舞い降りてきた、皇帝、有名文人、忠臣義士、孝子烈婦、妓女、或いは明清白話小説中から横滑りしてきた虚構のヒーロー・ヒロインたち、そして名もない庶民まで、変容の末に虚実をもこえた、仮想の人物たちなのである。正史中の出来事が、さまざまな筆記等で扱われれば、そのうちにそれは小説に仕立てられ、戯曲に取り上げられ、誰にでも鑑賞される存在になってゆく。戯曲は、多様なジャンルの中で生まれ育った主人公たちが集まり、行き来する、四つ辻のようなもので、この四つ辻を通って彼らは時代や階層を超えて、他国にまで、拡散してゆく。

露伴の史伝・考証の世界は、日本と中国を跨ぎ、時代を跨ぎ、虚実を跨いで語られるのを特徴とするが、その際、元曲が介在していることが多いのである。具体的に、一、二、見よう。

---

*23　『全集』第一五巻。

『幽情記』より、「金鵲鏡」[*24]（大正六年一月）。

我が国の謡曲「松山鏡」は、「唐土に陳氏とて、賢女の聞ありける」が、夫の遠行に際し、鏡を二つに分かち互いに持つ。夫は後、楚の国の主となって戻ってこなかった。嘆き悲しむ陳氏のもとに、鵲が飛び来たり、鏡の破片は元のようになった、というストーリー。露伴はまず、「破鏡の談」は「神異経」と「本事詩」に基づくという。しかし前者は、鵲が鏡に化すエピソードはあるが、ストーリーがだいぶ違う（留守中の妻の姦通、鵲は夫の方に飛んでゆく）。後者は陳氏の名を挙げ、破鏡のエピソードもあるが、鏡片が鵲に化す話はない。両者をつなぐのは、『元曲選』に収められている、沈和甫作「分鏡記」である。また「本事詩」で顔を出していた実在の人物・楊素は、そこで描かれている通り、豪傑でありながら情も解する性格であったことが「隋書」巻四八にみえ、戯曲「紅払記」にも彼は登場する。他に、鵲と鏡は「詩経」以来、関わりがある、といった考証等がはさまっている。結語に言う、「陳除（引用者注―除は「分鏡記」にみえる夫の姓）の事、長く人口に膾炙して、吾邦にも流伝し、御伽話とさへなれる松山鏡の引事となるにも至れるならん。」

これは謡曲「松山鏡」の典拠探しの文章ではない。時代とテクストの間を飛翔する鵲の自在さ―男女の情愛や、裏切られた時の無念さの普遍性―を讃える物語である。そして、時空をこえて飛翔する鵲の自在さを可能にしているもののひとつが、元曲なのである。戯曲は、特に、その話が「どのくらい人口に膾炙しているのだろう?」と気になった時、その疑問に

＊24　『幽情記』は全一三編（一九一五年七月―一九一七年五月）から成る短編集。『全集』第六巻。

しばしばヒントをくれたようだ。

『幽情記』にまとめられた諸編が書かれたのは大正四年から六年にかけてだが、その翌七

第貳拾四卷八月號目次

「帝国文学」大正７年８月号目次。連載の第１回にあたる７月号に載ったのは、「水滸伝の批評家」。

年の七月から大正八年五月まで、露伴は雑誌「帝国文学」に毎号論文を寄せた。[25]内容は中国俗文学・特に元曲の紹介（「支那戯曲」一般の概説、および五曲の梗概）と、今後あるべき日本文学史の在り方についての提言である。うち「邯鄲と竹葉舟」[26]（大正七年一〇月）では、戯曲に数多く登場する仙人・呂洞賓の話から、我が国の謡曲「邯鄲」との関係について、言及がある（「旧い日本人が支那の事に対して、どう云ふ所からどう云ふ風に伝へて居るかと云ふ径路は未だ明かになつて居ない」）。

『論仙』より、「仙人呂洞賓」[27]（大正

＊25　しかしこの連載論文は『全集』では、第一八巻、二五巻、別巻（下）に、分載されている。

＊26　『全集』第二五巻。

＊27　『全集』第一六巻。『論仙』とは、他の二篇（「扶鸞之術」一九二三年四月、「活死人王害風」一九二六年四月）と併せ岩波旧全集（一九二九―一九三〇）に収められた際に付された総題。

一一年一―五月)。

我が国の謡曲「邯鄲」が「盧生一夢の事」を叙したものであることは言うまでもない。曲中「やうひ山」とあるのが不審である。たまたま人から『太平記』巻二五に「黄粱夢の事」があると聞いたので、みるとそこには程子の門人・楊亀山の名があり、これが〈「心あわたゞしく学おろかなる輩」の手によって〉地名になったか。それはさておき、新たな発見は、謡曲には〈夢見る人〉盧生の名はあるが『太平記』にはない、また『太平記』には〈夢を授ける人〉呂洞賓の名がみえるが謡曲にはその名がみえぬ、ということである。

「邯鄲一夢」の話を最初に載せたのは、唐・李泌の選と伝えられる『枕中記』である。そこで特徴的なのは、盧生の見る夢の内容がきわめて具体的で詳細なことである。夢の中の事績は、実在の人物・蕭嵩のそれに似る。また李泌その人の事績に基づいているという説もあるので、ふたりの伝が「唐書」等に拠りながら紹介される。〈夢見る人〉盧生の名はみつかった。だが、『枕中記』では〈夢を授ける人〉は呂翁とあるのみで、それが呂洞賓を指すのか、どうかは、まだ明確ではない。

黄粱一炊の夢を、洞賓の仙術に帰せしもの、夙(はや)く元の雑劇にこれあり。開壇闡教黄粱夢といふ。

元の時代、仙人・呂洞賓の信仰はきわめて盛んであった。

此の事、もとより史書の記せる有る無しと雖も、元の時の雑劇を考へて以て徴知すべし。

当時朝野の心胸中に、先づ呂洞賓仙人ありて神通化度すといふこと無くんば、いづくんぞ雑劇中に、頻数に呂真人を出すこと是の如くならんや。

こう述べた後で、露伴は次のように話を続ける。雑劇で扱われる神仙の多くは、道教の一派全道教の始祖・王重陽の系統に属している。呂洞賓は、その「重陽の仰いで以て師と為せるもの」だから、芝居に頻繁に登場するのは当然なのだ……云々。

以下、呂洞賓を中心として、一種の神仙論、道教の歴史へと話は展開する。それは長く続き、『論仙』所収の「扶鸞之術」（大正一二年四月）、「活死人王害風」（大正一五年四月）はもちろん、それらを超えて、「道教に就いて」（昭和八年五月）、「道教思想」（昭和一一年七月）へと引き継がれてゆく。[*28] ジャンル横断的知の運動。

戯曲に対する持続的関心に着目し、露伴が伝統的漢学の教養を近代日本文学にどのように接続させようとしたか、についての試論を記してみた。最後に「仙人呂洞賓」の中の、呂洞賓昇仙のエピソードを引いて、まとめとしたい。

呂の師・鐘離権が、呂にいった。「お前に黄白の術を授けるから、これで世人を救え。功成らば、迎えに来よう」。呂「その黄白の術で作られた金銀は、後で変異することはありませんか？」。鐘「三千年経ったら、もとに還るが」。これを聞いて呂洞賓、愁然として曰く「それでは私は三千年後の人を騙すことになります。私はそれを願いません」。師、にっこり笑っ

＊28　共に『全集』第一八巻。

て功はすべて「是に在り」と。

この一節について露伴は「是諸神仙伝中に在りて、最も痛快の事に属す」と述べ、これこそが呂洞賓が「唐より今に至つて、文人才子、愚夫愚婦も、敬を起し信を発し、香を奉り心を寄せ、其の活神仙として、今猶時に濁世に浮沈することを思ふ所以ならずばあらず」と断言する。なぜか。

　支那の士民の財を愛するや深し。而して呂仙は三千年後の人を誤るに忍びずして、鉄を点じて金と為すを肯んぜず。これ億兆の崇敬せざらんと欲するも崇敬せざる能はざるところならずんばあらず。士民の財を愛するや深しと雖も、其の信を重んずるも亦堅し。貪婪鄙吝の念甚だ深きと共に、堅実確固を尚ぶの情も亦甚だ熾(さか)んなるは、支那の士民の讃称すべき美性なり。呂仙の信を重んずるの篤き、何ぞ是の如きの士民をして欽慕せしめざらんや。

「支那の士民」に対する、遠慮のない評であると同時に、畏敬の念のこもった認識ではないだろうか。この傍らに、文明開化史観に起因する戦前の日本人一般の、中国に対する差別感情を置く。この後（三年後に公布される）普通選挙法の下で、中国ナショナリズムとの武力対決政策を敢えて選ぶことになる日本人民のこころの中にあったのは、前者の複眼的認識ではなく、後者の蔑視感情である。

【参考文献】

柳田泉『幸田露伴』（中央公論社、一九四二年）
登尾豊『幸田露伴論考』（学術出版会、二〇〇六年）
関谷博『幸田露伴の非戦思想』（平凡社、二〇一一年）
出口智之『幸田露伴の文学空間』（青簡社、二〇一二年）

第二章　森鷗外の漢文訓読観
――「自然に背きたる調」は「陰の仕事」

古田島洋介

第一節　漢学の素養

森鷗外（一八六二―一九二二）が幼いころから漢籍に親しんでいたことは、どれほど簡略な年譜にも記されている。五―六歳で郷里（津和野藩／現、島根県）の儒者から『論語』『孟子』を学び、七―九歳のときには藩校の養老館で四書五経・左国史漢[*1]を教わった。明治五年（一八七二）一〇歳で父に従って東京に移ってからも、医学を学ぶかたわら、依田学海[*2]に漢文を、佐藤応渠[*3]に漢詩文を習っている。何はともあれ、漢学の素養を身につける――この点で、鷗外は、近くは江戸時代の知識人の在り方を引き継ぎ、遠くは『源氏物語』少女巻で光源氏が述べた教育観「なほ才をもととしてこそ大和魂の世に用ゐらるる方も強う侍らめ[*4]」をも承け継ぐ日本の典型的な知識人であった。鷗外が同郷の国学者から本格的に和歌を学んだのは、明治一三年（一八八〇）一八歳のときである。

＊1　四書五経は『大学』『中庸』『論語』『孟子』および『詩経』『書経』『易経』『春秋』『礼記』を、左国史漢は『春秋左氏伝』『国語』『史記』『漢書』を指す。それぞれ漢学における儒学・史学の重要な古典。

＊2　依田学海（一八三三―一九〇九）は、名は朝宗、字は百川。学海は号である。佐倉藩（現、千葉県）の儒者。豊かな学識を持ち、演劇改良運動に尽力したことで有名。

＊3　佐藤応渠（一八一八―一八九七）は、名は元萇、字は賜萇。応渠は号である。会津藩（現、福島県）の儒医。江戸に出て漢詩文を学び、維新後は茨城県で病院長を務めた。

とはいえ、明治維新を迎えた新時代の息吹は、鷗外が「漢」「和」の教養のみにとどまることを許さなかった。八歳で父から、九歳のときに藩医からオランダ文典の手ほどきを受け、東京に出てからはドイツ語を学び始めている。その後、明治一七―二一年（一八八四―八八）にドイツへ留学したことは言うまでもない。ただし、ドイツへの往路を記した『航西日記』、ドイツ滞在中の『在徳記』*5『隊務日記』、そしてドイツからの復路を記した『還東日乗』は、すべて漢文による日記であった。

帰国後も、明治二二年（一八八九）の訳詩集『於母影（おもかげ）』で、西洋の詩を漢詩に訳したり、漢詩を自由な文語体に訳したりしている。また、ドイツ留学以前から手がけていた漢詩の制作は生涯で二〇〇首以上にのぼり、加えて明治三二―三五年（一八九九―一九〇二）の小倉在住期には神父からフランス語も学んだ。晩年すなわち大正五―九年（一九一六―二〇）の三大史伝『渋江抽斎』『伊沢蘭軒』『北条霞亭』における多数の漢詩文の引用（すべて白文！）および時として飛び出すフランス語は、鷗外が培（つちか）った教養の総決算とも称すべきものであろう。

「漢」を基盤として「和」「洋」をも加えた三学に精通する学殖豊かな新時代の知識人――それが鷗外の姿であった。漢文から直接に材を取った小説としては、大正四年（一九一五）の『魚玄機（ぎょげんき）』および翌五年の『寒山拾得（かんざんじっとく）』がある。

＊4　「才」は漢学の教養を、「大和魂」は日常における実務の才能を指す。この光源氏の言葉は「大和魂」の初出として名高い。

＊5　後に『在徳記』を漢文訓読体に改めたものが、現行の『独逸（ドイツ）日記』とされる。

第二節　朗読法論争の経緯

ドイツ留学から帰国した翌年の明治二二年（一八八九）より二七年（一八九四）日清戦争に出征するまでの延べ六年間、若き日の鷗外は、その執筆活動の最初期において、何かと論争を好む人物であった。すでにドイツ滞在時、西洋人の日本論をドイツ語で批判し、一定の成功を収めていた経験*6が、そのまま帰国後の鷗外を駆り立てたのでもあろう。目立つものだけでも、明治二二年の医学統計論論争、二三年の外山正一(とやままさかず)との画論論争、二三―二四年の雅文体小説三作『舞姫』『うたかたの記』『文づかひ』をめぐる石橋忍月(いしばしにんげつ)との論争、二四年の山田美妙(やまだびみょう)との韻文論争、二四―二五年の坪内逍遙(つぼうちしょうよう)との有名な没理想論争、そして二六―二七年の日本医学会に抗(あらが)う傍観機関論争など、ほぼ間断なく各種の論争を巻き起こしている。もっとも、ここでは、さほど耳目を引くことのない明治二四年（一八九一）の朗読法に関する論争に焦点を当ててみたい。

朗読法についての論争が鷗外の論争のなかでもあまり注目されないのは、当然のことでもあろう。論争それ自体が甚だ低水準のうえ、鷗外は論争の当事者ではなく、その論争について論評を加えたにとどまるからだ。いわば審判員(レフェリー)を務めたにすぎない。今、関係する文献を、それぞれ最低限の趣旨・要点なども添えて示せば、左のとおり。月日は、すべて明治二四年

＊6　鷗外がドイツ滞在中にナウマンやシモンズ、そしてクラフト・エービングの粗雑な日本論に対しドイツ語の文章で反駁(はんばく)を加えたことについては、小堀桂一郎『森鷗外―文業解題（創作篇）』（岩波書店、一九八二年）二八九―二九五頁を参照。

（一八九一）に係る。*7

◆『国民之友』第一〇五号（一月三日）二四―二五頁

▽饗庭篁村*8『読かた』

・作品それぞれに、その作品にふさわしい読み方というものがある。

・漢文訓読の日本語をからかって、「唐宋八家文*9のドウゾヤ節にて〔柳亭〕種彦・〔為永〕春水の作を読まば、傍へ聞して嘲けられざる者なからん」（二四頁下段）と述べる。

◆「読売新聞」二月一二日号・朝刊第二面

▽記事「朗読会」（第二―三段）

・東京専門学校（現、早稲田大学）文学科で、関根正直*10・饗庭篁村の発起により、和文の朗読法を正課に取り入れることになった。関根は、すでに華族女学校で和文の読み方を教え、成果を挙げている。手始めとして、来たる一五日午後に饗庭の手に成る新作の院本*11『太田道灌』の朗読会を催す――と報じる。

▽記事「東京専門学校の文学会」（第三段）

・右の朗読会が催される一五日午前には討論会も開かれる――と報じ、論題として「討論原案（坪内〔逍遙〕学士出題）」（第三―四段）を掲げる。

▽咄々生『文学亡国論の口実となる勿れ』（第四―五段／投書）

・咄々生は、事前に右の記事「朗読会」の内容を把握していたらしく――院本や物語の読

---

*7　以下、本稿では、読みやすさを重んじ、引用文には句読点・引用符・読み仮名などを加え、適宜〔　〕を以て語句を補充する。また、変体仮名は現行の字体に改める。

*8　饗庭篁村（一八五五―一九二二）は、明治―大正期の小説家・劇評家。江戸文学への造詣が深かった。

*9　名文家として知られる〔唐〕韓愈・柳宗元、〔宋〕欧陽脩・蘇洵・蘇軾・蘇轍・曾鞏・王安石の八人の文章を指す。ここでは、漢文の代表格として挙げられている。

*10　関根正直（一八六〇―一九三二）は、明治―昭和期の国文学者。有職故実に精通し、古典作品の校訂も行った。

*11　浄瑠璃の詞章すべてを収めた台本。

み方を教えるなぞ、卑猥の極みたる声色遣（こわいろづか）いに陥る危険性を帯びた「婦女子的・風流的の余興」にすぎない。西洋諸国で「烈士・雄弁家の慷慨悲憤なる演説等を朗読」するのに照らしても、「真成の朗読法」を教えるには、『日本外史』*12『源平盛衰記』『史記』『太平記』などを素材とすべきだ。『源氏物語』や近松〔門左衛門〕浄瑠璃が明治維新に対して何か貢献したであろうか？――と主張する。

◆「読売新聞」二月一三日号・朝刊第一面（第二―三段）

▽関根正直『弁正』（訂正の申し入れ）

・一二日付記事「朗読会」に、自分が華族女学校で和文の読み方を教えていると報じられているが、誤った風聞にすぎず、事実無根である。

・東京専門学校についても、自分は声色遣いを教える気などなく、朗読法について饗庭と協議したこともない。饗庭『太田道灌』を朗読会で取り上げることも関知していなかった。

◆「読売新聞」二月一四日号・朝刊第一面「正誤」欄

▽東京専門学校（訂正の申し入れ／第二―三段）

・一二日付記事「朗読会」に、本校文学科で和文の朗読法を正課に設けることになったとあるのは、まったく事実に反する。本校の朗読課は、すでに別人が担当しており、内容も異なる。

・学生たちが私的に文学科茶話会を組織し、近く国文朗読会を催すらしいが、本校当局と

＊12　江戸後期、頼山陽（らいさんよう）（一七八〇―一八三二）が源平二氏から徳川氏に至る武家一三氏の興亡を漢文で叙述した史書。尊王思想で一貫する歴史的読み物として、幕末―明治初期に広く愛読された。

しては毫も関与していない。

▽東京専門学校文学科茶話会（抗議／第三段）

・二日付記事「東京専門学校の文学会」に、「討論原案（坪内学士出題）」が掲げられたが、これは茶話会の会員が起草した未定稿にすぎず、誤植も多く、迷惑千万である。

→この抗議に対し、読売新聞は「右の如く文学科茶話会より照会せられ、弊社はいまさら汗顔の至にたへず。謹みて其の罪を謝す」と詫びている。

◆「読売新聞」二月一五日号・朝刊第二面（第五段「寄書」欄）

▽東京専門学校　文学科一学生『咄々生の無識を憫む』

・我々の目指す朗読法がどのようなものかも知らずに誹謗中傷を加える咄々生は、無鉄砲の輩にすぎない。

・『日本外史』や『史記』は、我々の考える朗読法の素材には成り得ない。咄々生は、漢籍の素読法と我々の謂う朗読法とが区別できない無学な人物である。

◆「読売新聞」二月一六日号・朝刊第二面（第五段「寄書」欄）

▽咄々生『東京専門学校文学科一学生の無識を憫む』

・「文学家の手段は、衆愚の歓心を買ふに在り。是故に、文学家の風を聞くものは、廉夫をして貪ならしめ、勇夫をして懦たらしむ。是れ大に名教[*13]に害あり」。

・「玉乃世履[*14]、余に語りしことあり――牧戇斎[*15]が范文正公[*16]の『岳陽楼記』を朗読するや、

---

*13　儒教が重んずる名分論。ここでは、広く儒学の教え。

*14　玉乃世履（一八二五—一八八六）は、号は五龍。世履は名である。牧戇斎などに師事し、漢学者玉乃九華の養子となる。明治維新後、初代の大審院長となった。

*15　牧戇斎（一八〇一—一八六三）は、名は輗。戇斎は号である。別号を百峰とも。頼山陽に師事した漢学者。

*16　（宋）范仲淹（九八九—一〇五二）を指す。文正は諡。名文『岳陽楼記』で知られる。

洞庭一湖の勝、眼前に在るが如し――と。朗読の書、豈単に院本のみに限らんや」。

・「若し果して院本を朗読せざる可らざれば、宜しく院本中の上乗たるものを択ぶべし。而して〔饗庭篁村の〕『太田道灌』は、院本中の上乗たるものにあらず」。

◆『柵草紙』第一八号（三月二五日）一―七頁

◎鷗外『朗読法につきての争』

◆『国民之友』第一一五号（四月一三日）一一―一八頁

▽坪内逍遙『読法を興さんとする趣意』

・序論を記した後、読法を機械的読法（Mechanical Reading）・文法的読法（Grammatical Reading）・論理的読法（Logical Reading）の三種に分かち、それぞれについて自説を開陳する。

・文法的読法に関する論述の末尾で「読売新聞」二月一二日号の記事が招いた騒動に言及して、咄々生を「太早計の徒」（一六頁上）と呼び、関根正直を騒動に巻き込んだことに遺憾の意を表したうえで、「〔饗庭篁村の〕院本〔『太田道灌』〕を読まんと主唱せる者は予と饗庭氏とのみなり」（一六頁上―下）と弁明する。

◆『国民之友』第一一六号（四月二三日）二二―二八頁

▽坪内逍遙『読法を起さんとする趣意』（続）

・前号を承けて、最も重視する論理的読法について詳述し、予想される反論に対しての再反論をも問答形式で記す。

・ただし、石橋忍月の名は見える（二七頁上）が、鷗外『朗読法につきての争』に触れた字句はない。

◆『柵草紙』第二三号（八月二五日）四八頁『千朶山房瑣語』ノ二

◎鷗外『掲帝掲帝を三下り』

右を一瞥すればわかるとおり、二月一二日付「読売新聞」の杜撰な報道が発端となって、咄々生と東京専門学校文学科一学生とのあいだで論争が、いや、口汚い罵り合いが生じ、それを承けて鷗外が『柵草紙』誌上で論評を下したわけである。もとの論争が誤報に基づく低水準の罵倒合戦となれば、それを論評した鷗外の字句も今一つ精彩を欠くのは已むを得ないだろう。

けれども、漢学という立場から鷗外の遺した文章を読めば、冴えないどころか、看過することを許さぬ大問題が提起されていることを知る。それは、鷗外の朗読法に関する見解そのものではない。事は、漢文訓読[*17]という言語現象に関わる。

では、右に掲げた鷗外『朗読法につきての争』および『掲帝掲帝を三下り』の二篇を見てゆくことにしよう。

＊17　以下、本稿では、「(漢文)訓読」と「訓読み」を、送り仮名「み」の有無を以て区別する。

第三節　『朗読法につきての争』

鷗外は、『朗読法につきての争』において、この時期の鷗外らしく、まずは西洋仕込みの知識を衒(てら)い、「ゲーテの論」[*18]に基づく朗読法の本質論を展開する。第一に方言(なまり)の排除、第二に発音の矯正、そして、情を適度に抑えた第三「レチタチオン(Recitation)」から、情を極限まで高めた第四「デクラマチオン(Deklamation)」へと進むものとし、東京専門学校の意図する朗読法は「レチタチオン」であるとする。全体として、咄々生を抑え、一学生を揚げる筆運びが目立つ。

次いで、鷗外は、朗読法の素材論に話を移す。朗読法の素材には「情」が不可欠であるとし、その「情」を「実感」と「審美的感」とに分かつ。前者「実感」は、咄々生が殊に奨める「オレエシヨン(Oration)」すなわち演説の類が好材料となり得るが、それは朗読法というよりも、むしろ能弁法(Rhetorik)の領域に属するとし、後者「審美的感」こそが東京専門学校の目指すものであり、咄々生の排斥した『源氏物語』や近松浄瑠璃がこれに相当するとしたうえで、さらに咄々生が薦めた『源平盛衰記』『太平記』なども「審美的感」の朗読材料に数えられるとする。

ところが、咄々生が推奨した漢文の素材となると、鷗外の筆遣いは一変し、次のように述べる。

＊18　この「ゲーテの論」は、ゲーテ『俳優のための諸規則』すなわちJ.W. von Goethe（1749-1832）, Regeln für Schauspieler の Dialekt（方言：§§1-2）, Aussprache（発音：§§3-17）, Rezitation und Deklamation（朗吟と朗詠：§§18-30）および Rhythmischer Vortrage（律動的(リズミカル)な朗読：§§31-33）に見える種々の要求・見解を指す。

咄々生が『史記』と『日本外史』とを朗読せしめむとし、又玉乃世履が物語なりとて、「牧饋斎が范文正公の『岳陽楼記』を朗読するや、洞庭一湖の勝、眼前に在る如し」といふことを例に引きし*19は、国文の何物たるかを知らざるより生ぜし惑なり。『史記』と『岳陽楼記』とは支那人の書いたる支那文なり。『日本外史』は日本人の書いたる支那文なり。而して支那文の朗読は、これを棒読に上より下へよみ下し、其音をも支那音にしてはじめて其法を得たりとすべし。縦令支那音には時代によりて変遷ありて、西漢*20以上の清浄なる音は、遂に得がたかるべきを以て、古文のまことの読方は分らずといへども、兎も角も棒読にだにせば、文法・語格明ならむ。見よ、今人の洋文を読むや、決して一字々々にこれを邦語に訳して、顚倒して読むが如きことなきを。*21

文學評論　しがらみ草紙　第十八號

朗讀法につきての爭　森林太郎

關根、饗庭の二君が東京專門學校にて和文朗讀法の科を設けむとするや、端なくも讀賣新聞の紙上にて一場の筆戰を開きたり。科を設くるを可なりとするは、東京專門學校文學科一學生と名乘れる人にて、これを不可なりとするは、日就社員の一人なりとか聞ねたる咄々生なり。

によりては、明
べし」とありし
質に說及ぼさす
讀歟）とあり、一
聲色還となりを
そも〳〵人の言
醜なるものを美
はぬことなり、

図1　初出『朗読法につきての争』／『柵草紙』第18号

趣旨は、わかりやすいだろう。〔前漢〕司馬遷『史記』や〔宋〕范仲淹『岳陽楼記』は漢文、〔江戸〕頼山陽『日本外史』も漢文である以上、その実体は古典中国語なのだ

＊19　「例」は、初出の読み仮名による。

＊20　中国の王朝名（前二〇二―後八）。前漢に同じ。

＊21　『鷗外全集』第二二巻（岩波書店、一九七三年）三五六頁。

から、語順を転倒させることなく中国語で上から下へと発音してこそ、朗読法としての体裁を成す。先秦時代の中国語の発音を再構成するのは無理だとしても、とにかく中国語で発音しさえすれば、文法も語格も明確になるはずだ。それは現在の日本人がヨーロッパ語を読むとき、原文の語順を転倒させずに読んでいるのと同じことだ――要するに、返り点で語順を転倒させ、語を逐って音読み・訓読みを当てはめてゆく漢文訓読を朗読法として否定しているのである。なかなか衝撃的な内容ではなかろうか。漢詩文の豊かな素養を身につけ、自ら漢詩も漢文も書いてみせる鷗外が、〔江戸〕荻生徂徠*22などと同じく、漢文は本来が中国語なのだから、やはり中国語で棒読みせねばならない、と主張しているのである。

ここで、すぐさま疑問が湧くはずだ。鷗外がドイツ語に堪能で、フランス語まで学んでいたにせよ、中国語をも習っていたという話は耳にしたことがないからである。では、いったい鷗外は漢文をどのように読んでいたのか。その答は、ただちに鷗外その人が記している。右の一節に続けて、鷗外は次のように言う。

> されば支那文の今の読方は、まことはこれを読むにあらず、語を逐ひてこれを訳し、意味を辿りつゝ、これを声に発するのみ。わが西洋にありしとき、此読方のことを洋人に知らせむとして、坐間これを一二の学者に語りしに、皆未曾有の奇談なりと称へき。此未曾有の法にて発する声は、饗庭氏が「どうぞやぶし」の誚虚からず、一種の自然に

*22　荻生徂徠（一六六六―一七二八）や、その弟子の服部南郭（一六八三―一七五九）は、漢文は、語順を転倒させることなく、中国語で上から下へと読むべきだとする漢文音読論を唱えた。

背きたる調をなして、これを国語なりとはいひがたし。要するに邦人の支那文を読む法は、陰の仕事にて、堂々とおもて立ちてなすべきことにあらず。此読みかたは朗読法となすべきにあらず。*23

これも理解しやすい字句だろう。漢文訓読は、西洋人の目には奇異な言語現象としてしか映らない。漢文訓読によって発せられる日本語は、いみじくも饗庭篁村が「ドウゾヤ節」と揶揄したように、「自然に背きたる調」を醸し出し、まともな日本語とは言えないものである。結局、漢文訓読は、隠れて行う「陰の仕事」にすぎず、正面切って他人に見せるものではない。したがって、訓読を前提とする以上、漢文は日本語の朗読法の素材とすべきではない――鷗外は、やはり漢文を訓読していたのである。ただし、それは、あくまで個人としての営みにとどめるべき行為であり、他人に示すような性質のものではないということだ。

実際、〔宋〕范仲淹『岳陽楼記』を例として吟味してみれば、漢文訓読による朗読が本来の中国語による朗読とは大いに趣を異にし、たしかに「〔日本語の〕自然に背きたる調」を奏でていることがわかるだろう。*24

饗庭篁村の謂う「ドウゾヤ節」にそのまま該当するのは、「何ぞや」の一句である。「異なること無きことを得んや」や「此の楽何ぞ極らん」も似た響きだろう。*25 いかにも訓読臭の濃厚な言い回しで、純然たる和文の響きとは性質を異にする。そのうえ、訓読では「何ぞや」

---

*23　*21同書、三五六―三五七頁。

*24　以下、『岳陽楼記』の訓読は、おおむね林羅山〔原解〕鵜飼石斎〔増述〕『古文真宝』後集（『漢籍国字解全書』第一二巻／早稲田大学出版部、一九二七年）二八三―二八八頁による。ただし、平易な理解に資すべく、送り仮名の字配りなどは体裁を改める場合もある。また、訓読文の右傍に添えた「φ」は、置き字であることを示す。

*25　訓読文「何ゾヤ哉φ」「得ンヤレ無キコトヲレ異ナルコト乎φ」「此ノ楽何ゾ極ラン」。

「得(え)んや」のように同じく「や」で結んでいても、原文の助辞が「哉」「乎」のごとく異なれば、当然ながら中国語では発音も相違する。訓読では読まずにすませる置き字「于」「矣」「而」なども、中国語で朗読するときには必ず発音するわけだ。

また、訓読すれば「乃(すなは)チ」と「則(すなは)チ」は同訓だが、やはり中国語では互いに発音が異なる。これは、嘆息を表す「嗟夫(ああ)」と「噫(ああ)」にも当てはまる事情だ。

篇中に散見する〔音読み＋「す」〕のサ変動詞「属(しよく)す」「排(はい)す」「帰(き)す」、また畳語「霏霏(ひひ)」「冥冥(めいめい)」「洋洋(やうやう)」や畳語の反復「浩浩湯湯(かうかうしやうしやう)」「郁郁青青(いくいくせいせい)」、さらには音読みの連続「朝暉夕陰(てうきせきいん)、気象万千(きしやうばんせん)」「上下天光(しやうかてんくわう)、一碧万頃(いつぺきばんけい)」などが渾然(こんぜん)一体となって漢文臭さを強め、ますます和文との距離を広げてゆく。「北(きた)のかた巫峡(ふけふ)に通(つう)じ、南(みなみ)のかた瀟湘(せうしやう)を極(きは)む」や「浮光金(ふくわうきん)を躍(うごか)し、静影璧(せいえいたま)を沈(しづ)む」[*26]などの頻々と現れる対句群も、和文とは懸け離れた漢文ならではの表現だ。末尾に見える名高い「天下(てんか)の憂(うれへ)に先(さきん)じて憂(うれ)へ、天下(てんか)の楽(たのしみ)に後(おく)れて楽(たの)しむ」[*27]も対句仕立てである。

日本語としての不自然さに焦点を絞れば、「物(もの)を覧(み)るの情(じやう)」「若(も)し夫(そ)れ」「斯(こ)の人(ひと)微(なか)つせば」などが典型的な「自然に背きたる調」[*28]かもしれない。

第一例「物(もの)を覧(み)るの情(じやう)」は、連体形「覧る」を直接に体言「情」に接続させず、格助詞「の」を介在させる珍妙な日本語だ。本来は、そのまま体言に連なる形だからこそ連体形なのである。日本人ならば、誰も「みんなに好かれるの人」とは言うまい。むろん、わざわざ「の」を補読するのは、原文に「之」があるからだ。

＊26　訓読文「北ノカタ通ジ二巫峡ニ一、南ノカタ極ム二瀟湘ヲ一」「浮光躍シレ金ヲ、静影沈ムレ璧ヲ」。

＊27　訓読文「先テ二天下ノ之(ゆ)憂ニ一而(ゆ)憂へ、後レテ二天下ノ之(ゆ)楽ニ一而(ゆ)楽ム」。

＊28　訓読文「覧ルノレ物ヲ之(ゆ)情」「若シ夫レ」「微ッセバ二斯ノ人一」。

第二例「若し夫れ」は、ふつう新たな話題を呈示する〈発語の助辞〉と説明され、一般には「さて」「ところで」などと訳す。しかし、「もしそれが不都合ならば」のように使うのであれば、「もしそれ」という音列も自然に響くだろうが、「もしそれ」だけを独立した語句として用いるとなれば、まともな日本語とは言えまい。正直なところ、「もしそれ」を耳にしたとたん、話題を転換する「さて」「ところで」の意味だと了解できる日本人がどれほどいるだろうか。「若し夫れ」は、特殊な漢文訓読専用語なのである。

第三例「斯の人微つせば」の「なかつせば」は、形容詞「なし」の連用形「なかり」に、過去の助動詞「き」（またはサ変動詞「す」）の未然形「せ」が接続し、さらに仮定を表す接続助詞「ば」が附いた「なかりせば」の促音便形だ。この言葉そのものは、漢文訓読専用語ではない。有名な和歌にも「世の中に絶えて桜のなかりせば春の心はのどけからまし」[*29]とある。ただし、このように格助詞「の」に接続し、下文で反実仮想の助動詞「まし」が呼応するならば、すんなり自然に聞こえるものの、上下に「の」も「まし」もなく、単に「斯の人微つせば」では、甚だ乾いた響きとなり、やはり日本語としては無骨にすぎる言葉遣いだろう。漢文訓読では、「斯の人微つせば、吾誰と与にか帰せん」[*30]のごとく、「まし」の代わりに、推量の助動詞「む」の撥音便形「ん」を下文で照応させはするのだが。

漢文訓読の日本語は、「自然に背きたる調」を爪弾き出す代物だ。したがって、漢文を朗読法の素材にはできない。漢文訓読は、あくまで私的な「陰の仕事」にとどめるべきだ——

---

*29　『古今和歌集』巻一「春」上・53・在原業平。『伊勢物語』第八二段にも見える。

*30　訓読文「微ッセバ二斯ノ人一、吾誰ト与ニカ帰ン」。

こうした漢文訓読観を鷗外が生涯にわたって持ち続けたのか否かは、今一つ明らかでない。しかし、鷗外は、大正六年（一九一七）末に『礼儀小言』を執筆したさい、「その七」で荻生徂徠の「人々以己心所安断之可也」を「訳して云へば〈手ん手に気の済むやうにするが好い〉となる」[*31]と解説してみせた。鷗外の考える「訳」とは、訓読「人々己れの心の安んずる所を以て之を断ずれば可なり」[*32]ではなかったのである。

さらに踏み込んで言えば、晩年の三大史伝『渋江抽斎』『伊沢蘭軒』『北条霞亭』において、鷗外が大量の漢詩文を白文のまま掲げたのも、訓読なぞ読者に対して公に披露するものではないという確乎たる持論に基づく措置だったのかもしれない。そうだとすれば、漢詩文を白文で読める読者だけを相手にしただの、新聞の連載小説ゆえに訓読を記す紙幅の余裕がなかっただのと指摘するのは、文字どおりの的外れとなろう。もちろん、鷗外は、最期まで訓読から離れることはできなかった。たとえば、『伊沢蘭軒』の「その二十八」冒頭で、蘭軒の七言律詩の第一・二句「素琴黄巻未全貧、朝掃小斎迎早春」を引いた直後に、珍しく「〈未だ全く貧ならず〉は正直な告白で」云々[*33]と訓読を示しつつ解説を書きつけているからである。説明の都合上、原詩の字句をそのまま「未全貧」と記すだけでは、さすがに不親切すぎると思ったのだろうか。「陰の仕事」であるべき訓読がゆくりなくも顔をのぞかせた一場面である。

前に引いた二節の後、鷗外は、東京専門学校が「羈絆的美術」の演説を捨てて「自由的美術」の詩（戯曲）を取ったのは、「審美学上の見識」に基づくのだろうと推測し、再び「レチタ

＊31　『鷗外全集』第二六巻（岩波書店、一九七三年）五六二頁。

＊32　訓読文「人々以テ二己レノ心ノ所ヲレ安ンズル断ズレバレ之ヲ可也」。

＊33　『鷗外全集』第一七巻（岩波書店、一九七三年）五六—五七頁。

チオン」と「デクラマチオン」を持ち出すが、饗庭篁村『太田道灌』を朗読材料とする理由については、「朗読法の師たる人が平生尤（もっとも）熟したる曲なれば、さもあるべき事なり」[*34]と述べるだけで、さほど説得力を持たない。最後は、咄々生と一学生の論点を羅列し、「余（よ）は今一々これを批評するに遑（いとま）あらず、殊に咄々生が詭弁（きべん）に至りては、これを反駁（はんばく）せむも大人気（おとなげ）なかるべしとおもへば、これにて筆を擱（お）くこと、なしつ」[*35]と、どことなく投げやりとも受け取れるような字句で一文を終えている。水準の低い論争について筆を費やすうちに嫌気（いやけ）が差したのだろうか。ちなみに、饗庭『太田道灌』の初演は、朗読法論争が起きた明治二四年の一二月、東京は新富座（しんとみざ）においてのことだった。[*36]

第四節　『掲帝掲帝を三下り』

すでに朗読法論争は終了していたが、鷗外は『朗読法につきての争』の趣旨を、さらに戯文まがいの文章で敷衍（ふえん）してみせた。それが現在『山房拊掌談』に収められている『掲帝掲帝を三下り』である。もっぱら〔宋〕范仲淹『岳陽楼記』を引き合いにして、漢文訓読の不自然さをからかった一文だ。

> 朗読法を講ずる材料には、是非を問はず『岳陽楼記』を取らむといふ。（読売）[*37]顚倒（てんたう）

---

*34　*21同書、三五八頁。

*35　同右書、同頁。

*36　『歌舞伎・浄瑠璃外題事典』（日外アソシエーツ、一九九一年）一一二頁左。

*37　この「（読売）」は、「読売新聞」二月一六日号に載った咄々生の一文を指している。初出『柵草紙』第二三号では、標題の下に「（読売新聞雑報参看）」とある。

爭でか顛倒して讀むべからざらむ。若「日月隱曜、山岳潛形、商旅不行、檣傾檝摧、」を日星ひかりをかくし、山岳かたちをひそめ。商旅ゆかず。檣かたふき檝くだけたりと讀むべくば、

"Es laechelt der See, er ladet zum Bade, Der Knabe schlief ein am gruenen Gestade,"

をもでるぜえわらひ、ばあどをすゝむ、でるくなあべみどりのげすたあでにねふりぬとも讀むべきならむ。

図２　初出『掲帝掲帝を三下り』：原文「日月」；訓読「日星」／『柵草紙』第23号

して支那文を読むべくば、独逸(ドイツ)文も争(いか)でか顛倒して読むべからざらむ。若(もし)「日星[*38]隠曜、山岳潜形、商旅不行、檣傾檝摧」を「日星ひかりをかくし、山岳かたちをひそめ、商旅ゆかず、檣かたぶき檝くだけたり」と読むべくば、〈Es laechelt der See, er ladet zum Bade, Der Knabe schlief ein am gruenen Gestade〉をも「でるぜえわらひ、ばあど[*39]をすゝむ、でるくなあべみどりのげすたあでにねふりぬ」とも読むべきならむ。唯熟(ただよ)く外国の文を味(あぢは)はむとおもふものは、原音のまゝにて真直(まつすぐ)に読下(よみくだ)すべきのみ。[*40]

鷗外は、漢文訓読式にドイツ語を訓読してみせることによって、漢文訓読がいかに不自然な読み方であるかを指摘している。所引の漢文は『岳陽楼記』の一節で、「日星隠シレ曜ヲ、山岳潜ムレ形ヲ」は対句。また、ドイツ語〈Es laechelt... Der Knabe...〉は、シラー J. C. Friedrich von Schiller（1759-1805）の名高い戯曲『ヴィルヘルム・テル』*Wilhelm Tell* の冒頭

＊38　『鷗外全集』は、『岳陽楼記』の字句を原文・訓読とも「日月…」に作るが、初出『柵草紙』では、原文が「日月…」、訓読が「日星…」となっている。按ずるに、『掲帝掲帝を三下り』が単行本『月草』（明治二九年〔一八九六〕）に収められたとき、原文の「日月」に一致するよう、訓読の「日星」を誤って「日月」に改め、その誤謬を『鷗外全集』が踏襲したのであろう。正しくは、初出の訓読「日星」に合わせて、原文「日月」のほうを「日星」に改めるべきであった。今、『文章軌範』巻六・『古文真宝』後集巻四および『范文正公集』（『四部叢刊』）巻七など、管見に入るかぎりの『岳陽楼記』がすべて当該二字を「日星」に作るに従い、『鷗外全集』の「日月」を「日星」に改める。

＊39　〈Knabe〉を「くなあべ」、〈Gestade〉を「げすたあで」と記していることから見て、〈Bade〉の「ばあど」は、初出『柵

すなわち第一幕第一場の最初の二行で、「湖はほほえんで水浴に招き、わらべは緑の岸に眠る」意である。

漢文の傍線部「日星（じつせい）」「山岳（さんがく）」「商旅（しやうりよ）」「檣（しやう）」「檝（しふ）」は、いずれも音読みの語、つまり中国語の発音が日本風に訛（なま）った名詞だ。それに対応して、ドイツ語の傍線部「でるぜえ」「ばあど」「でるくなあべ」「げすたあで」も、すべてドイツ語の発音を日本語の近似音に置き換えた名詞。たしかに、漢文訓読もドイツ語訓読も、表面的には非常に似かよった現象である。念のため、それぞれに返り点を附けて訓読文を示してみよう。ドイツ語の訓読中、◯は訳語が見えない単語、つまり漢文にいう置き字のごとく扱われている語である。なお、助詞「を」「に」は、仮に定冠詞〈dem〉との縮合形前置詞〈zum〉〈am〉に充てておく。漢文ならば、いずれも置き字「於」に相当する語である。

日星隠シレ曜ヲ、山岳潜メレ形ヲ、商旅不レ行カ、檣傾キ檝摧ケタリ。

峡南極瀟湘遷客騒人多會于此覽物之情得無異乎
若夫霪雨霏霏連月不開陰風怒號濁浪排空日星隱
耀山岳潜形商旅不行檣傾楫摧薄暮冥冥虎嘯猿啼
登斯樓也則有去國懷鄉憂讒畏譏滿目蕭然感極而

図３　『范文正公集』巻７『岳陽楼記』「日星隠耀、山岳潜形」／《四部叢刊》
＊耀＝曜

草紙』から『鷗外全集』に至るまで持ち越された誤植で、正しくは「ばあで」の可能性が高い。〈Bade〉と〈Gestade〉が脚韻を踏む点からも、「ばあで」が適切だろう。

＊40　＊21同書、四一三頁。なお、鷗外の記した〈laechelt〉〈gruenen〉は、現行の標準的な綴りでは〈lächelt〉〈grünen〉となるが、以下、〈ä〉を〈ae〉に、〈ü〉を〈ue〉に開いた鷗外の表記をそのまま用いる。

Zur Linken des Zuschauers zeigen sich die Spitzen des Haken, mit Wolken umgeben; zur Rechten im fernen Hintergrund sieht man die Eisgebirge. Noch ehe der Vorhang aufgeht, hört man den Kuhreihen und das harmonische Geläut der Herdenglocken, welches sich auch bei eröffneter Szene noch eine Zeitlang fortsetzt.

F i s c h e r k n a b e *(singt im Kahn).*
(Melodie des Kuhreihens.)
Es lächelt der See, er ladet zum Bade,
Der Knabe schlief ein am grünen Gestade,
Da hört er ein Klingen,
Wie Flöten so süß,
Wie Stimmen der Engel
Im Paradies.

図4　Schiller, *Wilhelm Tell* 冒頭／Reclam, 1963

〈Es〉〈laechelt〉レ〈der See〉,〈er〉〈ladet〉レ〈zum〉レ
○　わらひ　でるぜえ　○　すゝむ　を
〈Bade〉。
ばあど
〈Der Knabe〉〈schlief ein〉レ〈am〉ニ〈gruenen〉
でるくなあべ　ねふりぬ　に　みどりの
〈Gestade〉一
げすたあで

言うまでもなく、鷗外の論法は一種の詭弁である。漢文の「山岳」は日本語の常用語彙であり、「日星」「商旅」も、字面を見れば、ほぼ意味は見当がつく。さすがに「檣」「檝」は難しいが、それは音読みしているからで、「檣（ほばしら）」「檝（かぢ）」*41と訓読みすれば、ただちに意味が了解できるはずだ。また、鷗外は傍線部以外の訓読みの語を故意に仮名書きにしているものの、漢字を用いて「曜（ひかり）」*42「隠（かく）す」「形（かたち）」「潜（ひそ）む」「行（ゆ）く」「傾（かたぶ）く」「摧（くだ）く」のごとく記しても、立派に日本語として通用する。否定の副詞「不」だけは、打消の助動詞「ず」を以て訓ずるため、仮名書きにするのが自然だが。

*41「檝」は、「楫」の別体字。
*42「曜」は、「耀」と通用する。

ところが、ドイツ語の訓読「でるぜえわらひ、ばあどをすゝ(す)む、でるくなあべみどりのげすたあでにねふ(ぶ)りぬ」は、名詞群「でるぜえ」「ばあど」「でるくなあべ」「げすたあで」にしてからが、「でるぜえ」「でるくなあべ」の「でる」がドイツ語の定冠詞〈der〉だと見抜けなければ、何が何やら意味不明に終わってしまうだろう。なるほど、「わらふ」「すすむ」「みどりの」「ねぶりぬ」は、いずれも日本語であるから、すぐさま意味が了解できる。しかし、それはドイツ語を日本語に訳した語句だからこそわかるのであって、決してドイツ語を訓読みしたものではない。〈laecheln〉（〈laechelt〉の原形）を「laecheln(わら)ふ」と訓ずる習慣はなく、〈laden〉（〈ladet〉の原形）を「laden(すす)む」と訓読みする約束事もない。同じく〈gruenen〉を「gruenen(みどり)の」と発音する習慣もなければ、〈einschlafen〉（〈schlief ein〉の原形）を「einschlafen(ねぶ)る」と読むこともあり得ない。漢語と異なり、ドイツ語の語句には、訓読みが存在しないのである。むろん、鷗外はこうした詐術を弄してまでも漢文訓読をからかってみせただけなのであろう。

　鷗外は、右に続けて次のように言う。

> 独逸(ドイツ)文に独逸文の朗読法あり、支那文に支那文の朗読法ある如く、国文にも亦(また)おのづから国文の朗読法あり。国文の朗読材料なりとて、強(しひ)て『岳陽楼記』をすゝむるは、「掲帝(ぎやてい)掲帝(ぎやてい)、波羅掲帝(はらぎやてい)」を三下(みくだ)りにあは(合)せよといふが如し。*43

*43　*40に同じ。

其方事、我等勝手ニ付、
此度離縁致候、然ル上ハ向
後何方え縁付候共、差構
無レ之、仍如レ件

資料　三行半の代表例／『手紙証文集』（江戸・高園堂、刊行年不詳）

「掲帝掲帝、波羅掲帝」は、『般若心経』末尾の陀羅尼（呪文）、いわゆる「般若陀羅尼」冒頭の八字。*44「三下り」は、三行半すなわち離縁状を指す。一見、突拍子もない「〈掲帝掲帝、波羅掲帝〉を三下りにあはせよ」とは、三行半で離婚理由として多用された定型文言「我等勝手に付*45」の「我等勝手」を念頭に置き、音の類似から「勝手」を「掲帝」に、「我等」を「波羅」にこじつけて、「掲帝掲帝、波羅掲帝」と読んでみせる言葉遊びを指すのだろう。「南無阿弥陀仏」を復誦すると、「ナンマイダー、ナンマイダー」とも聞こえることから、それをもじって「何枚だ～、何枚だ～」「三枚だ～」などと戯れるのと同様である。

要するに、鷗外が持ち出した珍妙な比喩は、陀羅尼「掲帝掲帝、波羅掲帝」を三行半の定型文言に見立てて「勝手勝手、我等勝手」と読むのと同じく、たとえば『岳陽楼記』の「日星隠曜、山岳潜形」を漢音で「日星隠曜、山岳潜形」と棒読みし、その音列「ジッセイインヨウ、サンガクセンケイ」を、もじりを交えてでも何か意味のある日本語すなわち和語に変換してみよ、と言うに等しい。それは固よりほとんど不可能なばかりか、たとえ和語に置き換えたところで、「勝手勝手、我等勝手」が「掲帝掲帝、波羅掲帝」と意味をまったく異に

*44　「掲帝掲帝、波羅掲帝」のサンスクリット原文は、「平安の境地に達した者よ、平安の境地に達した者よ、彼岸に到達した者よ」の意。いずれも仏を讃える呼びかけ。

*45　「我等勝手に付」は、「私（＝夫）側の都合により」の意。高木侃『〔増補〕三くだり半　江戸の離婚と女性たち』（平凡社ライブラリー　296、一九九九年）Ⅱ―三「〈我等勝手に付〉の離縁状」その他を参照。三行半の代表例（同書、九三頁）を資料に掲げておく。

するのと同じく、「日星隠曜、山岳潜形」が表す本来の句意とは意味が懸け離れてしまう。「国文の朗読法」として成り立つはずもないだろう。つまるところ、鷗外は、無理難題をふっかけているのである。三行半「我等勝手」を「般若陀羅尼」にかこつけて「掲帝掲帝、波羅掲帝」と唱える言葉遊びが、鷗外一個人の思いつきなのか、江戸時代から世間のどこぞやで流通していた地口なのかは未詳だが。

鷗外は、さらに次のような附記を綴っている。

漢語和読をしひて弁護せむと思はゞ、唯一道あらむのみ。いはく「とさまにゆき、かうさまにゆきて、くもはる〴〵。きさらぎ、やよひ、日うら〳〵」。これ神託なり。穴賢。*46

これは、大江匡房［談］『江談抄』（一一〇四年ごろ）第四および『今昔物語集』（一一二〇年ごろ）巻二四「天神御製の詩の読みを人の夢に示し給ふ語」*47第二八の伝える故事に基づく。菅原道真の子孫の夫人が道真を祀る北野天満宮に参詣し、道真の詩句「東行西行雲眇眇、二月三月日遅遅」*48を詠じたところ、その夜の夢に天神すなわち道真の霊が現れ、「〈東に行き西に行き雲眇眇、二月三月日遅遅〉と訓読せよ」と諭した話である。

一読、この「神託」による訓読がすべて訓読み、すなわち和語ばかりで成り立っていることに気づくはずだ。現行の標準的な訓読ならば、「東行西行雲眇眇、二月三月日遅遅タリ」

---

*46　*40に同じ。

*47　原題「天神御製詩読示二人夢一給語」。

*48　菅原道真『菅家後集』所収「読ム二楽天ノ北窓三友詩ヲ一」（〔白〕楽天の「北窓三友」詩を読む）七言古詩（全五六句）第二三聯＝第四五・四六句。

のごとく音読みを多用し、せいぜい「雲(くも)」「日(ひ)」に訓読みを残して、末尾に助動詞「たり」を添える程度であろう。

鷗外は、このように訓読みを徹底した文字どおりの訓読ならば可としたわけである。当然、こうした訓読がもはや不可能なことは百も承知の上であったのだろう。末尾で女性の手紙風に「穴賢」と当て字を以ておどけてみせたのは、「できるはずもあるまいに」との揶揄(やゆ)、いや、嘲笑を表すためだったに違いない。

以上、漢籍の素養を身につけた鷗外が、実際は漢文訓読に頼っていながら、本来、漢文は中国語で朗読すべきであり、日本語の「自然に背きたる調」の訓読は、あくまで「陰の仕事」すなわち個人の営みにとどめるべきだ、との漢文訓読観を持ち合わせていたことを論じた。いささか意外に思うかもしれないが、それが鷗外の姿勢だったのである。

現今、日本では中国語教育が盛んになり、鷗外が唱えた中国語による漢文の棒読みも十分に可能な時代となった。けれども、それはあくまで可能性にすぎず、実際は、たとえば『論語』学而「有朋自遠方来」を中国語の発音〈you^3 peng^2 zi^4 yuan^3 fang^1 lai^2〉を以て記憶している人は極めて少数にとどまるだろう。大半の日本人は訓読の音列「トモアリ エンポウヨリキタル」*49で脳裡に収めているに違いない。たとえそれが「自然に背きたる調」だとしても、古来、日本人はその響きをも日本語の一種として受け容れてきた。そこから漢文訓読体

---

*49 訓読文「有リレ朋自(よ)リ二遠方一来タル」。

という文体をも生み出したのである。純粋な和文だけが日本語なのではない。

また、そもそも中国語と言っても、一般には共通語としての普通話（プートンホワ）を指すにすぎない。普通話は、北方方言の北京語音を標準としている関係上、古典中国語の四声（しせい）すなわち平声（ひょうしょう）・上声（じょうしょう）・去声（きょしょう）・入声（にっしょう）のうち、つとに入声[*50]を失っている。〔唐〕李白・杜甫などの詩を朗読するさい、果たして入声なしで相応の音声効果が得られるのか、大いに疑問の余地があろう。今日なおも入声を残している南方方言、たとえば広東語のほうが唐詩の朗読には遙かにふさわしいとも考えられる。[*51]独り入声のみに焦点を絞れば、かえって日本語の字音（じおん）仮名遣いのほうが原音に忠実な音声を反映しているとも言えるのだ。[*52]

加うるに、漢文すなわち古典中国語は、鷗外が「棒読にだにせば、文法・語格明（あきらか）ならむ」と言ったほど平易なものではない。いかにも屈折語らしいドイツ語ならば、英語などに比べると格段に豊かな語形変化を示すため、朗読しさえすれば「文法・語格」が明らかになるのかもしれない。しかし、名詞あるいは形容詞としか思えない語が何も語形変化を起こさないまま動詞として用いられるなど、品詞が自由に転換される孤立語の古典中国語は、膠着語の日本語を母語とする日本人にとってはもちろんのこと、依然として孤立語にほかならぬ現代中国語の話者たる中国人にとっても難しいのである。さもなければ、中国にせよ台湾にせよ、大学の中国文学科に古典文学を教える授業が設けられているはずはなく、また古典作品の「白話訳」すなわち現代中国語訳が数多く出版されている理由も説明がつかないだろう。中国人

＊50　音楽に謂う staccato（スタッカート）のように、詰まって鋭く切れる声調（トーン）。

＊51　筆者は、李白の詩を中国人が広東語で朗読するのを聴いたことがある。韻字どうしが心地よく共鳴し、入声が鋭い音声効果を挙げるのに驚いた。

＊52　歴史的仮名遣いで漢字音を記したとき、仮名が二字以上で、末尾の字が「き・く」「ち・つ」「ふ」で終わるのが入声の字であり、それぞれ k・t・p で詰まる。「歴（れき）・落（らく）」「七（しち）・雪（せつ）」「蝶（てふ）」など。韓国漢字音では終声子音（パッチム）「ㄱ・ㄹ・ㅂ」がこれに対応する。

の身であっても、それなりの専門的な訓練を必要とするほど、古典中国語は手強い難敵なのである。それは、日本人が、通り一遍の勉強をしただけでは、とても『源氏物語』を読みこなせないのと同じことだ。

漢文訓読という言語現象をどのように捉えるか――鷗外の提起した「自然に背きたる調」を「陰の仕事」とする問題は、今なお考察に値する要素を少なからず含んでいる。鷗外の訓読観を問うことは、取りも直さず、問う者の訓読観が問われることにもなるだろう。

【参考文献】

小堀桂一郎『若き日の森鷗外』（東京大学出版会、一九六九年）

加藤徹『漢文の素養――誰が日本文化をつくったのか？』（光文社新書、二〇〇六年）

中村春作・市來津由彦・田尻祐一郎・前田勉［編］『「訓読」論――東アジア漢文世界と日本語』（勉誠出版、二〇〇八年）

中村春作・市來津由彦・田尻祐一郎・前田勉［編］『続「訓読」論――東アジア漢文世界の形成』（勉誠出版、二〇一〇年）

小堀桂一郎『森鷗外――日本はまだ普請中だ』（ミネルヴァ書房、二〇一三年）

＊本稿の漢字は、常用字体を原則とした。

第三章　依田学海における白話小説の試み
──秋風道人「新橋佳話」の写実と寓意

楊　爽

第一節　依田学海について

依田学海（一八三三―一九〇九）は、佐倉藩士依田貞剛の家に生まれた。初め字を百川といったが後にこれを本名とした。藤森天山から学海という雅号を受け、柳蔭・贅庵などとも号した。牧野天嶺に書を学んだことがあり、後に藤森天山の門に入り、経典、史書、文章を学んだ。同門には川田甕江、岸田吟香などがいる。漢詩文に精通し、『史記』を愛読し、小説と演劇を好んだ。末松謙澄らと演劇改良にも手を染めた。

著述には『芳野拾遺名誉』、『侠美人』、『譚海』、『話園』、『談叢』、『学海記縦』『学海画夢』『墨水二十四景記』及び演劇の脚本『拾遺日蓮枝楠』、『政党美談淑女操作』などがある。その中で、一番読まれたのは漢文小説集『譚海』である。奇人逸士の伝記を主としている『譚海』は、近世の随筆雑著の類に粉本をしながら、学海のさまざまな工夫によって、従来の漢文と別の意味を持つ「近代的」な形になっていることは、筆者はすでに本シリーズの第一巻第九章で論じ上げた。

実は、依田学海が秋風道人の号を使って『花月新誌』で作品を発表していたことがある。*1 次に、「新橋佳話」の一編を取り上げ、作品の内容、特色、並びに学海がこの作品に何を託しているかを検討したい。

第二節　「新橋佳話」の概要

高橋昭男は「新橋佳話」について、「新橋花街の芸者・鶴児と客筋の三人の官員の物語で、花街における恋の達引きが描かれた、江戸時代の人情本の系統の作品である。」と簡単に紹介している。いままで依田学海の作品として認識されておらず、研究もされていない作品であるため、「新橋佳話」の内容を確認しながら検討するようにしたい。

まずは、『花月新誌』の第二十号に掲載された半酔居士の「新橋佳話序」に沿って検討に入りたい。「新橋佳話序」と命名されていたこの文章では、半酔居士は寺門静軒の『江都繁昌記』を『板橋雑記』と並べ、その文章の妙、及び結構の優れていることを評価していた。次には、成島柳北の『柳橋新誌』を挙げ、『柳橋新誌』に比肩する新橋の状況を描く優れた作品がないことを嘆いた。続く部分では「新橋佳話」を直接に論じており、以下引用する。

余嘗讀㆓洛陽名園記㆒。名園之興廢。關㆓洛陽之盛衰㆒。洛陽之盛衰。關㆓天下之治亂㆒。

---

*1　拙稿「漢文白話体小説の書き手『秋風道人』とは誰か―依田学海の創作活動の一面―」(『人文論叢』、第九九輯、二松学舎大学人文学会、二〇一七年)参照。

然則遊觀諸場之旺衰。不レ可レ謂レ不レ關二治亂之樞機一也。秋風道人有レ見二乎此一。著二新橋佳話一篇一。敍事清麗不レ襲二繁昌記新誌等故轍一。別出二機軸一。聲妓才貌。冶客風流。一々描寫。毫末無レ遺。若夫寫二諷刺於諧謔一。寄二規戒於鄙猥一。亦司馬長卿賦體之流亞也。嗚呼天下貴二於有用一。不レ貴二於無用一。況文明開化之今日乎。而道人著二此沒緊要的冗籍一何也。余聞佛國著書多二稗官類一。然寓意懇至。多警二當世一。此篇雖二一無用書一。使下二有心人一讀上レ之。豈憮然無レ感二乎當世一哉。余與二道人一為二親友一。今從二道人請一。妄加二評點一。并序レ之。明治甲戌九月識二于萱坊寓居一。

「新橋佳話」の連載は明治一〇年（一八七七）九月から始まっていることは前節で紹介してある。また、前掲引用序文の年時は「明治甲戌九月」は明治七（一八七四）年九月である。序文は作品の公表より三年前に書かれている。言い換えれば、「新橋佳話」の創作時期の下限は、明治七年九月であることが推測できる。

半醉居士は学海が「新橋佳話」を創作したきっかけを『洛陽名園記』に求めている。『洛陽名園記』は、宋の李格非[*2]が撰じたもので、洛陽の一九の園林を取り上げている。また、李格非は『洛陽名園記』の最後で、「論曰」という形で、「園圃之興廢洛陽盛衰之候也。且天下之治亂候於洛陽之盛衰而知。洛陽之盛衰候於園圃之興廢而得。[*3]」と述べていた。園林の盛衰を記述することを通じ、当時の名士の「動業隆盛、能享其樂」という心情が表され、洛陽ないし国の盛衰への感慨が示されることになる。続く表現で、「新橋佳話」は寺門静軒の『江

＊2　李格非、生没年不詳。文叔を字とし、濟南の人である。

＊3　『洛陽名園記』の引用は、早稲田大学が所蔵している李格非撰、毛晉訂、松本幸彦重校刊本による。この本は、「文政戊子季冬鐫　全文館藏版」のものである。製本所は和泉屋庄次郎、田中屋長藏、大村屋吉右衛門、雁金屋次兵衛、英屋幸吉が並んでいる。

都繁昌記』、並びに成島柳北の『柳橋新誌』を踏襲していないと、その独自の文芸性を強調しており、「聲妓才貌。治客風流。一々描寫。毫末無遺。」と説明するように、人物を中心にした叙事が特徴とされている。「新橋佳話」の「諧謔に於いて諷刺を写し、鄙猥に於いて規戒を寄せる」(寫二諷刺於諧謔一。寄二規戒於鄙猥一。)ことは司馬相如の賦の如きと半酔居士は述べ、さらに本書の実用性ならびに寓意性を強調していた。

徳田武の言うように、かつて中国の士大夫に、つまらない街談巷説として認識されていた小説は、一方で、表現の自由さを持つことで文人に好かれていた。そこから、小説を正統化しようとする意識から、「小説の有益実用性を創作の大義名分として持ち出さねばならない」[*4]という考えが生まれ、教訓寓意の要素が小説に導入される。勧戒の具とされた「小説は寓言なりの命題が成立する」[*5]時期が起こるのである。その小説観に立脚しているため、半酔居士は序文で作品の文芸性を称賛しながら、文章の大半は「新橋佳話」の実用性、寓意性を強調することに費やしている。学海が『花月新誌』のために書いた序文でも、雑誌の記事の寓意性が取り上げられている。

さらに、明治維新後の日本において、文化・文学の分野でも実用性が重視されるようになったことから、学海の「新橋佳話」が無用の「冗籍」ではないことを証明するため、半酔居士はフランス稗史小説の例を挙げ、学海の作品もフランス文学と同じような寓意性があり、当世に有益であることを序文の最後で強調している。

＊4　徳田武「初期読本における寓意性と文芸性・上」(早稲田大学国文学研究会『国文学研究』四七号、一九七二年)。

＊5　徳田武「初期読本における寓意性と文芸性・上」(早稲田大学国文学研究会『国文学研究』四七号、一九七二年)。

半酔居士が言う文芸性と寓意性とを備えている「新橋佳話」は白話体漢文で書かれ、六回で構成されている。また、「回目」（各回のタイトル）＝概要という章回体小説の形もとっている。次に掲げているものは各回の「回目」である。

初編

第一回　三冶客金龜樓開㆑筵（第二十二号から第二十五号）

第二回　一雙玉偶然始一會（第二十六号から第二十九号）

第三回　鐵檻橋秋夜訴㆓衷情㆒（第三十号から第三十三号）

第二編

第四回　墨水酒樓鴛鴦諧樂（第三十四号から第三十六号）

第五回[*6]　觀㆓演劇（シバイ）㆒暗裏胎㆑禍（第三十七号から第四十三号）

第六回[*7]　見㆓迫脅㆒貞婦節愈堅（第四十七号から第四十八号）

第二編の第六回は「以下次号」とあって、途中で終わっているが、初編は三回で終わっているので、回数的には、第二編も揃っていると考えてよいであろう。おそらく次号から第三編の連載に入る予定であったのが、何かの事情で実現しなかったのであろう。[*8]

「新橋佳話」の『花月新誌』での連載は第二十二号から始まっており、前号の第二十一号で、

＊6　原書には、「第四回」とあるが、順序としては第五回になるため、ここで改めた。

＊7　原書には、「第五回」とあるが、順序としては第六回になるため、ここで改めた。

＊8　学海は六回まで創作していた可能性もあるが、現時点で無窮会に保存されている「新橋佳話」に見えないため、推測に留めるしかない。

学海は秋風道人の名で、次に掲げる「新橋佳話題詞」を発表している。

> 余頃戯ニ著二新橋佳話一略道二新橋花柳光景一然才鈍學淺筆筆澀滯不レ能下描二出上其萬一一
> 偶得二翠軒氏新橋詞一讀レ之清麗一徃何等絶妙余為欲レ燒二筆硯一矣因録置二巻端一看者一
> 讀レ之不三必讀二此書一也
>
> 秋風道人識

前掲引用資料の後に続くのは、「翠軒氏の新橋詞」で、また、最後に「新橋佳話初編」三回の目次を掲げている。翠軒の新橋詞をもって自分の作品の内容を紹介するための謙辞で、学海はわざわざ「戯著」と自分の創作姿勢および作品の性質を限定している。ここでの謙辞および作品性質としての戯著の規定は、中村幸彦が「「戯」の文字は、一種の遁辞用のものであり、それを用いたのは、彼等の見識、否、見得であった。たとえ趣味生活に耽溺し、卑俗な閑文字を弄するとも、彼等は、立派に知識人であり、儒者である。」[*9]と述べていることを参考にすれば、自負の現われと見ることができるのであろう。秋風道人の戯号をもって作品を創作したり、『東京柳巷新史』の序文を書いたりしていたこと、またその作品を「戯著」と強調していたことは、あるいは「高尚優美の雅調にして之を貴族的小説の文章」[*10]を書くことのできる学海にとって、このような花柳地を舞台にする作品は本意ではないという意識が

＊9　中村幸彦『戯作論』（角川書店、一九六六年）九二頁。

＊10　北邨散士「依田学海の「流転」の批評を読む」（『国民之友』第六七号、一八八九年）。

あったからかもしれない。

各回の舞台および梗概をまとめると、以下のようになる。

【第一回】金亀楼　橘維常、梅野芳信、茨木成蔭の三人は洋食を食べながら、ワインを飲んでいる。宴の盛りに、婢女のすすめに従い、妓を招くことにした。成蔭が新橋の名妓である小青、小満、桃太の三人を指名したが、桃太は他のところで接待しているので、来られなかった。その代わりに、鶴児が登場し、小青、小満と一緒に一曲を奏した。鶴児の美貌に惹かれる成蔭が酔ったふりをして、維常を先に送らせた後、芳信とひそかに陰謀をたくらんだ。

芳信は婢女に、共に居た一人が鶴児のことを気にいったと話すように仕向ける。それを聞いた鶴児は、自分のことを気にいったのは橘維常のことであると勘違い、芳信に確かめた。成蔭より容姿のよい維常のほうが好かれると考え、芳信は鶴児の勘違いをそのままごまかした。鶴児はめでたい縁だと思い、喜んで帰った。

【第二回】伊勢勘楼　芳信は夜の闇にまぎれ、維常の名義で鶴児を騙して成蔭のところに連れ込む陰謀を企んでいた。しかし、事前に成蔭に相談できなかった上に、婢女に勘違いがあって、偶然が重なった結果、維常は鶴児のいる金亀楼に行くことになる。婢女に聞いても要領を得ないまま、維常は眠くなって横になった。化粧品の匂いに目が覚めると、共に寝ている鶴児が見えた。

【第三回】金亀楼　わけのわからない二人は婢女に問いただし、芳信の陰謀であることを知る。人に知られないうちに、早く帰った方がいいと維常は鶴児に言ったが、鶴児は泣きながら告白した上、自殺を主張する。鶴児を慰めるため、自分が未婚であることを話した維常は、鶴児の家族のことを訊ねた。鶴児は幕府遺臣の父親のこと及び自分が遊女になるきっかけを泣きながら伝えた。これを聞いた維常は自分の抱負を伝え、鶴児に三年待つように言う。

【第四回】墨水八百松楼　維常と鶴児が八百松楼で話している最中、南楼に成蔭、芳信が来た。芳信は成蔭に維常と鶴児がすでに長く付き合っており、前回の計画が失敗したと話した。これを聞いて腹を立てた成蔭は、散々飲んで北楼に行き、維常と鶴児の声を聞く。

【第五回】喜昇部　維常と鶴児が約束した通り、喜昇部へ演劇を見に行った。芳信と成蔭は黔野駒（ママ）鳴という官員に、維常と遊女との「スキャンダル」を告げ、駒鳴をそこに連れていった。維常と鶴児の姿を見た駒鳴は芳信たちの嘘を信じた。

【第六回】新橋日吉坊　鶴児の父親は前に権兵という人から金を借りたことがあったそうである。権兵は鶴児と維常とが付き合っていることを知って、日吉坊に行き鶴児に返金を要求する。

作品が舞台の転換に伴って展開していることは明らかで、登場人物も多くない。しかも、作品の最初に登場した三人の客と鶴児以外の人物は、重要な役割を演じているものもいるかもしれないが、作品は六回で終わっているため、登場の必然性はまだ十分に示しえていない。それでも、第五回に登場した官員が本来維常のことが嫌いで、後に維常の出仕を妨げる存在となることはすでに作品から十分にうかがえる。また、第六回は鶴児が権兵に迫られるところで終わっているが、作品のその後の展開はタイトルの「見迫脅貞婦節愈堅」から予想できる。

舞台が変わるごとに、その場所は細かく描写がなされるところは『板橋雑記』をはじめとする日中の繁昌記類作品の影響を受けているとも言える。それ以外に、回ごとの変化、ストーリーの展開及び人物同士の動きと配置は清の『桃花扇』に近いと考える。

第三節「新橋佳話」の表現

作品の第一回は、最初に東京の花柳街の総評から始まり、明治維新後、「慾界之仙都」と呼ばれた芳原が衰え、柳橋、新橋の芸妓が盛んになってきたことが紹介されている。続く記述は、登場する三人の男性客の紹介で、次に引用しておく。

茲説出一場新話専係㆓名士佳人風流情縁一事㆒看客休㆑聒静聴且説煉化石屋起㆓京橋南㆒至㆓新橋北㆒両層高樓瓦磚整齊高接㆓雲霄㆒挾㆑路櫻松雑樹成㆑緑交㆑蔭倚㆓新橋㆒一望大道平直人行車行分界分明何等好景何等結構

書き下し文：茲に説き出す一場の新話専ら名士佳人風流情縁の一事に係る。看客聒を休めて静に聴け。且説く、煉化石屋京橋の南に起り、新橋の北に至る。両層の高楼、瓦磚整齊、高く雲霄に接す。路を挟む櫻松雑樹緑を成し蔭を交ふ。新橋に倚て一望すれば、大道平直にして、人行車行分界分明なり。何等の好景、何等の結構ぞ。

「茲説出」、「看客休聒静聴」、「且説」などの言葉づかいから、章回体小説の原型となっている「説書」の名残がうかがえる。同様の表現は、第一回の終わりの部分にも出ている。原文は「有㆓分教㆒奉㆓承痴漢㆒設㆓奇計㆒却為㆓情郎㆒做㆓巧媒㆒畢竟芳信設㆓甚計㆒且聴㆓下回分解㆒」で第一回を締めくくり、次回のストーリー展開の予告も兼ねている。ここでの「有㆓分教㆓」は「有㆓分交㆓」とも書く章回体小説の常套語で、その後ろには、よく七言か五言の言葉を二句並べることで、次回の展開を紹介して、聞き手（読者）の興味を次回に繋ぐ役割を担っている。

引用文に戻れば、「新話」の「新」はすなわち、明治維新前に対する話の意で、学海はここで「煉化石屋」、「兩層高樓、瓦磚整齊」、「大道平直、人行車行分界分明」などの近代的な街並みの要素を取り上げている。ほぼ同時期に刊行された服部誠一郎の『東京新繁昌記』には、人力車、京橋煉化石が時代の繁昌の象徴として取り上げられている。馬車について、「数多因富豪多故馬車益繁昌而都下益繁昌焉」といい、また、京橋の建築について、「都下新築之壮閣以京橋煉化石為第一焉」と述べている。建築、街並み、道、交通など各方面における西洋化は当時、開化の新変化として繁昌記以外にも、『東京繁華一覧』（明治二年）ほか絵入の本などにより頻繁に取り上げられている。

この京橋の新風景を背景に、作品の舞台はタイトルどおり、新橋に設置されている。続いて、新橋にある金亀楼という洋風酒楼に、三人の客が登場する場面になる。

> 過レ橋右折舊時船宿今多變為二酒樓一中有下號二金龜樓一者上造構模二擬洋製一青漆欄干玻璃幛子堊壁潔白洋燈熒煌一張卓子圍二椅子一者數名一個喚二做橋維常一原是某縣士族以三才學優絶兼善二西洋學一近出二仕某省一容貌佚麗言語温藉衣二焦茶織（コゲチャミチン）縮緬一被二黑色羅紗外套（ハオリ）一胸邊懸二一面純金盖皮時辰一中指貫二精金嵌レ珠千金約指一一個喚二做梅野芳信一原籍某縣平民以レ善二會計一今為二十幾等出仕一資質巧佞言詞諧謔衣服則外美內麁時辰則銅質金表一個喚二做茨城成蔭一又是某縣士族狀貌醜黑聲音混濁才鈍智短以下賁二緣上某長官一擢二任榮貴一衣服雖レ華未レ免二村俗一酒性不レ善動病二座客一這三個遊客命二洋食一喫二葡萄酒一（後略）

「青漆欄干」、「玻璃幛子」、「堊壁」、「洋燈」などの記述は建物、調度が西洋風であることを強調する。この場面は右の『東京繁華一覧』に載せられた絵を参照すれば想像が容易であろう。明治維新をきっかけに、階級制度の廃止とともに、士族と平民がともに座って遊ぶ場面が出現するようになる。また、「封建の検束一たび解くるや、各藩幾万の書生は、ひたすら利禄を求めて東都に集った。」[*11]「利禄を求め」ることの一つの典型が出仕であり、官制改革により、平民も政府に抜擢される可能性が生じていた。「この輩は晋の潘岳の如く顕貴に諂

*11　木下彪『明治詩話』（岩波書店、二〇一五年）、一七頁。

図1　＊13

事するには、その車塵を望んで拝するをも辞せないのである。[*12]」と記されたように人物の中に、高位の官員のために、「親熱拂レ髯拭レ唾莫レ不レ至」という梅野芳信も茨城成蔭も入ることになる。

作品の最初に主要な登場人物を全員紹介し、その特徴を説明しておくことによって、展開の伏線を張る。こういう方法は、小説よりも、劇曲の脚本に近いと考えられる。また、登場人物に関する描写で注目したいのは、身分、性格、職業以外に、衣装及び飾り物（道具）についても細かく表現していることである。主人公の橘維常の服装について、「衣二焦茶纖織縮緬一被二黒色羅紗外套一胸邊懸二一面純金盖皮時辰一中指貫二精金嵌レ珠千金約指一」というふうに詳細に描かれている。ほかの二人についても、簡単ではあるが、橘維常の格好と対応する記述がある。その衣装は人物の性格、身分をそれぞれ表している。

女性主人公鶴児に対しても同じ表現法が取られている。次は鶴児の登場のシーンである。

＊12　木下彪『明治詩話』（岩波書店、二〇一五年）、一七頁。

＊13　歌川広重 画『東京繁華一覧』一八六九年。画像は国立国会図書館デジタルコレクションによる。

（略）忽報鶴兒來怎生(イカナル)模樣但見橫レ額瑁瑇。透明如レ滴。插レ髻珊瑚。淡紅愈貴。縐紗淡紫藤色。等身有半衣服。西陣鏤金純子。一丈五尺大帶。緋紅襯衣。織金襟領。笑時雙靨忽生二兩頰一。石部金吉膽顫。步時紅褌微露二雪脛一。久米仙人倒墜。

半酔居士はすでに学海の人物表現の優れているところに目を止めており、「藝妓衣服頭飾描寫無レ遺錦心繡口」と評している。このように細密に描くことによって、鶴児の美貌は生き生きと伝わるようになった。学海の人物描写への関心およびその表現力はその漢文小説集の『譚海』から十分に看取できるが、*14 ここでの衣装に関する積極的関心は、彼が明治十年代の演劇改良運動の際に唱えていた「活歴物」の演劇観と無関係ではなかろう。演劇の場合、登場人物の衣装も舞台の重要な構成要素である。学海は、歌舞伎の衣装は劇中の時代の物を用いなければならないという旨を述べている。*15 ここでの表現はすでに学海の演劇への関心および演劇改良の志向を持っていたことがうかがえる。

さらに、先に触れたように、この作品の創作時期は明治七年ごろである。『学海日録』によると、この時期の学海の日記は極めて簡単であるものの、明治五年から東京に出ていた学海が、この時期、藤井善言と親しくしていたことがわかる。学海の活動の柱の一つに、藤井との演劇鑑賞があった。「新橋佳話」の第五回、鶴児と橘維常と一緒に歌舞伎を見るシーンは、その体験に基づくものであろう。

（略）維常道當今第一個名優倣レ誰鶴児道薪水沒了廣陵散絕矣*16 三升雖二則高手一伎藝遠不レ

*14　拙稿「評伝から漢文小説へ―依田学海『譚海』にみる『名家略伝』の翻訳方法」（『二松』第三一集、二松学舎大学大学院文学研究科、二〇一七年）参照。

*15　井上弘「依田学海の研究（二）―進歩的な演劇活動」（『富士フェニックス論叢』第二号、富士フェニックス短期大学、一九九四年）。

*16　『世説新語箋疏』中巻上「雅量」による。嵇康が刑の直前に「広陵散」を演奏し「広陵散今に於いて絶ゆ」と言い残し処刑されたという典故である。

及二那音羽氏一仲藏老矣非レ不レ妙伎有レ所レ局做二第一個一不レ得芝翫梅幸抑亦小家數爭上二觀客眼裏一

維常呵呵大笑道鶴姐大話也來了殊不レ似二婦人口氣一評得極當但別的(ホカハ)不二是打緊(カクベツデモナイ)一三升反是一種殊様(ルイノカハツタ)人物未レ可二輕易一俺常看三得這優打二扮楠中將小松內府一衣冠劍履盡按二古法一分毫不レ違與二兩公再生一一般中將讀二聖德太子讖文一內府進二諫平相國一說二出四恩一音吐朗然聲氣温籍真個教二レ人感激淚下一哩(ワイ)薪水之伎佳則佳矣要是俳優常調演劇陳套比二之三升一品格夐然不レ同

薪水は歌舞伎役者の名跡である。鶴児が言う、亡くなって廣陵散は絶えた薪水は四代目の坂東薪水（一八〇〇―一八七三）のことであろう。三升も俳優の名で、家号は市川団十郎となっている。音羽屋・五代目尾上菊五郎、九代目市川団十郎及び仲蔵とともに、明治演劇改良運動の場となった森田勘弥の新富座に属していた。

団十郎は音羽より劣っているという鶴児の批評について、評者の半酔居士は同意して「確評」といっている。一方で、学海は橘維常の口を借りて、違った見方を述べている。団十郎に対して「反是一種殊様人物未レ可二輕易一」と学海は述べ、特に、その衣服はその時代の物と比べて、毫釐の差もないこと、およびその言葉づかい・調度品も忠実な再現であることに感心している。また、薪水などのことを「俳優の常調、演劇の陳套」といい、団十郎の進歩的な演技を強調していた。

引用文の後には、鶴児が維常のことを「新を喜び、故を厭ふ」（喜レ新厭レ故）性格であると指摘することが続き、団十郎のこの写実風の演技をみせた「活歴もの」が明治歌舞伎の「新」傾向になっていることをうかがわせる。

「新橋佳話」において、学海はすでに人より「進歩」[*17]的な演劇観をはっきり表明していた。後には、学海は演劇改良に力を入れ注ぎ、自ら『吉野拾遺名歌誉』などの台本を手掛けている。学海の抱いていた演劇観と一致して、「新橋佳話」での登場人物の台詞もそれぞれの身分、性格にふさわしいものになっている。そのことに注目した評語を以下に列挙してみる。

「妓常做二此語一」、「廣長舌毫無二遺憾一」、「妓女口角描出活現」、「婢女聲口宛然」、「渾家自有二渾家口氣一不二是婢女聲音一」、「小婢口氣罵二得債主一情形如レ見」、「慳吝老漢子口角酷似」など、妓女、婢女、渾家（元代の雑劇という文学ジャンルでは、妻のことを指している）、ケチな老年男性など、各人物の風貌をセリフによって巧みに表現している。ほかの人物の表現についても、評者は「一個権君活畫出來」、「女児情態描得入レ神」、「院裏老媽自然有二這等模様一」などとその人物表現の優れていることが称賛されている。衣装、セリフ、動作などに関する描写で、鮮明に浮き上がらされた人物像は学海の「新橋佳話」の一つの特色として指摘することができる。

＊17　井上弘「依田学海の研究（二）—進歩的な演劇活動」（『富士フェニックス論叢』第二号、富士フェニックス短期大学、一九九四年）。

第四節　「新橋佳話」の風刺の意味

学海は「新橋佳話」で、橘維常と鶴児と演劇を見る場面についても精細に描いた。評者は「一場演戯敘得精細反不レ免二冗長一」と否定的であるが、学海が筆を惜しまずにその観劇のシーンを表現するのはなぜであろうか。

劇の最初に登場するのは芳原の客一人と人力者の車夫の貞一、唯一である。客のチップを断った貞一は自分が元士族であることを告白する。廃藩後、東京に来て商業に携わったが、損をしたうえに、家も火災で灰になったので、やむを得ず人力車の車夫になったという。士族が人力車を挽く様子について、学海は貞一の口吻を借りて、次のように述べる。

> 不レ奈兄弟兩個手脚軟弱雖レ請二一個客人一一歩一蹶腕麻脚木走不レ得客人一直下車煙跑了兩個懊惱不レ止左滾右轉辛苦了一兩個月方纔不二顛倒一（略）

この部分について、評者は「士族做二車漢一模樣果是如レ此」とその表現の写実性を評価している。人力車は「文明開化」のスローガンとともに誕生したもので、明治三年に日本橋あたりで最初に営業し始めたといわれる。服部誠一郎は『東京新繁昌記』で人力車を取り上げ、元士族である車夫の寝言を借りて、人力車を挽くことが没落士族の受け皿となっている状況を表している。

このような社会の急激な変化の中、元の有力者が勢力を失い、社会の底層に陥ってしまった様子は清代の中国でも上演されていた。学海が持っていた『春江燈市録』の書き入れからもうかがわれる。

東京大学総合図書館には、学海旧蔵の『春江燈市録』（清梁渓瀟湘館侍者撰）四冊がある。これは清末の上海花柳界を扱った作品であり、光緒一〇年（一八八四）刊本とある。序文頁にある学海の書き入れによると、この本は岸田吟香が明治十七年に上海から送ってきたものであるらしい。本書には、人力車に関して次の記述が見られる。

東洋車夫半有煙霞癖蓋本多財執業之人狂蕩好遊流而為此間更有貴家公子富戸郎君一旦金盡床頭口糊無計遂為牛馬之走破衣窮袴僕僕馳驅浪子收場真可憐而不足惜也

傍線部分に学海は批点を施している。欄外には、学海による「東西一致」の評語がある。ここで、学海が感じ入っているのは、中国の車夫と同じように、日本で廃藩置県後、失業した華族や士族などが人力車の車夫になったところであろう。

また、続く「新橋佳話」にある劇のシーンでは、元藩士である車夫の父親が生活の変化について次のように嘆いている。

流水洲渚（フチハセトナル）變更無レ時往嘗俺老漢（コノオヤジ）做二知邸吏（ルスイ）一時家道何等旺盛（略）自二從徹藩一來一向零落了家祿也沒了可レ憐兩個兒子轉頓狼狽做レ農不レ得做レ商不レ得做二乞丐一不レ得做二官員一更不レ得剛々的（エンヤラヤット）做二挽車漢一了

評云做二農商乞丐一不レ得方纔思レ做二官員一這個老漢殊頑固偏僻不レ通二事務一怪物

「食禄地位を失った幕臣は膝を屈して新政府に仕官を求め、薩長人士の下風に甘んじた。或ものは農となり商となり、節義もくそもなくなった。[*18]」と、木下彪は家禄奉還後の旧幕臣の困窮状態を説明している。木下によれば、当時の漢詩人である大沼沈山は「嘲士為商者」、「車夫篇」などの漢詩を通じて、士族の悲惨な生活状況を慨嘆していたと言う。総生寛も「人力車」で、「苦寒今日挽レ車者。権貴當年騎レ馬人。[*19]」と士族の転落を詠っていた。同じ題材の詩は、当時ほかにも多数あり、「悲惨な士族の困窮な状態を、憐れむが如く嘲るが如く詠じた[*20]」。「新橋佳話」の場合、貞一、唯一は士族の身分を失われ、失業してから農に帰し商になったが、資本を失った結果、乞食になってしまった。一度は奮起して、官員になるように努力したがうまくいかず、車夫になった。

前掲引用文にある評者の評語からは農→商→乞食→官員という身分意識がうかがえる。元士族にとって、農の次に商があるという士農工商の階級区分が固定化して認識されていたのは自然であるが、商の次に乞食、官員がその次に目指されるという成り行きは、一種の皮肉表現であろう。評者もこの風刺の意味をよく承知しており、「老漢」の考えを「事務に通ぜざる」と言っている。

佐倉藩士から新政府に任用されるまで、新旧政権の交代の悲哀をわが身で経験した学海は、失われた時代への嘆きをここに託している。

＊18　木下彪『明治詩話』（岩波書店、二〇一五年）七〇頁。

＊19　木下彪『明治詩話』（岩波書店、二〇一五年）七二頁。

＊20　木下彪『明治詩話』（岩波書店、二〇一五年）七四頁。

さらに、政府高官の黔野が芳信、成蔭に連れてこられ、劇場で維常と鶴児と顔を合わせている場面で、次の表現がある。

看官你未レ知二這個是什麼縁故（コレハナニノワケ）一且與（タメ）レ你説原來那官員是怎麼（ナニトカ）局長姓黔野（クロノ）名呼二做馿鳴一一個大々的官員成蔭芳信們一般小人平素親熱拂レ鬚拭レ唾莫レ不レ至橘維常也是那属員只是資性硬直和二兩個一氷炭相反馿鳴原來喜レ柔惡レ剛不二好眼兒看一レ他

黔野馿鳴という名前について、評者は「好名字、数個のマルに比れば反て親切を覚ゆ」（好名字比二數個圈兒一反覺二親切一）と言っている。省略した記号で示すより、この名前を出したほうがよいという理由はどこにあるだろうか。

宋の柳宗元は「黔ノ馿」という文章で、驢馬は体が巨大で、声も大きいほかに、何の長所もないのに、自ら腕の限りを知らずに虎と戦った結果、虎に食べられた話を記している。これは周知の話であり、「黔馿」はなんの能力もないのに威張って恥をかく人のたとえとして使われるようになった。柳は驢馬のことを「形の厖は有徳に類し、聲の宏は有能に類する」（形之厖也類二有德一、聲之宏也類二有能一）といい、「馿鳴」は威勢があるように聞こえるが、実際には威張っているだけである声を意味している。蒲松齢も『聊斎志異』の「灘水狐」で、この典故を使い、官員の跋扈を風刺していた。柳宗元の作品にも、『聊斎志異』にも詳しい学海は「黔ノ馿」の典故を活かして登場人物の名前に用いることで、無能な官員が跋扈している状況を皮肉っているであろう。

また、駘鳴は、普通なら成蔭、芳信ら下級官員がこびへつらって機嫌を取る相手である。しかし、同じ遊廓か劇場に行っていることは、悪所では、身分にかかわらずみんな「客」として取り扱われているという現実が示されている。こういう人たちは、女性や遊女のことを「原来、女子は水性で、況やこれ色を售り、伎を鬻ぐの妓女」（原來女子水性況是售レ色鬻レ伎的妓女）と見くびる一方で、遊女の機嫌を取るために、盛に散財したり、芳信のように、高位に居ながらも醜態を演じて、自ら「新橋第一少年隊長」のような洒落言葉を口にするようなことをしたりしていた。

妓女のほうは、軽蔑される立場でありながら、成蔭など客のことを「淫猥」、「浪性可レ厭」と評価することで、「弱者が強者にしばしば顚倒する花街独得の論理は、支配者の権力そのものを相対化してしまう[*21]」。

さらに、前掲引用文のように、高位の官員の機嫌を取るために計略を巡らした芳信らとは違い、維常はまっすぐな気性の持ち主で上司に嫌われた。これについて、評者は「柔を喜び、剛を悪む。此は是れ當今の通弊なり。」（喜レ柔悪レ剛此是當今通弊）といい、学海の表現技巧を「語々人を刺す」（語々刺レ人）と評価している。

維新後新橋の繁盛について、服部誠一郎は前掲『東京柳巷新史』で、次のように述べている。

衆皆託言開化擲金花柳豪游大酔流連無度（略）争酔于此（略）公務人等一月数回開睦親

＊21　前田愛「『柳橋新誌』の意味するもの」（『前田愛著作集第一巻　幕末・維新期の文学　成島柳北』筑摩書房、一九八九年）四二九頁。

會于新橋方面（略）

開化の名を乗って、遊びごとに夢中になった官員らの人気を博したことで、新橋は維新後、「煉化石屋」の西洋風繁華街になった。江戸時代の制度を改め、新政府は「自由を民に與ふ、百伎万藝*22」を許したが、この「自由」の名目に隠れて、風流場での豪奢な蕩尽が行われるようになった。*23 明治五年、「芸娼妓解放令」が公布され、芸娼妓の前借金が無効化されたが、解放されたはずの芸娼妓は減少するどころか、芸妓も娼妓も売春業にいよいよ励むようになった。服部誠一郎は『東京新繁昌記』でその状況を「昔日、歌妓の名を得るのは其の技藝に在り、今は則ち其の姿色と媚笑とに在る。」（昔日歌妓之得レ名在二其技藝一今則在三其姿色與二媚笑一）と述べている。

学海は、この現象についても無視せず、鶴児の口吻を借りて、次のように述べていた。

原來藝妓例鬻レ技不レ鬻レ色近日便無二不レ鬻レ色者一奴家想道鬻レ技畧足レ養二老親一何苦做二賣淫衒情的沒羞恥（ハヅカシキ）事一

鶴児の発言に、成島柳北が「目今聲妓皆鬻レ伎兼鬻レ色否則客不レ顧（略）蓋淫風之行其罪不レ在レ妓而在レ客矣」と評した。学海が婉曲な言い方をとっているのに対して、柳北の評は、「文明開化」の新政府への素直な批判となっている。学海の作品でも直接に「文明開化」が取り上げている部分がある。

芳信插レ口道　嘻（フィヤア）美人々々新橋第一少年隊長敢問橋君茨木君如レ許美人歐美諸國踏二破鐵

---

*22　服部誠一『東京新繁昌記』（山城屋政吉、一八七四年）。

*23　たとえば、「新橋佳話」では、車夫の貞一が遊廓に夢中になった兄弟の政二を説教した際に、その政二は、「自己の銭を費し、自己の酒を喫す。當朝の皇帝もまたその裏面に到るを管し得ず」（費二自己錢一喫二自己酒一當朝皇帝也不レ得下管二到上那個裏面一）と言い返し、自分の「自由」を強調していた。

鞋(ワラジ)一果有レ此否橘維常笑道梅野老兄褒稱當矣兩美人文明開化色藝雙絶歐美美人有二這色一無二這藝一有二這藝一無二這伶俐一成蔭道否否外面翳レ伎力裏面翳レ色曖昧因循甚麼(ナンノ)文明甚麼(ナンノ)開化

欧米の遊女より新橋の娼妓のほうがましだという芳信の賛辞に、維常は「両美人文明開化」というふうに同調している。維常の言葉が、当時の人々が何事につけても文明開化の語を口にしていた傾向を諷していることは無論である。そこには、何事によらず、西洋と関連づける日本人の性癖を批判的にとらえる意識もうかがえる。一種の西洋崇拝主義に支配された日本では、遊女の評価基準さえ西洋を尺度とするのである。

前掲学海蔵書の『春江燈市録』には、「況學二西人一者不レ學二西人之篤實一而但學二西人之輕浮一不レ學二西人之聰明一而但學二西人之陋拙一也」との一節がある。そこに、学海は批点をつけ、欄外上部の余白に「真個同病」という評語を書き込んでいる。

欧米崇拝の下、吸収したものは必ずしもいいものとは限らない。「文明開化」を掲げて、西洋の取るに足りない「輕浮」、「陋拙」だけ受け入れるというのが、学海の「文明開化」に対する醒めた認識である。引用文にある「曖昧因循」という言葉を、評者はわざわざ取り上げて、「妙」と評価している。この言葉には、曖昧に古いものに従う意味がある。成蔭の発言には、遊女に対する軽蔑は無論であるが、このような寓意も含まれている。花柳界と同じように、「文明開化」の底に流れているのは、昔のままの古臭い因習である。変革されるべきものが型を変えて、「文明開化」の名の下で、「曖昧」に存在しているので、最後に、「開化」のスローガンを掲げていた明治新政府の不徹底的で矛盾をはらんだ姿勢に対して、学海は「なんの文明、なんの開化」と批判しているのである。

第五節　おわりに

「白話の語彙の導入は、漢文の描写力に精緻さを加える一つの方法にちがいなかった。[*24]」と前田愛はいい、「開化期のめまぐるしい世相の転変に対応して、明治の文人は漢文体の枠内でさまざまな表現の可能性を模索するわけであるが、そのひとつの方向が戯作文学への関心であ[*25]」ると指摘した。学海の戯作である「新橋佳話」もこの時期の作品であるが、成島柳北の『柳橋新誌』ならびに一連の繁昌記とは違って、白話小説の型を取っている。言い換えれば、「新橋佳話」は、維新後の花柳地の新変化をとらえながら、一つの完結したなストーリーを目指したものである。

しかも、作品の舞台の転換、表現の仕方などは元明の白話作品に近いものが、作品の中からは、学海の演劇傾向およびその演劇観もうかがえた。

作品の随処に見られる時事風刺と政府批判も注目すべきである。作品には、主人公維常が、官員の無知を批判しながら、漢学に詳しいことで抜擢され、洋学を勉強する決心をする場面

＊24　前田愛「艶史・伝奇の残照」（『江戸文学と中国』毎日新聞社、一九七七年）一七二頁。

＊25　前田愛「艶史・伝奇の残照」（『江戸文学と中国』毎日新聞社、一九七七年）一七四頁。

がある。明治五年、旧藩士の学海は上京する。激変の時代に生きた学海は、時代の「弊」を批判しながら、時代の大勢のおもむきを通じていた。心中には、新しい時代の文化を受容する意識もすでに芽生えていたといえるであろう。

評者が何回も学海の表現方法を春水と関連づけていることから、作品の人情本からの影響もうかがえる。菊池三渓は、『花月新誌』でこの作品を「一部史成増二紙價一。前推二春水一後秋風。」と高く評価し、学海の腕を春水と並べて称した。世態人情、特に人物表現における学海の腕が十分に示されている一方で、寓意性も備えていることは検討してきた通りである。

なお、「新橋佳話」は同時期に発行されている『集合新誌』にも掲載されていた。ジャーナリズムの発達は作品の流通範囲を広めたと同時に、作品の内容にも影響を与えた。明治七年、朝野新聞の社長になった成島柳北は、新聞による明治政府批判をし始めた。偶然かもしれないが、明治七年は、学海は郵便報知新聞社に入社して、ジャーナリストとして活躍する時期でもある。「新橋佳話」で時事を風刺しながら、学海は『当世新話』を創作し、新聞記事を漢文体小説風にする試みもした。これについては、別稿に譲る。[＊26]

＊26　「漢文白話体小説の書き手「秋風道人」とは誰か—依田学海の創作活動の一面—」(『人文論叢』第九九輯、二松学舎大学人文学会、二〇一七年)。

第Ⅱ部　漢学との隔たり——文学者の模索

第一章　正岡子規と漢詩文――その受容と実践

田部知季

第一節　正岡子規の足跡

近代俳句の礎を築き、短歌や写生文の方面にも大きな足跡を残した子規正岡常規（一八六七―一九〇二）だが、彼の文学体験の源流には漢詩文があった。外祖父の大原観山は松山藩の儒者であり、幼少期の子規は毎朝早くからその私塾で『論語』などの素読を教え込まれた。明治八年（一八七五）、子規が数え年九歳のときに観山が没すると、次いで土屋久明に就いて漢詩の作法を学び、毎日五言絶句を一首ずつ作っては添削を受けたという。子規自選の漢詩稿本『漢詩稿』は明治一一年（一八七八）の一首「子規を聞く」から始まるが、それには「余の詩を作るは此を以て始めと為す」との注記がある。また、この頃には軍談や馬琴の読本などにも触れてはいたが、母の八重は「学校の教科書か毎朝素読してゐた漢書類の外は一切読まさぬといふ方針」だったという（「天王寺畔の蝸牛廬」、一九〇二年九月二〇日『ホトトギス』）。明治一三年（一八八〇）、松山中学に入学した子規は河東静渓の指導のもと、友人らと詩会、同親会温知社（同親吟社）を結成する。[*1]子規はこの会で詩の優劣を競って切磋琢磨し、仲間内で『五友雑誌』や『莫逆詩文』といった回覧雑誌も作っている。また、その後は浦屋雲林にも指導を仰いでおり、子規の詩稿には雲林による評語や添削も散見する。

在郷時代の子規は自由民権運動に感化され、早くは政治家を志していた。明治一六年（一八八三）に叔父の加藤拓川を頼って上京すると、神田区淡路町の共立学校に入学して『荘子』の講義などに関心を寄せる。さらに翌年、旧松山藩主久松家の育英事業である常盤会の給費生に選ばれ、九月には東京大学予備門（一八八六年に第一高等中学校と改称）に入学する。この頃には政治から哲学へと関心が移っており、その傍ら俳句を作り始めている。[*2]

明治二二年（一八八九）には一高の同級生である夏目漱石との交流が始まり、互いの詩文を批評するなどしている。しかし同年五月、突如大量に喀血し、以後「子規」の号を用いることとなる。翌年、一高を卒業して東京帝国大学文科大学哲学科に入学、さらに明治二四年（一八九一）には国文科に移っている。ただし大学での学問には打ち込めず、夏の学年試験を放棄すると帰郷を兼ねて木曽旅行に赴き、旅中の体験をもとに漢詩連作「岐蘇雑詩三十首」を作っている。[*3]加えてこの冬、古俳書の句を分類、整理する「俳句分類」の過程で元禄期の『猿蓑』に触れ、その句風に大いに感化されている。

明くる明治二五年（一八九二）は子規の生涯にとって大きな転換点だった。この年の初めに小説「月の都」を完成させると、予て傾倒していた幸田露伴に批評を乞う。出版を見据え

＊1　子規の他には、太田正躬、三並良（子規の母方の従弟）、竹村鍛（静渓の二男、河東碧梧桐の兄）、森知之（一時「安長」姓を名乗った）がおり、「五友」と称した。

＊2　「哲学の発足」（『筆まかせ　第一編』、一八八八年）には「俳句を作るは明治二十年大原其戎宗匠の許に行きしを始めとす」とあるが、彼の自筆句帳『寒山落木』にはそれ以前の句が見える。

＊3　同作のうち十五首は後に国分青厓の選によって『日本』に掲載されている。

ての依頼だったが思ったほどの評価は得られず、これを機に小説家への道は断念する。一方、上京当初から拓川の伝手で日本新聞社社長陸羯南の知遇を得ており、前年の木曽旅行に取材した紀行文「かけはしの記」や俳論「獺祭書屋俳話」を新聞『日本』に連載している。また、「明治二十五年以後は殆ど俳句を生命とし」てきたというように（「我が俳句」、一八九六年八月二五日『世界之日本』）、この頃から一層俳句にのめり込んでいくも却って学業は振わず、一〇月には大学を退学してしまう。そして一二月に日本新聞社に入社すると、翌明治二六年（一八九三）二月、『日本』紙上に俳句欄を新設する。その傍ら、「芭蕉雑談」（一八九三年『日本』）で形骸化した芭蕉崇拝を厳しく攻撃、宗匠らの専横する既成俳壇に一石を投じている。ただし、俳句に熱中する一方で漢詩の実作からは遠ざかっていたらしく、『漢詩稿』に録されたこの年の作はわずか二首を数えるのみである。

子規が拠る新聞『日本』は日本主義を掲げて時の政権を批判しており、しばしば発行停止処分を受けてきた。明治二七年（一八九四）二月、その対抗策として家庭向けの姉妹紙『小日本』が創刊されると、子規が編集主任に抜擢される。彼はこの『小日本』に小説「月の都」や「一日物語」を連載し、懸賞俳句なども企画した。また、同紙の挿絵画家として洋画家中村不折と知り合い、彼との交流を通じて西洋絵画の「写生」を受容していく。しかし、子規の面目躍如たる『小日本』はわずか五カ月で廃刊、彼は再び『日本』に復帰することとなる。

ちょうどこの頃、日清戦争が勃発し、日本新聞社からも多くの従軍記者が派遣される。病身の子規も従軍を志願するが、当初は周囲に反対され留守番を余儀なくされた。翌年になってようやく許可が下りると、四月に遼東半島へ渡り、金州では第二軍兵站軍医部長の森鷗外と交流を深めている。既に戦局は決していたため子規が戦闘を体験することはなかったが、従軍記者の劣悪な環境が災いし、ひどく体調を崩してしまう。そして五月中旬、帰国の船上で喀血、帰国するや直ちに神戸病院に担ぎ込まれる。退院後、須磨保養院での療養を経て松山に帰省すると、折しも漱石が松山中学の英語教師として赴任しており、子規はその下宿先の愚陀仏庵で五〇日ほど同寓している。

子規の帰省中、文壇では俳句における「新派」の台頭が取り沙汰されていた。なかでも新聞『日本』に拠る子規らは「日本派」と呼ばれ、次第に近代俳句の本流へと成長していく。子規自身、松山からの帰京中に「俳諧大要」（一八九五年『日本』）を発表、「俳句は文学の一部なり文学は美術の一部なり」と説いて新派俳句の方向性を示した。また帰京後も健筆を振るい、日本派の諸俳人、特に河東碧梧桐と高浜虚子を推挙した「明治二十九年の俳諧」（一八九七年『日本』）や、与謝蕪村の俳風を多角的に論評した「俳人蕪村」（一八九七年『日本』）などを精力的に発表している。

加えてこの時期注目すべきは、漢詩の実作が復調している点である。『漢詩稿』の作数を見ていくと、明治二六、二七年は二首ずつと寡作だが、二八年に三四首、二九年に六七首と俄かに増加しているのだ。従軍体験がその一因と考えられるが、『漢詩稿』はこの年で途絶しており、以後の漢詩は病没する明治三五年（一九〇二）まで僅か数句を数えるに過ぎない。なお、漢詩熱の高まりと相前後して新体詩にも関心を寄せ、実験的な押韻詩も試みている。

さらに明治三一年（一八九八）には短歌の方面にも進出する。『日本』掲載の和歌に対する伊藤佐千夫の投書がきっかけで「歌よみに与ふる書」（一八九八年二月一二日『日本』）とその続稿を発表、従来尊重されてきた『古今和歌集』を貶めながら『万葉集』を再評価し、源実朝や橘曙覧らを顕彰した。また、子規の歌論は当初俳句における主張と重なる部分が多かったが、自ら実作に臨むなかで次第に短歌における「主観」の重要性を強調していく。加えて、子規庵での歌会は根岸短歌会へと発展し、伊藤佐千夫や長塚節らを輩出することとなる。

遡って明治三〇年（一八九七）、子規の旧友柳原極堂が松山で俳誌『ほとゝぎす』を創刊する。日本派は同誌を拠点に活動の幅を広げ、翌年一〇月には発行所を東京に移して虚子が編集の任を継ぐ。この頃から子規らは小品文にも力を注ぎ始め、明治三三年（一九〇〇）九月には病床の子規の枕頭で文章会「山会」が開かれる。また、子規自身も評論「叙事文」（一九〇〇年『日本』附録週報）で、画家の言う「写生」の語を借りながら「実際の有のまゝを写す」という「写生文」の方法論を提示した。他方、最晩年の随筆「墨汁一滴」（一九〇一年『日本』）や「病牀六尺」（一九〇二年『日本』）では、絵画的な「写生」の枠には囚われない多様な散文のあり方を体現している。

第二節　子規の漢詩文受容と先行研究

ここまで見てきたように、子規は教養形成の過程で漢詩文に親しみ、その後様々な方面へと関心を広げていった。以下では先行研究に触れながら、子規の漢詩文体験の内実について見ていきたい。

子規自身の発言によれば、「幼学便覧を携へ行きて平仄のならべかたを習ひしは明治十一年の夏」だという（前掲『筆まかせ　第一編』「哲学の発足」）。また後年には、「詩語粋金一冊を探りて形式的に漢詩を作りし十余歳の時は自己の嗜好を十分に現し得べきに非ざれば論ずるに足らず」と振り返っている（前掲「我が俳句」）。

ここで言う「幼学便覧（ようがくびんらん）」と「詩語粋金（しごすいきん）」（正しくは『詩語砕金』）は詩作の入門書で、その実態は清水房雄や鈴木俊幸の考証に詳しい。*4 鈴木の説明を借りれば、『詩語砕金』は「詩題によって詩語を分類し、音訓・意味・平仄を示した」もので、「その詩語に取り合わせるべき韻語三字を『詩語砕金』の詩題の分類に合わせて示した」のが『幼学詩韻（しいん）』である（ただしいずれも複数の版、続編がある）。つまり両者に載る二、三字の語句を組み合わせると韻目に見合った詩句が作れるのだが、それを実際に一冊にまとめたのが、伊藤鳳山（いとうほうざん）『詩韻砕金　幼学便覧』（弘化二年〈一八四五〉）である。清水の調査によると、「幼学便覧」と名の付く書籍

＊4　清水房雄『子規漢詩の周辺』（明治書院、一九九六年、「『幼学便覧』私考——正岡子規少年時作詩手引書のこと——」）、鈴木俊幸『近世読者とそのゆくえ　読書と書籍流通の近世・近代』（平凡社、二〇一七年、「第一章・2　詩作書の盛行（一）——『詩語砕金』と『幼学詩韻』」、「第一章・3　詩作書の盛行（二）——『幼学便覧』」）。

は多数存在するが、子規が参照したのはこの弘化二年の鳳山本だという。実際、子規が初めて作ったという漢詩「子規を聞く」は、同書の夏の部、「客舎子規を聞く」の項目に載る語句を組み合わせて作ることができる。

幼少期の子規はこうした手引き書を頼りに詩作に励んだわけだが、先人達の詩業にも大いに感化されている。特に、「余十五六の時詩を作るに持てる詩集とては山陽詩鈔四冊あるのみ」（「書中の新年」、一九〇一年一月六日『日本』）と語るように、早くは頼山陽に傾倒していた。渡部勝己によると、若き日の子規の漢詩には「山陽の詩句を踏み、またその技法や修辞に触発された」箇所が散見するという。[*5] また、加藤国安はそうした影響関係を示す実例として「劉玄徳」（『諸先生刪正詩稿』）や「詠史―北条時頼」（『同親会温知社吟稿』）といった詠史詩などを挙げている。[*6]

他方、明治一六年（一八八三）の上京後は「お茶の水の図書館へ行て梅墩詩抄などを読むに余念なかつた」と語っている（前掲「天王寺畔の蝸牛廬」）。『梅墩詩鈔（ばいとんししょう）』は近世後期の儒者、広瀬旭窓の漢詩集。子規は後に自身の愛読書を列挙した際にも、『梅墩詩抄』をその一つに数えている（『筆まか勢　第一編』、一八八八年、「書目十種」）。ただし、同書については「今はさまでになし」と付記しており、関心の変化には留意しておきたい。ともあれ、このとき挙げている愛読書は、白居易の「長恨歌」や「琵琶行」、『荘子』、『菜根譚』、頼杏坪『春艸堂詩鈔』など漢詩文が過半を占めており、その影響力の大きさが窺える。

＊5　『子規全集　第八巻』（講談社、一九七六年、「解説」）。

＊6　加藤国安『漢詩人子規——俳句開眼の土壌』（研文出版、二〇〇六年、「四　頼山陽に学び、凌駕せん——所蔵漢籍〈山陽詩集〉」）。

さらに、従軍後にも集中的に漢詩集を繙いている。明治二九年（一八九六）一月頃の書簡（佐伯政直宛）によると、前年末に帰京してからというもの「詩作ニ耽」り、杜甫『杜工部集』や王漁洋『精華録訓纂』、『明七才子詩鈔』といった詩集を入手したという。特に『元遺山詩鈔』については「これがために小生の詩眼ハ稍大悟徹底ニ近つきたるが如き心地致候」と語っている。また同じ書簡では、「前年ハたまに唐詩選を見ても七律許りであつたのか今は五律をおもに見るやうになつた」とも述べており、時代を問わず雑多な漢籍に目を通していた様子が窺える。

こうした子規自ら言及する詩集に加え、彼が残した抜書帖などからも読書体験の一端を窺うことができる。たとえば『随録詩集』と題したノートでは、荻生徂徠や服部南郭、陶淵明や杜甫、李白、さらには郷里松山の天岸静里、藤野海南など、和漢の様々な漢詩を四冊にわたり書き抜いている。合山林太郎の調査によると、この『随録詩集』第一編の一部は、アンソロジーである村尾元矩編『才子必誦　崑山片玉』（一八七五年）と首藤水晶編『日本名家詩選』（一七六七年、ただしその他の版もある）を典拠にしているという。[*7]また加藤国安は、第二編に筆写された中国詩人の作品の採録順が『古文真宝前集』と概ね重なっていることを指摘している。[*8]子規の抜書帖には他にも、菅茶山『黄葉夕陽村舎詩』、広瀬淡窓『遠思楼詩鈔』、頼杏坪『春草堂詩鈔』から筆写した一冊などが伝わっており、加藤はそうしたノートや蔵書から子規が閲読したであろう漢籍を精査し、具体的な受容の実態に迫っている。[*9]

＊7　合山林太郎「正岡子規が読んだ江戸漢詩詞華集――『才子必誦　崑山片玉』及び『日本名家詩選』について――」（『藝文研究』一一三巻一号、二〇一七年一二月、二三〇―二四三頁）。

＊8　加藤国安『漢詩人子規――俳句開眼の土壌』（前掲、「九　漢詩の筆写―忘れられた重要自筆写本「随録詩集」」）。

＊9　加藤国安『子規蔵書と『漢詩稿』研究――近代俳句成立の過程』（研文出版、二〇一四年）。

他方、子規は漢詩の実作だけでなく、漢詩文と他ジャンルとの関わりについても度々言及している。特に「俳句と漢詩」（一八九七年『日本』）では、「俳句と和歌と漢詩と形を異にして趣を同うす」と説き起こし、既存の漢詩句を俳句に転じてみせる。たとえば「夕月や砧聞ゆる城の内」は、李白の五言古詩「子夜呉歌」（『唐詩選』巻二）の冒頭、「長安　一片の月／万戸　衣を擣つの声」を詠み替えた一句。松井利彦が指摘するように、原詩全体で「妻が夫を思う切ない情を詠」うのに対し、子規句では「情の切なさは全く影をひそめている」[*10]。実際、子規自身も「大意を訳したれども原詩の如く悲壮なる能はず」と認めているが、松井はこうした例から「子規に於ける漢詩句の受容、詩の発想の契機としての活用は、特に叙景部分の活用、叙景への転用、抽象的表現に想をえた事柄の記述」に偏っていると考察する。

加えて、「漢詩と俳句」では「漢詩の中毎句意完くして趣味を備ふるは王維の詩なり」と述べ、その詩句を集中的に取り上げている。また別の記事でも、王維の詩に「一句一意にして且つ俳句的なる」ものが多いのは「一句々々洗練を経たる」ためだと分析し、「清泉　石上に流る」（「山居秋暝」）といった例を挙げている（「槲の雫」、一八九九年八月一〇日『ホトトギス』）。さらに謝霊運の詩句、たとえば「旅館　郊岐を眺む」（「南亭に遊ぶ」）や「痾に臥して空林に対す」（「池上楼に登る」）などについても「僅に五文字なれども複雑なる趣味今の新派の俳句に似たり」と評しており、謝霊運を以て「六朝の詩人にして客観美を解する者」と位置づける。また、後年にも『文選』を読んで「謝霊運の詩には客観的の佳句多し」と述べ、「客観」とい

＊10　松井利彦『正岡子規の研究　上』（明治書院、一九七六年、「漢詩の叙景と写生」）。

う観点からその詩風を評価している（「病牀読書日記」、一九〇〇年一二月一五日『ホトトギス』）。
王維や謝霊運の詩風と俳句の親和性を説く子規だが、彼自身の俳句にも漢詩からの影響が指摘されている。たとえば和田利男は、「鞦韆の影静かなり梨花の月」の背後に蘇軾「春夜」（『蘇東坡詩鈔』）の一節、「花に清香有り　月に陰有り／鞦韆院落　夜沈々」の影響を読み取る。[*11]また仁枝忠によると、「待宵や降っても晴ても面白き」は蘇軾「湖上に飲す　初め晴れて後に雨ふる二首　其二」（『聯珠詩格』、『宋詩別裁集』）の「水光　瀲灎（れんえん）として晴れて方（まさ）に好（よ）し／山色　空濛として雨も亦た奇なり」を下敷きにしているという。[*12]
他方、渡部勝己は俳句以外の事例も紹介する。[*13]たとえば、漢文体の紀行文「かくれみの」（一八八一年）の一節、「緑の蓑よ。緑の蓑に黄なる笠。心の楽しむ矣。曷（いつ）か維れ其（こ）れ乏（そ）しからん」は、『毛詩』（『詩経』）邶風・緑衣にある「緑の衣よ。緑の衣に黄なる裳。心の憂ふる矣。曷か維れ其れ亡（わす）れん」を脱化しているという。さらに、清水房雄は短歌と漢詩の関わりについて論じており、「人も来ず春行く庭の水の上にこぼれてたまる山吹の花」（「百中十首」、一八九八年）と「芳樹人無く　花自ずから落ち」（李華「春行　興を寄す」、『唐詩選』巻七）など、先行論も引証しながら多数の事例を紹介している。[*14]こうした例からも分かるように、幼少期に培われた漢詩文の教養は、子規の文業を支える大きな拠り所の一つだった。

---

*11　和田利男『文苑借景　賢治・漱石・杜甫など』（煥乎堂、一九七二年、「漢文学と俳句」）。
*12　仁枝忠『俳文学と漢文学』（笠間書院、一九七八年、「子規の俳句と漢詩文」）。
*13　渡部勝己『正岡子規の研究　―漢詩文と周辺の人びと―』（青葉図書、一九八〇年、「子規の漢詩のパロディをめぐって」）。
*14　前掲清水書（「子規短歌の一面。―子規短歌原拠考・原拠漢詩文考―」）。

第三節　子規による漢詩文の利用

ここからは子規における漢詩文受容の諸相を実例に即して見ていきたい。特に実体験に基づく詩作の例として、松山中学の先輩、武市庫太（号は蟠松、子明）に寄せた漢詩を取り上げる。まずは明治一八年（一八八五）、初めての帰省から東京に戻った後の七言律詩、「武市蟠松に寄贈す」（『漢詩稿』）を見てみよう。

与君分日未期分　君と分かれし日　未だ期せずして分かる
忽発三津愁緒紛　忽ち三津を発して　愁緒　紛たり
孤客東遊千里地　孤客　東に遊ぶ　千里の地
故山西望万重雲　故山　西に望む　万重の雲
風催金気何無感　風は金気を催して　何ぞ感無からんや
樹送秋声不可聞　樹は秋声を送りて　聞くべからず
半歳寥寥絶音信　半歳　寥寥　音信を絶ち
空看天際雁群群　空しく看る　天際　雁の群群たるを

（君と別れた日、まだその心積もりもないまま別れてしまった。慌ただしく三津港を出発し、嘆きに暮れて心穏やかではいられなかった。孤独な旅人として東京に遊学し、故郷松山は遥か西方、幾重もの雲で遠く隔てられている。風には秋の気配が漂い、いよいよ憂いは募る。風に揺れる木々のざわめきも秋めいて、その物悲しさは聞くに堪えない。半年も連絡を絶っており、雁の群れが空の果てへと飛んで行くのを空しく眺めやるばかりだ。）

二句目の「愁緒（しゅうしょ）」は嘆き悲しむ心境で、「紛たり」は入り乱れる状態を表す。頷聯の「孤客」は一人の旅人、「故山」は故郷のこと。四句目の「万重の雲」は遥か遠く離れた場所を指す表現で、著名な杜甫「孤雁」（『杜工部集』）の「誰か憐れまん　一片の影／相ひ失ふ　万重の雲」にも見られる。杜甫の詩は群れから離れた雁に自らの境涯を投影した一首。子規の作でも「雁札」の故事（『漢書』蘇武伝）を踏まえつつ、武市からの手紙を届けてはくれぬ雁が描かれている。また、頷聯の対句及び七句目の「音信を絶ち」には、李白「夫山を望む」（『李太白集』）、「姑熟十詠」）の一節、「雲山　万重隔たり／音信　千里絶ゆ」からの影響が窺える。子規の文業はしばしば実体験に偏した写生主義とみなされがちだが、漢詩においては誇張的にも見える先人の詩句に自らの心境を託している。

右の一首の翌年、「武市子明に留別す」（『漢詩稿』一八八六年）でも再び帰省後の感慨を詠んでいる。その首聯には「離別　匆匆　愁緒紛たり」とあり、頷聯にも「故山の明月　万重の雲」とある。いずれも先の一首と類似の表現で、特に前者については前掲加藤書[15]で大沼沈山（おおぬまちんざん）「感懐　梅公に寄す」（『枕山詩鈔』）の「満襟の愁緒　正に紛紛」との関係が指摘されている。

＊15　『子規蔵書と『漢詩稿』研究――近代俳句成立の過程』（「詩解・合璧・蔵書写本調査編」）。

「佐伯伯父を挽し　従兄某に寄す」（『漢詩稿』一八八七年）の冒頭にも「秋色　人に催(せま)りて愁緒紛たらしむ」とあるように、子規のなかで定着した表現だったようだ。ここでも先人が培ってきた詩想や詩句を自家薬籠中の物としている様子が窺える。

この点を踏まえたうえで、「伊予国永田村の武市蟠松に寄す」（『漢詩稿』一八八八年）の一節、「天外の客情　請ふ看取して／一封の竿牘　紅塵に寄せよ」に注目したい。「天外」は天の遥か彼方、あるいはそれほど遠い場所を指す。「客情」は旅先での心境で、「竿牘」は手紙のこと。「紅塵」はもともと市街に立つ塵を意味し、転じて俗世間の煩わしさを表す。「故郷を遠く離れて暮らす憂いを察し、手紙の一通でも送ってほしい」というのだ。この箇所に限らず全体の主情は先の二首と似通うが、ここではさらに翌年の七言律詩、「併せて故園の友人に似(しめ)す」（『漢詩稿』一八八九年）に目を向けてみよう。首聯と頷聯を掲げる。

世事崢嶸日覚非　　世事崢嶸(そうこう)　日に非なるを覚ゆ
窮陰況復客天涯　　窮陰　況んや復た天涯に客たるをや
一封音信寄悲嘆　　一封の音信　悲嘆を寄するも
廿歳友朋多散離　　廿歳の友朋　多く散離す

（俗事に煩わされ、物事がうまく運ばないことを日毎に痛感する。年も暮れてただでさえ陰鬱なのに、故郷を遠く離れた東京にいてはなおさら気が塞ぐ。一通の手紙に悲しみを書き連ねるが、二十歳となった親しい友人たちは多く離れ離れになってしまった。）

一句目、「崢嶸」は山の険しい様子や年月の積み重なるさまなど多義的だが、ここでは年末の忙しなさを表す。二句目の「窮陰」は冬の末である旧暦一二月の異称で、この箇所は白居易「歳晩旅望」（『白氏文集』）の「窮陰　旅思　両つながら辺無し」を踏まえたものだろう。「旅思」は旅愁の意で、「辺無し」は際限ない様子を表す。また「天涯に客たるをや」の類例として、許渾「劉秀才に別る」の「更に書剣を携へ天涯に客たり」が挙げられる。「天涯」は先の「天外」同様、極めて遠い土地、故郷を離れた異境のことで、「書剣」は文武を象徴的に表す語。さらに三句目、「一封の音信　悲嘆を寄するも」は、先の「一封の竿牘　紅塵に寄せよ」と語順のうえで類似するが、直接には王昌齢「李浦の京に之くに別る」（『三体詩』）の「一封の書は寄す　数行の啼」に基づく表現と考えられる。

以上のように、子規の漢詩には先行する漢詩文の痕跡が所々に刻み込まれている。加えて、そうした影響は俳句の方面にも及んでいる。ただし、前掲松井書で言う「叙景」には還元できない側面があることも留意しておきたい。ここではその具体例として、漢詩句の前書を持つ句群を取り上げよう。子規の俳句稿本『寒山落木』を見ていくと、日清戦争に従軍した明治二八年（一八九五）に漢詩句を前書に持つ句が集中的に現れる。『寒山落木』は成立順ではなく季題ごとの配列だが、春の部に二三句、夏の部に二句、秋の部に六句、冬の部に二句見られる。中には後に評論「漢詩と俳句」で例示される句も含まれており、先に触れた「夕月や」句も実はこの時期に詠まれている。

また、前書に用いられている漢詩はいずれも『唐詩選』に載る。しかも、七言古詩、五言古詩、五言律詩を収める巻一から巻三のみを利用しており、巻四以降に載る他の詩体からは一首も引いていない。理由は不明だが、「たまに唐詩選を見ても七律許りであつた」と言うように（前掲佐伯政直宛書簡）、少なくとも巻五所収の七言律詩を見る機会はあったようだ。春の句が突出して多いことを考えると、従軍で東京を離れていた間、何らかの形で巻一から巻三のみを携行していたのかもしれない。ともあれ、当時の句を二、三見てみよう。

出門皆有営

世の中はいそがしさうに日永哉

前書の原詩は、韋応物の五言古詩「幽居」（『唐詩選』巻一）。全一二句のうち冒頭の四句を左に掲げる。

貴賤雖異等　　貴賤　等を異にすと雖も
出門皆有営　　門を出づれば　皆営みあり
独無外物牽　　独り外物の牽くなく
遂此幽居情　　此の幽居の情を遂ぐ

（人の身分は様々だが、一歩でも我が家の門を出れば皆一様に自分たちの生活に追われている。そうした俗世のなかにあって、私一人だけが名利に縛られることなく、この静かな住まいで心穏やかに暮らしている。）

原詩は俗塵と隔たった閑静な暮らしを詠む。三句目の「外物」は自らの心身に属さない名利のこと。そうした世俗的な物事に心を煩わされないというのだ。子規が前書に選んだ二句目では忙しい世間の様子を端的に描くが、一首の主眼はそれと対比される「幽居の情」にある。子規句の場合、そうした「情」を明示するのではなく、「いそがしそうに」という表現によって「世の中」と距離を置く主体を暗示する。その人物は、世間の人々が時間に追われて齷齪（あくせく）と働き回るなか、春分過ぎの昼間の長さをしみじみと実感している。日の短い冬と対比される「日永」はそれだけで安穏とした暮らし振りを想起させるが、子規句ではそうした季題にまつわる連想を利用することで原詩の情趣を十七字に収め得ている。

　　野戍荒煙断深山古木平
　若葉して煙の立たぬ砦かな

前書の原詩は陳子昂「晩（くれ）に楽郷県に次（やど）る」（『唐詩選』巻三）で、訓読は「野戍（やじゅ）　荒煙断え／深山　古木平（たひら）かなり」。「戍」は駐屯所や哨戒の拠点を指すので、「野戍」で人里離れた荒野の砦を意味する。「荒煙」は人気（ひとけ）がないこと。「平（たひら）かなり」は遠くまで切り揃えたように繁茂する様子を表す。ここでは、人間が築いた「野戍」の荒廃と、長い年月を経た「古木」の繁茂するさまが対比的に描かれている。

子規句の「煙の立たぬ砦」は前書の前半部分を端的に言い換えているが、後半にある「深山」の印象は汲み取れていない。だが一方で、人間の営為と自然との対比は踏襲しつつ、原詩とは異なる情景へと趣向を転じている。「若葉」は生えて間もない新鮮な葉であり、俳諧では夏の季語。原詩が不変的な「古木」によって自然の生命力を体現するのに対し、子規句ではそれを新たに芽吹いた「若葉」に仮託している。原詩の趣向を踏まえつつ、季題の効果によって新たな情景に転じた一句と言えよう。

　　黄雀嘀(ママ)黄花
　菜の花や余念もなしに蝶の舞

前書の原詩は崔顥「孟門行」（『唐詩選』巻二）。「黄雀　黄花を銜(ふく)み」はこの詩の冒頭の一句で、「翩翩として簷隙(えんげき)に傍(そ)ふ」と続く。「黄雀」は雀の一種。「翩翩」は軽々と翻る様子で、「簷隙」は軒端を指す。「黄色い花を口にくわえた黄雀が軒端の辺りをひらひら飛んでいる」というのだ。

これを踏まえた子規句では原詩の「黄雀」を蝶へと転じている。原詩が鳥と花の「黄」を分かりやすく並置するのに対し、子規句では「菜の花」の一語で花の色彩を表す。同時に、前書で示される色の組み合わせから黄色の蝶が言外に想起される。また、「黄花を銜(ふく)み」は蝶が花の蜜を吸う様子へと詠み替えられており、「余念もなしに」や「蝶の舞」といった表現で前書の後に続く「翩翩として」を受けている。

加えて注意しておきたいのが、黄鳥を蝶へと転じるなかで漢詩文とは別の文脈が流れ込んでいる点である。歳時記の先駆けである季吟『山の井』（慶安元年〈一六四八〉）の「胡蝶」の項目では、「てふ〳〵ハ菜の葉にとまり。花に宿りて余念なげ成ひるねのけしき」と解説している。また、重徳編『誹諧独吟集』上巻（寛文六年〈一六六六〉）には「余念なく花に柳に飛胡蝶　正章／ちつとは風もふけいと桜　同」という付合がある。子規句では、蝶の舞う様子を「余念もなしに」と形容することで、そうした和文脈への接続が図られている。

　ここまで漢詩句の前書を持つ一八九五年の句を見てきた。最後に付言しておくと、そうした前書の有無にかかわらず、子規の俳句には漢詩文を下敷きにした趣向や表現が散見する。たとえば「三十六宮荒れ尽して草芳ばしき」（『寒山落木』一八九四年春の部）。「三十六宮」は前漢の時代、長安にあった三六の宮殿。「草芳ばし」は春先に萌え出た草の瑞々しく香る様子で、荒廃した建造物との取り合わせは先の「若葉して」句と似通う。前掲仁枝書では本句について、公乗億「長安八月十五日夜賦」（『和漢朗詠集』）の一節、「漢家の三十六宮／澄澄として粉飾す」との関係を指摘するが、子規句の「荒れ尽くして」を尊重するならば、李賀「金銅仙人　漢を辞する歌」（『李賀歌詩篇』）の「画欄の桂樹　秋香懸かり／三十六宮　土花碧なり」や杜牧「月」（『樊川文集』）の「三十六宮　秋夜深し／昭陽　歌断へて　信に沈沈たり」を視野に入れてもよいだろう。

　あるいは、「断橋流水夕日の柳散りにけり」（『寒山落木』一八九五年秋の部）。陸游の「西郊に梅を尋ぬ」（『陸放翁詩集』、『剣南詩鈔』）に「朱欄玉砌　渠ぞ命有らん／断橋流水　君　何ぞ欠けん」の一節があり、『随録詩集』第二編に筆写される藤井竹外「月瀬に山田永年と同に梅を観る　其の二」にも「独り断橋流水の浜のみならず／竹籬茅舎も亦た皆な春」とある。さらに、頼山陽「即事」（『山陽詩鈔』）の「疎柳　断橋　山影長し」は、日暮れの情景に「柳」と「断橋」と取り合わせた点で子規句の趣向に通じる。

以上見てきたように、子規の漢詩や俳句には先行する漢詩文の表現が多分に含み込まれている。周知のように、子規ら日本派の俳人たちは漢語を巧みに用いた与謝蕪村の句風を称揚することで近代俳句の主潮を成すこととなる。子規が幼少期から培ってきた漢学の教養は、そうした俳句評価の下地としても重要な役割を果たしている。

【参考文献】

松井利彦『正岡子規の研究　上』（明治書院、一九七六年）
清水茂雄『子規漢詩の周辺』（明治書院、一九九六年）
加藤国安『漢詩人子規——俳句開眼の土壌』（研文出版、二〇〇六年）
加藤国安『子規蔵書と『漢詩稿』研究——近代俳句成立の過程』（研文出版、二〇一四年）

第二章　田山花袋と漢学——創作の淵源にあるもの

伊豆原潤星

第一節　田山花袋の生涯

田山花袋(たやまかたい)は、一八七二年一月二二日、田山鋿十郎・てつの次男として栃木県邑楽郡館林町に生まれた。本名は田山録弥という。田山家は代々秋山藩藩士の家系である。父・鋿十郎は武芸だけでなく、和歌を好み、熊谷直好の書いた『浦のしほ貝』を愛読書とするような文学に造詣が深い人物でもあった。そんな父の影響もあり、花袋も幼少期から和歌に親しんでいた。

鋿十郎は、明治維新後に警視庁の巡査として東京の根岸署に勤めはじめる。父が巡査になったことで、花袋も上京することになるが、その東京生活は一八七七年の西南戦争勃発とともに終わりを告げる。出征した父が、熊本で戦死してしまうのである。大黒柱を失った一家は再び館林に戻ることになる。花袋が再び東京の地を踏むのは、四年後の一八八一年のことである。花袋は、京橋にあった書店、有隣堂の丁稚(でっち)小僧となり、明治の東京の空気を満喫する。

しかし、この東京生活も長くは続かず、一年ほどで花袋は館林へと戻ることになる。館林に戻り小学校に復学した花袋は、学問に精を出し始める。小学校登校前は和算塾に通い、下校後は漢学塾に学ぶという熱の入れようであった。投書雑誌『穎才新誌』に積極的に漢詩や和歌を投稿し、漢詩集『城沼四時雑詠』を編んだのもこの時期である。漢詩集を編んだ翌一八八六年、修史局につとめる兄の実弥登を頼って再び上京する。この頃、花袋は東京の速成学館・明治会学館で漢学だけでなく英語などを学んでいる。一八八八年には第二漢詩集『買山楼初集』を出しており、この時期の花袋の創作は漢詩や和歌に集中している。

花袋が小説創作に乗り出すのは、一八九一年に尾崎紅葉宅を訪ねてから以降のことである。江見水蔭を紹介された花袋は、水蔭の尽力で雑誌『千紫万紅』に処女作「瓜畑」を掲載した。この時のペンネームは「古桐軒主人」であった。以降、『国民新聞』への連載や『都の花』への掲載など、徐々に作家としての活動を広げていく。その後、一八九九年には太田玉茗の妹伊藤里さと結婚し、さらに大橋乙羽の紹介で博文館に入社する。博文館における最も重要な仕事は、『文章世界』(一九〇六年創刊)の主筆として活動したことであろう。創作面では、『重右衛門の最後』(一九〇二年)、『蒲団』(一九〇七年)、『生』(一九〇八年)、『田舎教師』(一九〇九年)などの先鋭的な小説を次々に発表し、文壇に確固たる地位を築いていった。一九三〇年、五八歳で没する。

第二節　田山花袋の漢文学受容

花袋は館林時代、漢学塾・休々塾で「四書五経」・「十八史略」・「蒙求」・「小学」・「文章軌範」・「春秋左氏伝」・「唐宋八大家文」・「唐詩選」・「三体詩」などを学び、一四歳の頃には自身で漢詩集『城沼四時雑詠』を編んだ。以降も、『買山楼初集』『汲古堂僑居雑詩』などを出しており、小説ではなく漢詩から出発した文学者と言えよう。しかし、花袋は、途中で小説へと移行し、晩年に至るまで漢詩文の創作から離れることになる。

花袋の漢詩を中心的に扱った論は田山花袋記念館による「田山花袋記念館研究紀要」に多く掲載されている。①小林一郎「「速成学館」時代の花袋の一側面――武井米蔵「京遊日記」を中心として」、②田山花袋記念館「〔附記〕武井米蔵「京遊日記」について」、③平沢禎二「館林の少年詩人田山汲古とその周辺覚え書き――「城沼四時雑詠（稿本）を中心として――」（①〜③、一九九一年三月）、④田山花袋記念館「〔資料紹介〕田山花袋（汲古）著作「城沼四時雑詠（一）」（一九九五年三月）、⑤田山花袋記念館「〔資料紹介〕田山汲古（花袋）著作漢詩集「城沼四時雑詠（二）」（一九九六年三月）、⑥田山花袋記念館「〔資料紹介〕田山汲古（花袋）著作漢詩集「城沼四時雑詠（三）」（一九九七年三月）、⑦田山花袋記念館「〔資料紹介〕花袋の満鮮旅行中の漢詩について」（一九九九年三月）、⑧田山花袋記念文学館「〔資料紹介〕太田玉茗の死と花袋の漢詩」（二〇〇五年三月）、⑨中島清「花袋の漢詩」（二〇一〇年三月）、⑩中島清「花袋の漢詩2」（二〇一一年三月）、⑪中島清「花袋の漢詩3」（二〇一二年三月）、⑫中島清「花袋の漢詩4―花袋晩年の漢詩稿―」（二〇一三年三月）、⑬中島清「花袋の漢詩5―漢詩にみる晩年の花袋―」（二〇一四年三月）、⑭中島清「花袋の漢詩6―晩年の漢詩稿 初句索引―」（二〇一五年三月）、⑮田山花袋記念文学館「【資料紹介】『耶馬渓紀行』の口絵について―口絵の校異と花袋晩年の和歌・漢詩」（二〇一七年三月）。『田山花袋記念館研究紀要』掲載の漢詩にまつわる論文は以上一七点が主だったものである。また、これら以外には、柳田泉『田山花袋の文学1　花袋文学の母胎』・『田山花袋の文学2　少年花袋の文学』、小林一郎『田山花袋研究』シリーズなどが漢文学を取り上げて論じている。

田山花袋は紀行文を多く残しているが、その文中からは漢詩文の素養を垣間見ることができる。さらに「小詩人」という一八九三年に江見水蔭の個人雑誌『小桜縅』に発表された小説には、以下のような描写がある。

われは昔好く漢詩を作りて、種々なる雑誌に何の心もなくして投書したることありき。然るにその中の幾首か首尾好くも紙上に載せらる、ことを得て、地方の漢詩家より、屢々手紙、次韵などを寄せられて、激賞を博したることありしが、この度の旅行中にも、わがむかしの漢詩人たる名を知る人少からず、現にこの村にても、我に面会を求めしもの二三ありき。加之次の村よりも、詩会を開くとか、東京の詩人に臨席して貰ひたしとか、種々なる事を申込むものさへあるに、我ながら意想外なる心地して、一種の愉快を心におぼえき。[*1]

この「われ」は、雑誌に漢詩を投稿していた花袋自身とも重ね合わすことができるだろう。漢詩によるネットワークのなかで花袋は旅をし、文を編み出していったのではないだろうか。

第三節　創作の淵源としての漢文学

田山花袋は西洋文学を吸収することで新しい文学を打ち立てた――現在ではこのような見方が文学史的定説となっているきらいがある。花袋が小説で取り上げるのは西洋文学ばかりであるし、研究史上においても西洋文学の受容がクロースアップされてきた。

彼が西洋文学の紹介をはじめた頃から作品が自然主義的傾向を見せており、ユイスマンの耽読によって自然主義的主張から離れてからは全く外国文学に対する反応を見せなくなってしまっている。このことは、花袋の自然主義運動が全く西洋文学の影響の下にのみ成立していたことを示すもの[*2]

このように、花袋の創作は西洋文学と連関させる形で考えられてきたのである。反面、漢文学の影響については等閑視されてきたと言って良いだろう。柳田泉が「漢詩が即ち花袋文学の原型」「花袋文学を思想方面から取り上げると、漢詩時代の花袋の文学思想が、あとあと

＊1　田山花袋「小詩人」〈初出は『小桜縅』〈江水社、一八九三年〉所収、引用は『定本 花袋全集』第二十三巻〈臨川書店、一九九五年〉による〉。

＊2　和田謹吾『描写の時代―ひとつの自然主義文学論―』〈北海道大学図書刊行会、一九七五年〉。

になってもその底にまだ生きていた」[*3]と指摘してはいるものの、花袋が自身の小説において漢文学を直接的に取り上げることは稀ということもあり、小説創作と漢文学の関係性についての研究はあまり進んでいない状況である。

花袋が作中で漢文学を取り上げた数少ない例としては、一九〇九年に発表された『田舎教師』という中編小説がある。この小説は、花袋の義兄・太田玉茗が住職の建福寺に下宿していた青年の日記を元に構想された小説である。中学を卒業した田中清三は、文学への憧れを持ちながらも、貧しい家計を支えるために小学校教師となる。文学を捨てきれない清三は仲間と共に同人誌を発刊するも続かず、生活に追われる中で文学から遠ざかっていく。そんな中、肺結核で倒れた清三は二一歳の若さでこの世を去ってしまう。以上があらすじであるが、漢文学が登場するのは、清三が同じく文学を志す親友・郁治の家を訪れる場面においてである。

挨拶をしてゐると、郁治は奥から出て来て、清三を其まゝ自分の書斎につれて行つた。書斎は四畳半であつた。桐の古い本箱が積み重ねられて、綱鑑易知録、史記、五経、唐宋八家文などと書いた白い紙がそこらに張られてあつた。三尺の半床の草雲の蘭の幅のかかつているのが洋燈の遠い光に朧ろげに見える。洋燈の載つた朴の大きな机の上には、明星、文芸倶楽部、万葉集、一葉全集などが乱雑に散らばつて置かれてある。[*4]

文学青年の本箱に「綱鑑易知録、史記、五経、唐宋八家文」が並んでいるのである。ここで

＊3　柳田泉『田山花袋の文学1　花袋文学の母胎』（春秋社、一九五七年）。

＊4　田山花袋「田舎教師」（初出は田山花袋『田舎教師』〈左久良書房、一九〇九年〉、引用は『定本 花袋全集』第二巻〈臨川書店、一九九三年〉による）。

注意すべきなのは、それらが「洋燈の遠い光におぼろげに見える」という点だ。対して洋燈のほうに置かれて読まれているのは、「明星、文芸倶楽部、万葉集、一葉全集」といった当時において新しいものである。つまり、ここでは漢文学は遠景に置かれている。明治時代の文学青年にとって漢文学はすでに遠いものであったのだ。このような文学青年のあり方は、花袋とも重なり合う。

たしかそれは明治二十五六年頃であつたと思ふが、その時分には、私にはそれまで学んだ漢文や漢詩が全く不必要になつたやうな気がした。今まで馬鹿なことをやつてゐたやうな気がした。これから先、漢文や漢詩を作つたつて、それがいくら上手になつたからとて、それが何うなるものかと思はれた。で、私は長い間母や兄から貰つた小遣で買ひためた韓文公文集だの、蘇東坡詩集だのを古本屋へ一束三文で売つて、そしてその銭で近松や西鶴の十銭本を買つた。源氏物語などをも買つた。（『近代の小説』、一九二三年）[*5]

花袋も青年時代、新しい文学に触れることによって自身の文学を模索していたのである。しかし、漢文学の素養は小説創作において決して無駄にはならなかった。青年時代に図書館に通いつめた花袋は、

図書館で私の書生時代に読んだもので、今でも役に立つてゐると思ふが非常に多い。近松、西鶴など、皆な私はそこで読んだ。西鶴の原本は貴重品なので、たしか紅葉山人に文学者志願者たることを証明して貰つて、借りて読んだ。明清の文集なども非常に自分

＊5　田山花袋『近代の小説』（初出は田山花袋『近代の小説』〈近代文明社、一九二三年〉、引用は『定本 花袋全集』第二十七巻〈臨川書店、一九九五年〉による）。

　に役に立つた。それから、漢詩の集が非常に役に立つた。国文では源氏物語も其処でよめば、万葉集も読んだ。歴史も大へん役に立つた。雑誌では国民之友、都の花などを耽読した。（「花袋文話」、一九一一年[*6]）

と書いている。しかし、一九一一年の「花袋文話」、一九二三年の「近代の小説」を見比べてみると、記述が食い違うことに気付かされる。新しい文学に触れていたことは間違いないことであろうが、漢文学の扱いについて記述が一八〇度違うのだ。これはどちらの記述を信頼すべきなのだろうか。結論から示せば、「花袋文話」の記述がおそらく正確なものだろう。花袋は日本文学だけでなく漢文学も同時に読み自身の文学の基礎を培ったというのが実情ではないか。それを裏付けるものとして、本章では『美文作法』・『小説作法』の二冊をあげたい。

　『美文作法』は、一九〇六年一一月に全二四冊の「通俗作文全書」の三編として刊行された。『小説作法』も同様に「通俗作文全書」の二四編として一九〇九年に刊行されている。「通俗作文全書」は、大和田建樹『文章組立法』・『書簡文作法』、天城安政『商業作文法』、青柳篤恒『支那時文軌範』、西村真次『紀行文作法』、福田琴月『写生文範』、河井酔茗『論説記事文範』、西田敬止『女子消息文範』、森田草平『書簡文範』、大和田建樹『日記文範』、石崎篁園『祝賀弔祭文範』、山川直五郎『中等学生文範』、生田星郊『明治時代文範』、堀江秀雄『言文一致文範』、太田才次郎『古今名家尺牘文』、武田桜桃『古文名家文選』、河井酔茗『新体詩作法』、久保天随『新体漢文軌範』、近藤正一『古今才媛文集』、久保天随『美辞類語集』、窪田空穂『短

＊6　田山花袋『花袋文話』（初出は田山花袋『花袋文話』〈博文館、一九一一年〉、引用は『定本 花袋全集』第十五巻〈臨川書店、一九九四年〉による）。

歌作法』、内藤鳴雪『俳句作法』で構成されたシリーズである。

ここからは、同時代において「小説」「短歌」「俳句」といった創作文が、〈文〉というより大きな枠組みの中で「商業作文」や「祝賀弔祭文」といった実用文と併置されていたことを窺い知ることができる。花袋の『美文作法』『小説作法』もまた、〈文〉を上手く書くことが立身出世へとつながっていた同時代の需要に応えようとした出版社の出版戦略に乗る形で世に出されたのである。故に、二作とも〈文〉をこれから書き出す初心者に向けて〈文〉を書くということはどういうことかということを説明するというスタイルを持つ。

ただし、初心者向けという体裁を取りつつも、「自分の経験から得た、多少の研究を遣つて見るつもり」[*7]「本書は小説作法と題したけれど、実は小説に対する著者の随感録なり」[*8]とあるように、書くための技術ではなく、「美文」あるいは「小説」を書くとはどういうことなのかという点に重きが置かれていることには注意を要するだろう。シリーズの形式的には「美文」と「小説」は異なるジャンルとして存在しているが、『美文作法』のなかに「小説作法略」という章があり、その中で小説は「軟文学硬文学、美文学純文学の上から区別すると、無論美文学に属する」と記されていること[*9]、『小説作法』と『美文作法』双方に小説が例として取り上げられていることから、「美文」と「小説」は本質的に重なり合うジャンルと言える。それ故に、『美文作法』『小説作法』は書くという行為そのものに対する意識は通底している。両書で、花袋はすぐに使える技術を教えるのではなく、書くにあたっての心構えを記そうと

＊7　田山花袋『美文作法』（初出は田山花袋『美文作法』〈博文館、一九〇六年〉、引用は『定本 花袋全集』第二十六巻〈臨川書店、一九九五年〉による）。

＊8　田山花袋『小説作法』（初出は田山花袋『小説作法』〈博文館、一九〇九年〉、引用は『定本 花袋全集』第二十六巻〈臨川書店、一九九五年〉による）。

＊9　＊7に同じ。

していた。そのようなものとして『美文作法』『小説作法』を読み直すと、花袋がどうやって小説を書いたのかではなく、どのようなものとして小説を書こうとし、また小説をどのように位置づけようとしたのかが見えてくるだろう。本章では、なかでも『美文作法』『小説作法』の中でともに重要な要素としてある漢文学を分析することで、田山花袋の創作の淵源に迫る。

まず、『美文作法』から確認していこう。本書で花袋は、どういう文を手本にするべきかとして、「漢文脈、和文脈、洋文脈の三つ」をあげている。特に「漢文脈」については、日本文学に大きな影響を与えたものとしてその重要性を述べている。少々長いが以下に引用しよう。

漢学のわが文章に利益したことは言ふまでもない。漢文漢詩の影響が無かつたなら、我国の文学は存外落寞たるものであつたであらう。だらしの無い祝詞と犬の吠えるやうな謡曲とその位のものであつたかも知れぬ。漢文学がわが国に入つて、殊に注意すべきは、其の漢文学は純粋の支那でいふ漢文学でなくて、日本化された漢文学であることである。漢文学がわが国学と相化合して、一種おもしろい特色ある文学を作つたことである。

一体漢文と謂ふものは、叙述の妙を極めたものだ。文選などの駢儷文は言はずとものこと、史記だの、漢書だのの一節には、をりをり立派な詩もあれば美文もある。歴史の筆も西洋などと違つて、余りに解剖しない処に文章の妙を尽して居る。和文などでも古

> 代の六国史あたりはいざ知らず、竹取、うつぼ、源氏などに及ぶと、既に漢文の影響を受けて居ること尠くない。万葉集の和歌にも其の感化はあり〳〵と出て居る。
>
> 　そしてこの漢文が長い間、わが国文学に其勢力を及ぼして、一面国文学に多少の感化を与ふると共に、又一面国文学の影響をも受けて、一種独特なる文学を形成し、和習ありといふ漢文から、段々時文といふものを産み出し、徳川時代に及びて、新井白石のごとき巨匠を一方に出すと共に、一方には近松と西鶴との二文傑を生み、遂に今日の文の盛を致したのは、大に研究の価値を有する。
>
> 　徳川時代では和習ある漢文と小説戯曲の側とが非常に発達したが今日の文壇にあるやうな各種の文体は未だ充分に発達しなかつた。漢文直訳体なども明治文壇の特産物であらう。[*10]

「純粋の支那でいふ漢文学」ではなく「日本化された漢文学」と微妙な留保を残しつつも、日本文学は漢文学の影響下で発達したというのが花袋の漢文学評価であった。文中、先述した「近代の小説」「花袋文話」でも取り上げられていた近松と西鶴が漢文学の影響によって生まれたとする箇所が目を引く。明治時代の新たな文体すらも、漢文学なくしては生まれなかったと述べているのである。だからこそ、日本文学だけでなく漢文学を学ぶ必要があると花袋は主張を展開していく。

『美文作法』で名前が挙げられるのは、陶淵明・謝霊運に加え、韓愈・柳宗元・欧陽修・蘇東坡・

＊10　＊7に同じ。

蘇洵・蘇轍・曾鞏らの唐宋八大家、李白・杜甫・孟浩然・岑参・韋応物・銭起・王維・韓偓・王建・劉禹錫・戴叔倫・李渉・高青邱・呉梅村・李攀竜・袁随園・趙欧北・侯雪苑・魏句庭らの詩人である。これらの文人の名の列挙は、花袋の漢文学の素養の高さと関心を物語っている。特に花袋が重要視していたのは、蘇東坡であった。『美文作法』には「旅行中、好山水に邂逅すと、いつも思出す」として「石鐘山記」の一節が引かれている。「石鐘山記」は、酈元や李渤が鐘の音がすると記した石鐘山の実在を疑っていた蘇東坡が実際に石鐘山を訪れた時のことを記した文であるが、花袋が引用しているのは、

> 其の夜月明らかなるに至りて独り邁と小舟に乗り、絶壁の下に至る。大石側立すること千尺、猛獣奇鬼の如く、森然として人を搏たんと欲す。而して山上の棲鶻、人の声を聞きて亦驚起し雲霄の間に磔磔す。又老人の山谷の中に欬し且つ笑うが若き者有り、或いは曰く、此れ鸛鶴なり。予方に心動き還らんと欲す。而して大声水上に発し、噌吰鐘鼓如くして絶えず。舟人大いに恐る。徐ろにして之を察すれば、即ち山下は皆石穴罅にして其の浅深を知らず、微波焉に入り涵淡澎湃して此を為すなり。舟廻り両山の間に至り、将に港口に入らんとするに、大石有りて中流に当たる。百人を坐せしむべし。空中にして竅多く、風水と相呑吐し、窾坎鏜鞳の声有り。向の噌吰なる者と相応じ、楽の作るが如し。*11

の部分だ。花袋は観察の重要性について、

*11　書き下し文は引用者による。

美しい情緒とやさしい趣味を以て物に対し、大に空想の翼を放つて、見ざるに見、聞かざるに聞かなければならぬ。美文の観察には眼が必要と共に、鼻と耳と触感とを発達させるのが此上なく肝心である。[*12]

と述べているが、「石鐘山記」中の「山下は皆石穴罅にして其の浅深を知らず、微波焉に入り涵淡澎湃して此を為すなり」や「空中にして竅多く、風水と相呑吐し、窾坎鏜鞳の声有り」といった描写は、まさに「徐ろにして之を察す」ること、つまりよく観察することによって書かれているのである。観察によって事物を的確に捉えているからこそ、花袋は「旅行中、好山水に邂逅すと、いつも思出す」し、「形容が実に捨て難い及び難い処がある」と高く評価したのではないだろうか。[*13] 花袋が引いているのは「石鐘山記」の中盤で、その後にまだ文は続いている。「石鐘山記」の終盤は以下のような文である。

酈元の見聞する所、殆ど予と同じ。而れども之を言うこと詳らかならず。士大夫は終に肯えて小舟を以て夜絶壁の下に泊せず。故に能く知る莫し。而して漁工水師は知ると雖も而も言うこと能わず。此れ世に伝わらざる所以なり。而して陋者は乃ち斧斤考撃を以て之を求め、自ら以為へらく、其の実を得たりと。予是を以て之を記す。蓋し酈元の簡を歎じて、而して李渤の陋を笑うなり。[*14]

ここで蘇東坡が言っているのは、以下のようなことである。「酈元の見聞きしたことは殆ど私と同じだが詳しく描写しなかった。士大夫は夜に小舟で絶壁の下に泊まらなかったので詳

＊12　＊7に同じ。

＊13　＊7に同じ。

＊14　蘇軾『国学基本叢書　蘇東波集』上（商務印書館出版、一九五八年）。書き下し文は引用者による。

しく知ることがなかった。漁夫や水夫は知っていても言う術がなかった。これこそが真相が世に伝わらなかった理由である。卑しい者は斧で石を叩くことで真相に達したと思った。だから私はこれを記録することで、酈元の記述が簡易すぎたこと、李渤の見識が狭いことを笑うのである。」このように、蘇東坡は「石鐘山記」のなかで自ら観察し詳細に記述することを称揚している。この姿勢は、観察することを重要視した花袋の姿勢と重なり合うだろう。無論これだけで花袋が観察することの重要性を蘇東坡から学んだと断定するのは性急に過ぎるが、影響関係を類推することはできよう。

『美文作法』において引用されている蘇東坡の文は「石鐘山記」だけではない。「書蒲永昇画後」については「実に神来の筆である」とし、「方山子伝」については「何だか小説でも読むやうな気がして、感を惹くこと夥し」く「実に感慨多端、人生の小縮図がありくと見えるやうに覚えらる、。露西亜のツルゲーネフの小説は重にかういふ風のものを材料にした」と高く評価しており、[*15] 花袋文学における蘇東坡受容の大きさは見過ごすことができない。

『小説作法』においても、引用されているのは蘇東坡である。『小説作法』は一九〇九年六月に刊行されたもので、『美文作法』と同じ「通俗作文全書」シリーズの最終巻である。本書は『文章世界』に掲載されたものを元に構成されている。蘇東坡が引用されるのは、文章の調子についての箇所である。花袋は文章の調子によって文章の巧拙を見分けることが出来るとし、以下のように説明している。

＊15　＊7に同じ。

小説作法　二四〇

第十編　餘談

一　文章の調子

文章には調子と謂ふことがある。散文だから無闇に文字を並べさへすれば好いと思ふが、決して左様でない。此人は文章が何の位書けるかと言ふことは、其調子で分る。拙い人は必ず調子が成つて居ない。

左様かと謂つて、殊更に一種の調子をつける譯ではない。馬琴の七五調などは實に唾棄すべきものである。それでは其の調子と言ふのは何ういふものであるかと言ふと所謂蘇東坡の行雲流水、行かんと欲する處に行き、止まらんと欲する處に止まるといふやうなもので、其の深い處は自然の千變萬化に其根本を置いて居るのだ。諸君、よく自然を觀察して見給へ、雲の行くのにも、水の流れるのにも、人の天地間に生死するにも皆なさういふ大きい意味の調子がある。石があれば激する、瀬があれば瀧津瀬となる、平地があればゆるやかに淵をつくる。人間も其通り悲哀があれば泣き、不平があれば怒れる、歡悦があれば、にこ／＼する、戀があれば、煩悶する、そしてこれが皆な異つて大きな調子を持つて居る。更に今少し手近い處で言ふと人間の怒つたさま、笑つたさまにも無數の種類と調子があつて、文章に書き顯すに就いては、それが一つ一つ異つて居なければならぬ。文を書く人が一番骨を折るのが此處で、此の千變萬化を書き顯し得れば、もう立派な文章家だ。

さて、此調子を何うして得ようとする。古人の遺つたやうに、文章を文章として、學問として研究するのも惡るくはあるまい。名句佳章を諳誦してそれに依つて自分の思ふ所を書き顯すのも好いかも知れぬ。けれどそれは兎角すると邪道に落ち易い。極端になると所謂

【十】餘談　文章の調子　二四一

田山花袋『小説作法』　国立国会図書館デジタルコレクションより

調子と言ふのは何ういふものであるかと言ふと所謂蘇東坡の行雲流水、行かんと欲する処に行き、止まらんと欲する処に止まるといふやうなもので、其の深い処は自然の千変万化に其根本を置いて居るのだ。〔……〕さて、此調子を何うして得ようとする。古人の遣つたやうに、文章を文章として、学問として研究するのも悪るくはあるまい。名句佳章を暗誦してそれに依つて自分の思ふ所を書き顕すのも好いかも知れぬ。けれどそれは兎角すると邪道に落ち易い。極端になると所謂不自然な技巧に落ちて了ふ。だから、今の文を学ぶものはかういふ旧い道を辿るよりも、自然を師として、千変万化の自然の調子を得る方が好いと思ふ。*16

このように、蘇東坡の言う行雲流水を文の調子の例とし、自然の千変万化を書き顕すことを文章の最終目標としてあげている。この行雲流水という言葉は、蘇東坡が「謝民師推官与書」に書いた言葉である。

示す所の書教及び詩賦雑文は、之を観ること

*16　*8に同じ。

熟せり。大略行雲流水の如く、初め定質無く但だ常に当に行くべき所に行き、常に止まらざるべからざるに止まり、文理自然にして姿態横生す。孔子曰く「之を言うこと文ならざれば、之を行うこと遠からず」と。又曰く「辞は達するのみ」と。夫れ言は意を達するに止まれば、即ち文ならざるが若きを疑う。是れ大いに然らず。物を求むるの妙は、風を繋ぎ影を捕うるが如し。能く是の物をして心に了然たらしむる者は、蓋し千万人にして一遇せざるなり。而るを況んや能く口と手とに了然たらしむる者をや。是を之れ辞達すと謂う。辞能く達するに至れば、即ち文用いるに勝べからず。[*17]

「示された文書や詩賦雑文は成熟したもので、行く雲や流れる水のように決まった形がなく行くべきところに行き、止まらなければならない所で止まり、文脈は自然で姿も自由である。孔子は「言葉に修辞がなければ広く伝わらない」と言った。また「言葉は考えを伝えられさえすれば良い」と言った。考えを伝えられさえすれば良ければ修辞は必要ないと誤解するかもしれないが、物事の本質を掴むのは風をつかまえ影を捕えるようなもので、それが出来るのは千万人に一人もいない。まして、それを言葉や文章にできるものがどれだけいるだろうか。つまり考えを伝えられるということは、修辞が施しつくされているということなのである。」というのが蘇東坡の文の大意だが、花袋が述べているのも蘇東坡と同様のことである。花袋は「作者は常に其特色と其文体から擺脱やうにするのが最も必要な努力」と延べ[*18]、作家固有の文の調子を獲得することではなく、事物の本質を掴みそれをそのまま文に書き記すことを最終目

＊17　蘇軾『国学基本叢書　蘇東坡集』下（商務印書館出版、一九五八年）。書き下し文は引用者による。

＊18　＊8に同じ。

標に据えた。このことは、『小説作法』の別の箇所でも言い換えて述べている。

> 自然の結構は有つて無きが如く、無くして有るが如くである。端倪すべからず捕捉すべからざるものである。作者が自然と同じやうに、あらゆる類性を脱し、あらゆる束縛を脱し、あらゆるコンエンシヨンを脱し、行く処に行き、留るところに留るやうな自由自在な心境を得るやうになれば、自然の結構も其まゝ明かに結構として水鏡に映るやうになるのであらう*19

ここで言われている結構とは、構成のことを指している。花袋は、昔の小説は登場人物が作者の思い通りに動かされているような構成を重んじていたが、今の小説はそのような人為の構成を捨て自然の構成と向き合うことを重視しているとする。花袋の言う自然とは「有つて無きが如く、無くして有るが如くである。端倪すべからず捕捉すべからざるもの」という言葉に端的に表れているように、一言で言い表すことのできない極めて抽象的な概念であり、人間が捉えることができないものである。それを描くためには、主観を磨かねばならない。「自由自在な心境」を得ることによって、自由自在な自然を写し取ることができるようになるというのが花袋の主張であった。

> 事実は必ず自然だが、作者の見方考へ方に由つて、自然が出て来ないことがある。即ちいかなる事実を見ても、作者の頭脳がすぐ動いて、成程これは大きな自然だと感じられゝば好い。〔……〕

---

*19　*8に同じ。

卓れたる小説は第二の自然である。読んで居る中に、決して先を知ることが出来ぬ。いや、それればかりか、想像する余裕もないほどに充実し、緊張してゐる。自然に対した時と同じやうに、心が引付けられて、それに奪はれて、筋がいくまゝに心理が動いて行く。[*20]

花袋は、事実を書くために観察を重要視していた。「事実は必ず自然」という文からは、自然は事実を観察することによって顕れるという定式を導き出すことができよう。小説は観察を踏まえた自然を写し取ったものでなくてはならず、定型の構成を持ち先の展開が読めてしまうようなものであってはならない。花袋は作者の想像だけで拵えられたものは、程度の低い小説と考えていたのである。何よりも、自然を写すことが重要であり、それ以外のすべてはそこに至るまでのステップに過ぎない。

蘇東坡は、物事の本質＝自然を捉え言葉や文章にすることが出来た時に修辞は施し尽くされていると述べた。花袋が目指したのも、その境地ではないだろうか。自然を写すことに成功した時、文に必要なことはすべて成し得ている。ただ、蘇東坡と花袋が異なるのは、自然を写す際の心境ないし主観を重視したことにある。花袋にとって、自然とは観察する主体の見方によって変わるものであった。それを掴むには単純な技巧を身につけるのではなく、経験と修養を積み重ね自然の捉え方を身につけることが求められる。『美文作法』『小説作法』の根底にあるのは、観察によって自然を捉え、それを文に写す心境ないし主観を涵養することを重視する姿勢である。文における自然を重視する態度を蘇東坡から摂取した花袋は、そ

＊20　＊8に同じ。

れをさらに発展させ自然を観察する心境ないし主観の重要性を主張するに至ったのではないだろうか。無論、蘇東坡受容だけでなく、和歌や西洋文学など様々なものの複合的影響を考えなければならない。しかし、その根幹には蘇東坡の思想を位置づけることができる。花袋は「大にこれを熟読しなければならん」[*21]とした蘇東坡から多くのことを学んだのではないだろうか。

さて、ここまで花袋の創作の淵源に漢文学があることを『美文作法』『小説作法』両作から論じた。最後に、同時代において漢文学と自身の創作を紐付けることはどのような営為であったのか確認して本章を終えたい。

明治時代、小説の書き方に大きな影響力を持っていたのは坪内逍遥の『小説神髄』である。『小説神髄』は日本文学史上初めて小説の書き方について論じた書である。『小説神髄』は「小説の主脳は人情なり、世態風俗これに次ぐ」[*22]と掲げ、江戸の戯作を批判し写実主義を主張した。この『小説神髄』を起点として近代小説は書かれていくことになるが、『小説神髄』に漢文学は登場しない。それは、逍遥自身が「親や兄の課した漢学書類は、すべて形式的に読む真似だけで済まして、只戯作ばかりを読み耽っていた」ため漢文学の素養が乏しかったことが一因であろう。[*23]近代小説と漢文学は出発点において切断されていたと言ってよい。

さらに明治に入り、近代国家として国語を樹立する機運が高まっていた。その中で起きたのが国字改良運動である。漢字は中国由来のものであるからそれを廃し、仮名を中心に据え

＊21　＊7に同じ。

＊22　坪内逍遥『小説神髄』（岩波書店、二〇一〇年）。

＊23　坪内逍遥「新旧過渡期の回想」（十川信介編『明治文学回想集』上〈岩波書店、一九九八年〉所収）。

ようとするナショナリズムと結びついた運動であった。明治初期の庶民の生活においては、木下彪が以下のように記しているように漢文は広く流通していた。

維新後急に漢語の使用が流行し、日用文書や会話に盛に用いられ、漢語の字引類はもとより、漢語の番付があり、漢語入都々逸が謡われ、漢語独手引などいう銅板摺扇子まで行わるる始末。[*24]

しかし、知識人の間では徐々に漢詩文よりも西洋文学や日本文学が重視されていくことになる。歴史書すらも明治中頃には漢文では書かれなくなるのである。[*25]三上参次・高津鍬三郎の手によって一八九〇年に出された『日本文学史』において漢文学が排斥されたことは、漢文学が後景に退けられていったことを象徴的に物語る。『美文作法』『小説作法』が出版された時期も、漢文学に対する風当たりは依然として強かった。花袋が主筆をつとめていた『文章世界』にも同時期に芳賀矢一の「漢文の羈絆を脱せよ」という文章が掲載されている。芳賀は以下のように語る。

日本はまだ自分の力で発達した、即ち国語自然の発展から出て来た文章をもつて居らぬと言つてよろしい。〔……〕

漢文訓読体を離れて、真正の日本語の文を得やうといふのには、古文を典型とする風習はやめにするがよい、文章軌範や八家文をどこまでも文章の手本にするといふ考では独立の日本の文体は出来ぬ。到底漢文を凌駕する事は出来ぬ。口語自身から種々のいひま

＊24　木下彪『明治詩話』（岩波書店、二〇一五年）。

＊25　谷川恵一『歴史の文体　小説のすがた――明治期における言説の再編成』（平凡社、二〇〇八年）。

はし、譬喩等一切のものが出て来ねば日本人の文章ではあるまいとおもふ。[*26]

このように、漢文学を文章の手本とする姿勢は批判の対象とされていたのである。こうしてみると、花袋が漢文学を文章の手本とすべきとした姿勢は特異なように思われる。花袋はこれらの運動に対して漢文学を擁護する姿勢を「漢字のこと」という文章で明確に示している。

漢字節減論が盛んな時にかういふことをいふのは、ちと時代錯誤かも知れないけれども、〔……〕

漢字の知識がなくては、とても古代の日本の文学を味ふことが出来ない。〔……〕さういふ意味で、今までのものを見る上にも、これから先のものを作り出す上にも、漢学は非常に重要であると思ふ。〔……〕

漢学の素養のあるとないとでは、その文章の脈絡とか、構成とか、感じとか、さういふ上において見る人が見ればすぐその区別と優劣とがわかるであらうと思ふ。[*27]

漢文学の素養がなければ日本古典文学を読むことは出来ず、また文章をうまく書くことができないとする花袋の主張は、そのまま『美文作法』『小説作法』で展開されていたことである。また、『美文作法』では漢文学に影響を受けた文学者の名を挙げ分析を加えるといったことも行っていた。このような『美文作法』『小説作法』における漢文学の称揚は、同時代の国字改良運動に対する応答であり、ひいては日本文学と漢文学を切断しようとする同時代の文学場の力学に対する応答だったのではないだろうか。そして、それはまた田山花袋という小

＊26　芳賀矢一「漢文の覊絆を脱せよ」（『文章世界』、一九〇六年）。

＊27　田山花袋「漢字のこと」（初出未詳、引用は『定本　花袋全集』第二十三巻〈臨川書店、一九九五年〉による）。

説家の独自性をも形作る営為であったはずである。

本章では、『美文作法』『小説作法』から見る蘇東坡受容を中心に論じた。花袋は蘇東坡以外に漢詩に強い関心を持っており多くの詩を『美文作法』において引用している。また、自身も漢詩創作をしていたが、それらと創作の連関については本章では触れることができなかった。さらに清朝の戯曲や伝奇も読むべきものとしており、それらとの関係も今後考察していく必要がある。花袋における漢文学と日本文学および西洋文学の三種の混交が創作にどのような影響を及ぼしたのかということについては別稿を期して精致に論じたい。

日本近代文学に花袋が及ぼした影響は多大なものがある。そう考えた時、田山花袋の創作の淵源に漢文学があったことは見過ごすことが出来ない点ではないだろうか。漢文学と日本近代文学の関係性は、時代を経るにつれて薄れていくことになるが、その初期における密接な関係は忘却してはならないだろう。

【参考文献】

柳田泉『田山花袋の文学1　花袋文学の母胎』（春秋社、一九五七年）
柳田泉『田山花袋の文学2　少年花袋の文学』（春秋社、一九五八年）
小林一郎『田山花袋研究—年譜・索引編—』（桜楓社、一九八四年）
宮内俊介『田山花袋書誌』（桜楓社、一九八九年）
五井信『田山花袋——人と文学』（勉誠出版、二〇〇八年）
永井聖剛『自然主義のレトリック』（双文社、二〇〇八年）

第三章　永井荷風と漢学――『下谷叢話』の表現

多田蔵人

第一節　永井荷風

明治一二年、永井久一郎と恒の長男として生まれる。東京外国語学校退学後、さまざまな試行錯誤を経て小説家を志し、フランスの作家E・ゾラのゾライズムに傾倒して書かれたという『地獄の花』、ゾラの翻案『女優ナヽ』などを発表。明治三六年から四一年にかけてアメリカとフランスに滞在し、『あめりか物語』『ふらんす物語』所収の諸作を発表。明治四五年慶應義塾文学部教授となり仏文学を講じたほか、雑誌「三田文学」を創刊していわゆる三田派の文学者を輩出した。同じ時期には「江戸趣味」を鼓吹したことで知られ、花柳界を題材とした『すみだ川』『新橋夜話』『腕くらべ』などの作がある。慶應義塾辞職後、遊戯的な記事を多く載せる雑誌「花月」「文明」を創刊。このころの小説活動としては『雨瀟瀟』『雪解』などがあるが、劇評や考証の割合が増え、幕末明治期の漢詩人の伝記である『下谷叢話』をも執筆した。昭和に入るといわゆる文壇復活を果たし、『つゆのあとさき』『濹東綺譚』などの代表作を発表する。戦後すぐに発表された『来訪者』『踊子』もいわゆる荷風ブームを巻き起こし、浅草のストリップ劇場通いなどの奇行が喧伝される一方、昭和二九年には文化勲章を受章した。死の直前まで執筆した日記『断腸亭日乗』は、近代において最もよく引用される日記文学である。最後の短篇集『吾妻橋』を出版した年、昭和三四年に没。

第二節　荷風と漢学

荷風と漢学の関係は、彼が漢詩人の家に生まれたところからはじまる。官僚にして実業家であった荷風の父久一郎は、禾原と号した漢詩人でもある。明治漢詩壇の盟主である森春濤の門人であり、自身も「清詩の新しい風を作」った（今関天彭「永井荷風の追憶」、昭和三九年六月「雅友」）といわれる詩人でもあった。禾原の詩は『来青閣詩集』ほかによって見ることができる。荷風は後述する禾原の蔵書目録『来青閣書目』に載るような書物を、例年の虫干などの折に眺める環境で育ったわけである。漢詩についても父の手ほどきを受け、中学時代、父と同じく森春濤の門人である岩渓裳川に漢詩を学んだ。裳川の詩は『裳川自選稿』（昭和一一年）、春濤の子である森槐南を中心とした禾原や裳川、永坂石埭などの詩的交流は「檀欒集」（明治三六～四五年）ほかに見ることができる。同じ裳川門の友人に井上如苞の子である井上唖々がおり、二人の交友は唖々が死す年まで続いた。

明治期の文人たちは、実際に清に行き、あるいは大陸の人と親しく交わる機会を多く持った点を特徴とする。何如璋、葉松石、呉汝綸、黄小宋、王黍園といった清朝の士大夫と多く交わった禾原を父に持つ荷風は、この大陸との濃密な交流を目の当たりにしながら成長した。明治三〇年には父親とともに上海に赴き『上海紀行』を発表している。東京外国語学校清語学科では在籍期間こそ短いものの、張廷彦などに学んだ。廷彦は森槐南や永坂石埭、そして永井禾原久一郎などとともに偕楽園で詩会を催した人物でもある（永井威三郎『風樹の年輪』）。小説家を志した時期には巌谷小波を中心とする木曜会に参加しているが、この文学サロンにも羅臥雲（俳号蘇山人）がおり、荷風と親しく交わった。

小学校から外語学校までの学友のうち、漢学に関して特筆すべきは、「梅雨晴」に記される島田翰との交わりであろう。島田翰は重野成斎などとともに明治漢学の重鎮であった島田篁村の子で、惜しくも早く亡くなったけれども、『古文旧書攷』に示された漢籍の知識は学界を震撼した。島田に引きずられるようにして漢学を進めた体験が、のちに清初詩家の随筆などを読む際に役だったと荷風はのべている。

小説家としての出発を回想する際に父に触れた言葉も、明治における漢学の水脈を考えるうえでは見落とすことができない。荷風は当時の有名文芸誌「文芸倶楽部」の主筆三宅青軒に井上唖々とともに面会したとき、漢文を重視する青軒の論に応じて「父より聞かじりたる」漢文の知識を披露し、大いに信頼を得たと記している（「書かでもの記」）。青軒の漢学論を思いかえす「書かでもの記」の行文には、明治漢詩文壇の直系としての自負が窺われようか。初期の荷風には『烟鬼』という上海を舞台とする作品があり、また荷風の小説の師として知られる広津柳浪の小説には李笠翁などの影響が濃い。

明治四一年、西洋から戻った荷風は、漢学に対して屈折した感覚を表現するようになる。『歓楽』をはじめとする小説には漢詩の引用があちこちにあるものの、『監獄署の裏』では父が「東坡書随大小眞行皆有斌媚可喜處老蝯書と書いた私には読めない掛物を掛けた床の間」の前に「私」を座らせる場面があり、かつ随筆「虫干」では正格の漢文ではなく、服部撫松『東京新繁昌記』をはじめとする変体漢文を称賛した。このころ、荷風の小説が載った博文館の総合誌「太陽」には、永井禾原の詩がたびたび載っている。

大正二年の禾原歿後、「漢詩趣味」の小説『玉楳記』を企てたことが書簡に見えるものの、漢詩を多く載せる小説『父の恩』は中絶した。荷風があらためて漢詩文と密接にかかわる作品を発表するのは、大正一〇年発表の『雨瀟瀟』のころからである。『雨瀟瀟』は王次回『疑雨集』をはじめとする漢詩が俳句やフランス詩とともにふんだんに引用された作品であり、この時期の随筆にも漢詩文の引用を多く見る。言文一致の口語と古典文、漢詩文、そして西洋語を独特の方法で混淆する試みが、そこにはあった。

大正一一年に歿した森鷗外の全集刊行に携わり、全集であらためて鷗外史伝を読んだことを契機として、幕末明治期における漢詩人の伝である『下谷叢話』（大正一五年）が書かれた。

この本はもと「耳無草　下谷のはなし」の題で雑誌「女性」に連載（大正一三年二、三、五、六、七月）された文章を改稿したもので、作家の祖父である鷲津毅堂と、その縁戚にあたる大沼枕山を中心とする文章である。大正末から昭和初期にかけては、明治初期の漢詩文を蒐集することにもつとめ、また儒者成島柳北の日記についての文章を発表した。代表作『濹東綺譚』にも、館柳湾の詩をはじめ漢詩文が引用されている。空襲によって独居した洋館「偏奇館」から焼け出された荷風は、旧知の漢学者である今関天彭に『三体詩』を乞うたことが天彭の回想（前掲「永井荷風の追憶」）に見える。

第三節　『下谷叢話』の表現

「薨」と「卒」

永井荷風の『下谷叢話』（大正一五年、春陽堂）のうち、大沼枕山の父である大沼竹渓の死について述べた箇所に、次のようなことわり書きがある。

（こゝに一言して置く。わたくしは此拙著中人物の生死を記するに大抵歿或は終の語を以てし縉紳公侯の死にも薨或は卒の語を避けて用いない。）（『下谷叢話』第三）

「わたくし」という書き手は、死を書くにあたって「薨或は卒の語を避け」る用字法について、あまり多くを語っていない。奇人として知られる荷風の印象からすれば、右の一節には反俗をつらぬいた作家の狷介な姿勢、あるいは、権力におもねらない反骨の情を読んでよいだろうか。人物の死の表記に際して一字一句をゆるがせにしない、文人意識を見る読みかたもありうるかもしれない。しかし『下谷叢話』が実際にほとんどの「人物の生死」を「歿」「終」あるいは「死」と表記しながら、嘉永六年七月二二日の徳川家慶の死を語る箇所にのみ「将軍家慶が薨した」（傍点引用者）と表記しているという事実には、この文章をもう一度見つめなおし、近代における歴史記述の問題に近づくための手がかりがあるように思われる。

実は右の「一言」は、はじめ荷風が雑誌「女性」に連載した『下谷のはなし』には書かれていない。『下谷のはなし』を単行本『下谷叢話』として上梓するにあたっては、全面的な改稿が行われているけれども、そもそも『下谷のはなし』は「薨或は卒の語」を避けない文章だったからである。たとえば両作の間には次のような改訂がある。

・十一月に入つて冬至の日に枕山は松平弾正少弼康爵の邸に招がれて其宴席に陪した。松平康爵は奥州棚倉の城主松平周防守康英の隠居で号を誠園といふ。明治元年五月に五十九歳で卒したので文久二年には年五十三である。（『下谷のはなし』第三十、傍点引用者）

・十一月冬至の日、松平弾正少弼康爵が其宴席に枕山を招いた。康爵は奥州棚倉の城主松平周防守康英の隠居で号を誠園といふ。明治元年五月に五十九歳で歿したから、文久二年には五十三である。（『下谷叢話』第三十一、傍点引用者）

『下谷のはなし』中、死を「卒」とあらわした箇所は右の引用部分のみであり、荷風はこれを「歿」

と訂した。嶋田直哉は『下谷叢話』について「登場人物を荷風はおしなべてフラットな位置関係に配置していく」と指摘しているが[*1]、「招がれて宴席に陪した」から「宴席に枕山を招いた」へとわずかに待遇表現を変えた点にも、荷風の注意ぶかい配慮が窺われよう。一方で将軍家慶についての「薨」の字は残った。『下谷叢話』にさらに修訂をくわえた『改訂下谷叢話』、また作家生前の出版にかかる中央公論社版『荷風全集』の本文でも、表記は同じである。

「江戸文人の長大な点鬼簿」（前田愛[*2]）のようだと評された『下谷叢話』の表現は、したがって、江戸の歴史記述とは異なる法則に貫かれている。たとえば『下谷叢話』が範として仰いだといわれる森鷗外の『渋江抽斎』では、「人物の生死を記する」方法は次のようだ。

> 允成（ただしげ）は天保八年十月二十六日に、七十四歳で歿した。寧親（やすちか）は四年前の天保四年六月十四日に、六十九歳で卒した。允成の妻縫は、文政七年七月朔に剃髪して寿松といい、十二年六月十四日に五十五歳で亡くなつた。夫に先つこと八年である。（森鷗外『渋江抽斎』その十一、大正一二『鷗外全集』第七巻）

鷗外は従四位下である津軽寧親の死を「卒」、寧親の侍医で無位の渋江允成を「歿」、允成の妻である縫を「亡くなつた」と文字を使いわけ、近衛家熙（准后）と徳川家定（正一位太政大臣）の死には「薨」の字を用いる。天皇は「崩」、親王および三位以上は「薨」、四位五位は「卒」、それ以下の男女は「歿」「死」「亡くなる」——自らの墓に「位階勲等学位の如きものを附せ」なかった鷗外（荷風「七月九日の記」、大正一四年二月「三田文学」）は、『渋江抽斎』以下の史

＊1　嶋田直哉「〈歴史〉の叙述（スタイル）——永井荷風『下谷叢話』の可能性」（平成二八・一「志學館大学人間関係学部研究紀要」）。

＊2　前田愛「荷風における江戸——「下谷叢話」をめぐって」（昭和四五・六「国文学　解釈と教材の研究」）。

伝において、律令通りの用字をほぼ一貫して用いた。[*3]

以下、『下谷叢話』の表現を手がかりとして、近代の歴史叙述における表現主体の問題を追ってみることにしよう。『下谷のはなし』から『下谷叢話』に至る過程で改変された表現と、残された表現――鷗外との微妙な関係のもとに展開した荷風の文事[*4]には、起こったできごとをどのように表記し表現するか、という漢文史書の抱えつづけた問題が、近代口語文の領域に形をかえて持ち込まれたさまをうかがうことができる。

「あゝ、あゝ、天子様もとう〳〵御かくれになる。己も……」（夏目漱石『心』四十一、大正三年、岩波書店）

『心』の「私」は「陛下」の「崩御」という言葉をつかい、先生は「明治天皇が崩御になりました」と手紙に書く。火災をまぬがれた伝通院の門が「却て殉死の運命に遇はなかつたのを憾み悲しむ」（明治四三年八月「伝通院」）ようだと書き、のちに「人民悉く殉死せば残るものは老人と女のみなるべし。呵々」（昭和一六年九月七日『断腸亭日乗』）とも書くことになる荷風の言葉は、こうした問題を考えるにあたっての興味深い視角を教えてくれるはずだ。

紀伝の文体と、史書を売る蕩児

死の表記を書きわける記述方法は、漢文で歴史を書くときの基本的な態度の一つである。江戸漢学の中心となった朱子学の歴史書『通鑑綱目』について、重野成斎と島田篁村に学ん

＊3『伊澤蘭軒』中の黒田家未亡人幸子（その百十）には「歿」「卒」双方を用いる。

＊4塩崎文雄「『下谷叢話』考――鷗外史伝の受容を中心に――」（昭和四七、第一学習社『真下三郎先生退官記念論文集　近世・近代のことばと文学』所収）は、鷗外史伝への畏敬の念が身辺のさまざまな事件を通じて波状的に形成されたことを検証している。

だ明治の漢学者、西村天囚は次のように述べる。

> 書法と云ふものがあつて、一字一句の中に春秋筆誅の意を寓する書振である、［略］人の邪正を論ずると云ふ事は、唐の宇文士及は邪佞の臣であるのに、死んだ時其の爵位を書いてあるが如き、五代の馮道は節を失ふた人であるのに、其の死んだ時に官を書いてあるが如き、斯の如きは褒貶の道でないとして官も爵も削る、書かないと云ふ位の厳密な事である、如何にも節義を尊び名分を正すと云ふ事に就ては心を用ひて後世に功がある（西村天囚「朱子学派の史学」明治四四年、『朝日講演集』）

天囚が言及する「春秋筆誅の意」とは、孔子が書いたとされる『春秋』の厳しい批判的態度のこと。天囚は『通鑑綱目』におけるこうした表記意識はあまりに「苛酷に流れて人情に遠」いとも述べているが、朱子学にかぎらず漢文の歴史記述には、史上のできごとや人物への執筆者の評価を、どの語を選ぶか、あるいは史に載せるか否かによって、言わず語らずのうちに示すという考え方がある。*5 とくに人の死を表す字は記述対象となる人物への評価、さらにその人物をとりまく社会構造への評価にかかわるため、たとえば近世において日本の通史をめざした『大日本史』や『本朝通鑑』編纂の際には表記の問題がはげしく議論された。*6

崩、薨、殂、逝、卒、死、没（歿）――これらの文字を漢字かな交じり時代の伝記につかった鷗外の場合、用法はさらに複雑である。『津下四郎左衛門』などの史伝小説以前でいえば、アショカ王の伝である『阿育王事蹟』（明治四二年）はアショカ王の王統に「殂す」（肆）、ア

＊5　たとえば『春秋左氏伝』に註を加えた明の杜預は、恵公の妃である孟子の死が「卒」と書かれる理由について、「薨を称せざるは、喪を成さざる也、恵公の子に先んじ、夫謚に従ふを得ず」と註している（『左伝評林』）。

＊6　『大日本史』については但野正弘『佐々介三郎宗淳』（昭和六三、水戸史学会）、『本朝通鑑』については安川実『本朝通鑑の研究――林家史学の展開とその影響』（昭和五五、安川実先生遺著刊行会）を参照。

レキサンダー大王については「王は三百二十三年巴比侖に至りて死にき」（壱）と字を使いわけており、『能久親王事蹟』（明治四一年）は能久親王の生母信子について「みまからせ給ふ」（文久二年四月）とするのに対し実子信子と養母景子の表記は「薨ぜさせ給ふ」。『西周伝』（明治三一年）では、正三位に叙せられ男爵を受爵した西周が「周薨ず」、西の父である時義は「歿す」。西家と森家、双方の主であった亀井家については、亀井茲監（伝記執筆時に従三位）、そして茲明（伯爵、従三位）の妻栄子の死を「訃至る」と記し、直接の表記を避けている。ただし『西周伝未定稿』（明治三〇年）は西周に「卒す」を用い、巻末の「年譜」では西とともに亀井茲監の死をも「卒す」と表記していた。

このうち西周の死をめぐる表記のブレには、幕末維新期における身分変動の問題に直面した伝記作者鷗外の苦心を見ておいてよいだろう。鷗外は自分の叙述が徹底した「客観」によるものだと『伊澤蘭軒』の末尾に言明したけれども、この言葉の背後には、書き手が伝記中の人物に直接かかわる当事者であるか否かという問題が隠れている。「組織の全体を保存」（『伊澤蘭軒』）するかのように主人公とその子孫を記す史伝小説は、「崩」「薨」「卒」「歿」を適宜使い分けうる記述対象との距離を前提として、執筆主体の「客観」を定位していたのである。

当時の官報にさえ用いられていた薨卒の表記を「避けて用いない」と明言する『下谷叢話』の言葉には、鷗外史伝の背後にある漢文紀伝の歴史意識を問いなおすモチーフがひそんでいたのではないだろうか。このことに関連して、荷風の『梅雨晴』という文章を見てみることにしよう。井上唖々が家から持ち出した『通鑑綱目』を、「わたし」が一緒になって質屋に持ちこむ、若き日の回想譚である。

> 「質屋だ。盗み出した。」／「さうか。えらい。」とわたしは手を拍つた。唖々子は高等学校に入つてからも夙く強酒を誇つてゐたが、然しわたしと最う一人島田といふ旧友との勧める悪事にはなかなか加担しなかつた。然るにその夜突然この快挙に出でたのを見て、わたしは覚えず称揚の声を禁じ得なかつたのである。／「何の本だ。」ときくと、／「通鑑だ。」と唖々子は答へた。／「通鑑は綱目だらう。」／「さうさ。綱目でもやつとだ。資治通鑑が一人でかつげると思ふか。」／「たいして貸しさうもないぜ。通鑑も擥要の方がいゝのだらう。」／「これでも一晩位あそべるだらう。」（荷風『梅雨晴』大正一二年一〇月「女性」）

『通鑑綱目』はどんなにねばっても「二円五十銭」にしかならなかったので、二人は「わたしの家をよく知つてゐる」煙草屋にみえみえの嘘をついてさらに金を借り、「車を北廓に飛した」。なお「わたし」自身は「『群書類従』や『史記評林』、山陽の『外史』や『政記』」などを家から盗んで質に入れていたという。

この何ということもない放蕩青年の思い出ばなしが「島田という旧友」すなわち島田翰（前節参照）の記憶に触れるもので、かつ『渋江抽斎』への感想として書かれている点に、『梅雨晴』

というエッセイのしたたかな用意がある。『資治通鑑』『通鑑綱目』『通鑑擥要』という異なる態度をもつ三種の史書は、すでに当代きっての漢籍通だった島田の情報や遊びたいさかりの青年の体力を変換項として、物量と価格（「一人でかつげると思うか」・「たいして貸しそうもないぜ」）へと還元されてしまうのだ。ここで歴史書のかたくるしさに「二円五十銭」で別れを告げる二人の青年は、しかも、ただの道楽息子ではない。漢籍が売るほどある家に生まれた「わたし」は、史伝の原拠となる書物について、自分たちが鷗外以上に深く知りうる環境にあったことを示唆しているからである。

一日島田はかつて爾汝の友であった唖々子とわたしとを新橋の一旗亭に招き、俳人にして集書家なる洒竹大野氏をわれわれに紹介した。その時島田と大野氏とは北品川に住んでいる渋江氏が子孫の家には、なお珍書の存している事を語り、日を期してわたしにも同行を勧めた。されば渋江氏の蔵書家であった事だけを知ったのは、わたしの方が森先生よりも時を早くしていたわけである。（『梅雨晴』）

「わたし」は右につづく部分で、渋江家蔵書を見たのは島田と唖々だけで自分は行かなかったと述べている。鷗外より早く、ひょっとすると情報量も密だったかもしれない資料群に触れる資格と人脈を持ちながら、史書を遊興の資にかえ、公の史観を私の快楽に溶かしこんでみせる「わたし」たち——「わたしは自らわが過去を顧みて慚悔の念に堪へなかつた」という自嘲ふうな言葉には、鷗外が「組織の全体を保存」しようとした人々の情報をいちはやく触知し、なおかつ歴史をあくまでもアソビの側から眺めていた、蕩児たちの余裕がしのばされているのである。

おそらく荷風の歴史記述は、鷗外史伝に学んだ文章であるとする作家自身の言葉を一度離れて眺める必要がある。*7『下谷叢話』の書き手はすでに『梅雨晴』の青年ではなく、作家は歴史の文体の問題に向きあっているのだが、そこにはやはり史伝とはことなる過去への眼が動いていた。父久一郎の死の際に「親籍群り来りて其の筋より叙位叙勲の沙汰あるまで訃を発すべからずとなし虚栄の為に罪を犯す事を顧みざりき」（「偏奇館漫録」）というにがにがしい体験を持った荷風は、みずからの血に繋がる詩人たちを紀伝の「客観」に封じこめず、しかし主情的に描くこともしなかった。『下谷叢話』が示すいびつな書法には、〈親族の伝記〉という自伝と史伝のあいだにある言説領域で、歴史の執筆主体と記述対象との関係を捉えなおしてゆく実験を見ることができるはずである。

分裂の書法

しばしば指摘される通り、『下谷のはなし』から『下谷叢話』への改作には、大沼枕山を「太平の逸民」と位置づける一方で、鷲津毅堂を時事に与する存在として表現する傾向がある。*8とくに『下谷叢話』で追補された慶応四年以降の記述では、国事に奔走し官途につく毅堂と、退隠の詩を詠む記事の多い枕山との差が明らかである。

＊7　この点について、はやく中島国彦に、『下谷叢話』には「鷗外の史伝とは違った視点と方法を見つけようとする摸索」があったという指摘（「叢話・人間・かたち――「下谷叢話」への一視点」〈昭和五九・三「国文学解釈と鑑賞」〉）がある。

＊8　改稿については、竹盛天雄「「下谷叢話」縁起――初出から改作へのすじみち」（昭和四〇・九「文学」）、福井辰彦「改作のあとさき――『下谷のはなし』から『下谷叢話』へ」（平成一六・三「京都大学国文学論叢」）がそれぞれ論じている。

ただしこうした「わたくし」の表現を、枕山を評価し、あるいは毅堂を否定的にみたというふうに割り切ることはできない。たとえば「わたくし」は毅堂が登米で毅堂が下僚に与えた「訓示」（第三十七）に論評を付していないが、こうした省筆に評価の高下を見ることには慎重を期すべきであろう。毅堂の三男留次の墓誌の文に「凄然として涙なきを得なかつた」（第三十九）という書き手の言や、毅堂が「誤つて辺幅を修るものと見なされやすい」（第四十二）人だったという言葉も残っている。また、枕山の詩にくりかえし共感が語られることは事実だけれども、一方で「わたくし」は枕山が戊辰戦の重要人物である能久親王に漢詩を教授したこと（第三十二）、また枕山に関する「大ニ時事ヲ論ズ慷慨激昂忌憚スル所ナシ」（第三十七）という勝海舟の言葉をも、「此等の事件を詳にする資料のないことを悲しむでゐる」（同）と述べながら載せていた。「江戸の将に明渡されやうとする兵馬倥偬の際」に出た『慶應十家絶句』に枕山と毅堂が名を列ねた事実（第三十七）を書きつけてもいる「わたくし」は、表面上の論賛ではすくいとれない両者のさまざまな表情を、論評を付さぬ記事のうちに浮かびあがらせているのである。[*9]

むしろ明治以降の記述が浮き彫りにするのは、両者をともに評しうる視座などはじめから信じていないかのように筆をすすめてゆく書き手の姿勢ではないだろうか。枕山への共感の言葉が、嘉永六年、徳川家慶の「薨」から安政年間にかけての記述に集中して噴出する点に注意しよう。黒船来航の年の「薨」以後、歴史を見るための安定した視座が失われ、歴史叙

＊9　この点に関して、『下谷叢話』の改作があくまでも「ドライ」な態度を強めており、毅堂伝においても沈黙がえらばれていたという前掲竹盛論文の指摘が重要である。

述のバランスも崩れざるをえない、変動の時代がおとずれる——枕山と毅堂の差異を拡大する『下谷叢話』の後半部は、そのように実事と文雅の境界がかきみだされてゆく「瓦解」（第四十三）の様相を、叙述態勢に刻印していたのではないだろうか。

枕山の隠逸を愛しながらもその裏面にあるものが透けてみえ、毅堂への評判の誤解をチェックする眼もあわせ持つがゆえに、双方の伝を対比ならざる対比によって書きついでゆく——こうした〈分裂の筆法〉が意図的に作り出されているさまは、両者に師事したといわれる永井禾原の記事に見ることができる。

わたくしは茲に先考永井禾原のことを書添へて置きたい。先考は毅堂の門生であつたのみならず、又此の時詩を大沼枕山に学んでゐたからである。先考名は匡温、通称は久一郎、字は伯良また耐甫。号を禾原といひ後に来青ともいつた。［略］わたくしは先考の故紙中に東脩二分月謝一分を枕山に贈つたことの記録せられてゐるのを見た。当時森春濤、青木鷲巣、神波即山等曾て先考の郷国に在つて詩を学んだ先輩は、猶未上京してゐなかつたのである。（『下谷叢話』第三十八）

禾原の伝を簡潔に記すように見える右の表現に、禾原の肉声を押ししずめる操作があることは指摘してよいだろう。禾原が枕山や毅堂について語ったかどうかにいっさい触れず、かわりに「先考の故紙」を読者に取り出してみせる「わたくし」の徹底ぶりはすさまじい。これより先、梁川星巌の邸宅跡についての記事（『下谷叢話』第十四）でも、荷風は「わたしの先考禾原先生も多年玉池仙館の賓客であつた」という父の記憶に触れる記述を『下谷のはなし』から削っていた。母である恒や大沼家からの伝聞が作中の随処に見えること、あるいは随筆「葦斎漫筆」では禾原の言が多く伝えられることを見るに、禾原の回想を「わたくしの父母もよく湖山を知つてをられた」（第九）の一言にとどめた『下谷叢話』の操作は異例であると言っていい。

枕山と毅堂に直接かかわった禾原の言葉を消去した『下谷叢話』は、両者を対比しうる価値基準を、作品から取りさろうとしたのだと考えられる。これに関連して、江戸東京博物館に寄託された永井久一郎資料のうち『来青閣蔵書目録』（資料番号01000223）を挙げておこう。すでに大正七年に荷風が売却していた禾原蔵書[*10]を一見して気づくのは、『下谷叢話』に引用された書目があまり見当たらないという事実である。もちろん目録自体の批判的検討は必要[*11]だが、詩集については唐宋明清の家集、とくに清詩が中心であり、『下谷叢話』と共通する日本人の詩集は鷲津毅堂をのぞいて『春濤詩鈔』『湖山楼詩屏風』などである点、また詞華集については『東京才人絶句』などの集はあっても『下谷吟社詩』や『七曲吟社絶句』などの他結社のものはない点にも、一定の傾向は見てとることができる。『来青閣蔵書目録』の様相は、禾原の師であった森春濤の蔵書をふくむ森槐南の文庫（東京大学綜合図書館所蔵槐南文庫）にもっとも近い[*12]。

蔵書目録に示された森春濤の門生としての眼は、あるいは毅堂と枕山を詩風の観点から捉

＊10　『断腸亭日乗』大正七年一〇月から一二月にかけて、「竹田屋主人」すなわち竹田玩古洞の竹田泰次郎に蔵書を売却する記事あり。

＊11　『来青閣蔵書目録』は三種、仮にABCとする。二〇行詰原稿用紙を半分に折り、「来青閣蔵書目録」と直接記した縹色表紙を付けて五〇丁を四ツ目綴にした一冊（A）、半分に折った二〇行目原稿用紙七枚を一ツ穴で仮綴した一冊（B）、および無地の紙一枚の表裏に書目七〇種を書きとめたもの（C）。いずれも墨筆、Aには鉛筆書入れ、また各部門末尾に別筆の墨で書目を加えた箇所がある。BはAのいずれの筆とも別で、所蔵の書幅を載せる。CはA、Bとも別筆。B、Cには禾原の書幅、刊本も記載する。秋庭太郎

えなおす眼でありえたかもしれないのだが、禾原の言葉を消す「わたくし」は両者の分裂を分裂のままに保存する。『下谷のはなし』から梁川星巌と禾原のかかわりを削り（先述第十四）、また枕山が詩格を一変する際に清の趙甌北を読んだという記事を削る操作にも同じ志向があった。春濤門の詩風が枕山以前の風を圧倒したという詩史に抵触する記述を取りのぞくことで、枕山と毅堂に対する禾原の関係をあいまいなままに繋ぎあわせた構図を精緻に織りあげる配慮である。

そして書き手の父である永井禾原の沈黙をつくりあげたこの構成には、『下谷叢話』が自らを自伝とも史伝とも異なる書物へと変貌させる、最大の冒険があった。*13 毅堂の登米行について引用できる資料が「先考の旧槀」しかない状況にあって、ひとたび禾原の談を利用すれば、禾原に最も近い書き手である「わたくし」の権限は無際限にひろがり、史伝は自伝へと近づくことになるだろう。一方で禾原の回想を作品から遠ざけることは、複数の人物の伝記としての『下谷叢話』を不完全にしてしまうあやうさがある。実のところすべてを統一的に語りえてしまうかもしれない立場にいる書き手は、史伝と自伝、いずれの十分条件でもある言葉をあえて抜きとることで、歴史を書く言葉の不安定さを印象づけていた。資料が不完全でも人物が解しがたいように見えても歴史を書く言葉は存在する、という強い信念を持った伝記作者が登場する左の一節は、史家の欠格を歴史記述の根拠とした『下谷叢話』の構造を、あざやかに照らし出していよう。

『考証永井荷風』（昭和四一）には「殆ど漢籍である」と本目録に言及する箇所がある。随鷗吟社など、禾原が関わった結社の刊行物にも記載がないものがある。また永井久一郎資料中には、蔵書目録に記載のない『枕山詩鈔』が存する。

＊12　森槐南の文庫については、合山林太郎『幕末・明治期における日本漢詩文の研究』（平成二六、和泉書院）に詳しい。

＊13　この点について、前掲嶋田論文には、「鷲津毅堂と大沼枕山の接点」である禾原についての記事をも冷静に叙述する書き方が、「〈歴史〉の中に荷風自身の父母、そして他ならぬ「わたくし」＝永井荷風が位置づけられていく」構造を持っているという重要な指摘がある。本稿では禾原に関する沈黙を、「わたくし」の不安定さ、そして歴史記述の不安定さをつくりだすものと捉えている。

その後明治四十四年の秋に至つて、わたくしはこゝに森鷗外先生と相会して倶に荷花を観たことを忘れ得ない。其時先生は曾て大沼枕山に謁して贄を執らむことを欲して拒絶せられたことを語られた。枕山が花園町に住してゐた時だと言はれたから其の歿した年である。［第四十］

『下谷叢話』は、主君の官爵をしのいでしまった西周の死を一度「卒」と書き後に「薨」とあらためた『西周伝』と同じ地点に立ちながら、史家としての立場をおりる身ぶりによって、「薨」とも「卒」とも書きがたい価値のゆらぎをこそ表現する。あくまでも一定した言葉の体例を志す鷗外と、言葉を使うがわの不安定さを丹念に浮き彫りにした荷風と――歴史記述がいまだ漢文から漢字仮名交じり文への移行期にあった時代における両者の試みは、過去を語る近代口語文の群れを言葉の選択という観点から捉えなおしてみることを、読者にうながしているように思われるのである。

研究の窓

谷崎潤一郎と漢学
——オリエンタリズムの圏外

伊豆原潤星

谷崎の漢文学受容

谷崎潤一郎の漢文学への憧れは夙に知られている。特に言及されることが多いのは、「支那趣味と云ふこと」であろう。

> われ〳〵今日の日本人は殆ど全く西欧の文化を取り入れ、それに同化してしまつたやうに見えるが、われ〳〵の血管の奥底には矢張支那趣味と云ふものが思ひの外強い根を張つてゐるのに驚く[*1]

と語る谷崎は、漢文学に対して憧れと共に恐れを抱いていた。漢文学は静的であるがゆえに、自らの「芸術上の勇猛心」や「創作的感情」が麻痺してしまうのではないか、「「新しいものが何だ、創造が何だ、人間の至り得る究極の心境は、結局此の五言絶句に尽きて居るぢやないか」と、さう云はれて居るやうな気がする」と恐れたのである。このように考える谷崎の漢文学受容はいかなるものであったのだろうか。

谷崎は、回想記・『幼少時代』において幼少期の漢文学受容について以下のように書いている。

> 私は阪本学校を卒業する一二年前から、小学校へ通ふ傍暫く漢学や英語の塾に入門してゐたことがあつた。〔……〕私が入門した秋香塾と云ふのは、昔の小さな寺子屋のやうなものであつた。〔……〕私は毎朝、小学校へ出かける前の三十分間程を教はることにしてゐた〔……〕
>
> 初歩の者は、日本外史や日本政記のやうな和臭のあるやさしい漢文から始めたが、私は稲葉先生から洗心洞箚記ばかりでなく、大槻磐渓の近古史談のやうなものや、その他和漢の詩集の類を不規則ながら授かつてゐたので、秋香塾では「大学」から「中庸」、「論語」、「孟子」と云ふ順序で進み、

> 十八史略、文章軌範ぐらゐまで習つた。習ふと云つても、普通は所謂「素読」であつて、文章の解釈をするのではなく、たゞ音読するのである。[*2]

このように、谷崎は漢文学の基本的な素養を備えていた。中学時代には機関紙・『学友会雑誌』に「道徳的観念と美的観念」という論説を載せているが、その文章には漢文学の素養が余すところなく開陳されている。藤田東湖の漢詩「正気の歌」の引用から始まる同文は、孔子・白楽天・韓愈・屈原・陶淵明・周敦頤らをあげながら道徳的観念と美的観念は重なり合っていると論じたものである。さらに文中には志賀重昂の漢詩が引用されており、谷崎の漢文学受容の射程が古典だけでなく同時代にも及んでいたことを示している。また、『学友会雑誌』の別の号では、学生の道徳や学習態度について王陽明や孟子を引用しながら批判を展開しており、漢文学がこの時期の谷崎の思想の根底にあったことが窺えよう。

初期の小説においても、漢文学の影響は色濃い。特に顕著なのは、一九一〇年一二月に『新思潮』に発表された『麒麟』である。同作は一一月に発表された『刺青』と共に永井荷風によって激賞され、谷崎は一躍文壇に躍り出た。『麒麟』は、衛の国を訪れた孔子が、夫人・南子の美しさに溺れて政治をないがしろにする君主・霊公を薫陶し君子たらしめようとするも、結局霊公は夫人の色香に惑わされてしまい、孔子は衛の国を去っていくという筋である。『論語』「微子第十八」の「鳳兮鳳兮。何徳之衰。往者不可諫。來者猶可追。已而已而。今之従政者殆而。」（鳳よ鳳よ、何と徳の衰えたことよ。過ぎたことは諫めてもむだだが、これからのことはまだまにあう。やめなさい、やめなさい、今の世に政治に与えるとは危ういことだ。[*3]）から書き出される『麒麟』は、論語を下敷きにしつつ官能と道徳の二律背反を描き出している。小説は『論語』「子罕第九」の「吾未見好徳如好色者也」（わたしは美人を愛するほどに道徳

を愛する人をまだ見たことがない）[*4]を孔子が呟いて終わる。孟子あるいは王陽明を引きながら道徳を説いてみせた中学生・谷崎から『麒麟』は遠い位置にあるだろう。『麒麟』のような漢文学を下敷きにした漢文調の小説文体から、谷崎は徐々に離れていくが、そのことについて『文章読本』で以下のように述べている。

文章道に於いても、和文脈を好む人と、漢文脈を好む人とに大別される〔……〕此の区別は今日の口語体の文学にも存在するのでありまして、言文一致の文章と雖も、仔細に吟味してみると、和文のやさしさを伝へてゐるものと、漢文のカッチリした味を伝へてゐるものとがある。その顕著な例を挙げますならば、泉鏡花、上田敏、鈴木三重吉、里見弴、久保田万太郎、宇野浩二等の諸家は前者に属し、夏目漱石、志賀直哉、菊池寛、直木三十五等の諸家は後者に属します。〔……〕斯く申す私なども、酒は辛口を好みますが、文章は甘口、先づ源氏物語派の方でありまして、若い時分には漢文風な書き方にも興味を感じましたものゝ、だん〳〵年を取つて自分の本質をはつきり自覚するに従ひ、次第に偏り方が極端になつて行くのを、如何とも為し難いのであります。[*5]

文体を漢文脈・和文脈とに分け、「若い時分には漢文風な書き方にも興味を感じ」たとしつつも、自身は和文脈に属するとしている。このように、漢文・和文の選択を歴史的・文化的必然からではなく「好み」とできるのは、近代教育制度の下で成長した世代であること、そして言文一致体が既に登場していたことの影響が大きいだろう。それ故に、選択肢として漢文・和文を提示することができたのである。ただし、ここで注意しておきたいのは、谷崎は漢文と和文を完全に別個のものとして考えてはいないということだ。『文章読本』から遡ること五年前、谷崎は「現代口語文の欠点について」という文章で言文一致体のなかに漢文体が

生き残っていることを論じている。「のである」という言い回しが明治以降に登場したと述べ、

> 「のである口調」は漢文くづしをそつくりそのまゝ、口語に移したものであらう。現に此の頃でも徳富蘇峰大人の文章なぞはその生きた標本ではないか。一般の人はあれほど極端ではないけれども、多かれ少かれ文章軌範的云ひ廻しの余勢を受けてゐるのである。まさか当節の人の頭に十八史略や八大家文の口調がこびり着いてゐる筈もないが、それでも高山樗牛あたりの衒学的論調が何等かの感化を及ぼしてゐないことはあるまい。それに釣られて、全く漢文の影響を脱し切つてゐる青年たちまでが、無意識のうちに引きずられてゐるのであらう。[*6]

と指摘する。言文一致体「のである」の起源を漢文学に求め、人々はそれを漢文学からの影響と気付かずに使用しているとする谷崎は「真に日本的なる和文の文脈こそ廃れてしまつたが、漢文口調は未だに潜勢力を保つてゐる」とし、文体だけでなく語彙にも漢文学からの影響を見ている。明治に入り西洋由来の語を翻訳する際に漢語が多く用いられたが、それは「漢語はいかに日本語に同化されたと云つても元来外国語であるから、西洋の熟語に当て嵌める場合に、純粋の大和言葉よりはエキゾチックな感じを出し易」いからだというのである。このように「現代口語文の欠点について」では文章表現や使用語彙に漢文学からの影響があることが論じられているが、この文で谷崎は漢文学を排斥することを主張しているわけではない。谷崎の主張は、分かりづらい漢語を使用することで自身を賢そうに見せようとする態度を諌め、新たに熟語を作る際にはまず日本由来の語を検討し、それが難しいのであれば西洋語そのままで使用してはどうかということである。谷崎は漢文学そのものを否定したわけではない。事実、哲学思想を述べるには「東洋古来の諸子百家や仏家の

語録等の形式」を用いるのが良いとし、「老子、荘子、墨子の類、碧巌録や無門関の類、或ひは正法眼蔵歎異抄など参考にすべき」としている。[*7]谷崎が否定したのは、漢文学由来の熟語を濫造・濫用することであり、漢文学の形式や思想まで否定したわけではなかった。谷崎は自身の文体を和文に属するとしたが、その一方で和文の底流に漢文学があることを認めていた。谷崎は漢文学の影響を自覚し、それと相対しながら自身の文学を作り上げていったのである。

「魚の李太白」

谷崎は、一九一八年と一九二六年の二度中国を訪れている。谷崎はその体験を源泉に「支那旅行」「蘇州紀行」「上海見聞録」などの随筆や「鮫人」「天鵞絨の夢」などの小説を書いた。西原大輔はこれらを分析し、谷崎は同時代の中国を描いたのではなく神秘的な世界としての中国を描いたと述べ、そこにエドワード・サイード的オリエンタリズムを読み取っている。[*8]谷崎の描いた中国が幻想の中国であったとする西原の論は論証的であり首肯できる。しかし、谷崎は国としての中国への憧れだけではなく、文学としての漢文学への憧れも同時に持っていたのではないだろうか。中国への関心と、漢文学への関心を「支那趣味」として一括りに論じてしまうことで見落としてしまう点も多いだろう。本節では、谷崎が一九一八年九月に『新小説』に発表した「魚の李太白」という短編を取り上げ、谷崎の漢文学への憧憬について論じる。

「魚の李太白」は初出時、「魚の李太白（お伽話）—佐藤春夫君に贈る——」の題名であった。題に佐藤春夫の名が入っているが、これは佐藤春夫が一九一八年七月『中央公論』に発表した「李太白」という小説を踏まえている。「魚の李太白」は、女学校を卒業した春江が、結婚する同級生の桃子に祝いの品として送った縮緬で出来た鯛が李白だったという筋である。

李白は星になったのではないかと疑う桃子に対し、鯛は「佐藤春夫と云ふ男の書いた『李太白』をお読み遊ばしたんですね」と語る。

「いや、あの男の書いた話は、あれはみんな好い加減な出鱈目でございますよ。あの男の云ふ事なんぞを、うつかり信用なすつてはいけません。」
〔……〕
「あの男はたゞ、支那の昔噺を、何処かで聞き齧つて来てあんな物を書いたのでございます。李太白が採石の磯から、水へ嵌まつたまではほんたうでございますが、錦糸魚になつたの、星になつたのと、あんな嘘を真に受けたら其れこそ大変でございます。誰が何と申しましても、此処に居る私が李太白に相違ございません。[*9]」

佐藤の「李太白」では李白は追放された仙人であり、水に落ちた李白は金糸魚となって酒の河から天の河へ泳ぎ再び仙人になることを目指す。仙人となった李白は星として夜空に輝いているということになっているが、[*10]これを谷崎は否定する。しかし、佐藤の「あのころの私と交友[*11]」という文章に詳しく記されている通り、谷崎は佐藤が「李太白」を書く際に手助けをしていた。「李太白」には酒の銘柄が多く登場するが、その銘柄は谷崎に教わったという『淵鑑類函』に依っている。佐藤は李白が魚になる設定は自身の創作と書いているが、谷崎が一九一九年に発表した「西湖の月」には川へ身投げした二人がヒラメとなる李漁の戯曲『比目魚』への言及があり[*12]、谷崎が佐藤にこの戯曲を示唆した可能性が想起できよう。また、原稿の添削をし、中央公論にその原稿を持ち込んだのも谷崎であった。このように、構想から完成まで谷崎が関わっていたのである。そう考えると、谷崎が『新小説』に「魚の李太白（お伽話）――佐藤春夫君に贈る――」として小説を掲載したのは友人を後押ししようとした戦略だったことが窺える。ただ、先に述べたように谷崎は佐藤春夫の設定を否定しているのである。これはどういうことなのだろうか。

　谷崎は、李白を自身の文章に引用することが多い。『文章読本』では「静夜思」を「永遠な美しさがある」とし、[*13]「恋愛及び色情」では「蛾眉山月歌」を森槐南の『唐詩選評釈』を踏まえて恋愛を仄かに詠じている詩として取り上げている。[*14]また、「支那趣味と云ふこと」では、「「あゝ、李白と杜甫！何と云ふ偉大な詩人だらう！沙翁でもダンテでも果して彼等よりえらかつたらうか？」と、読む度毎に私はその詩の美に打たれる。」と高く評価している。[*15]李白に対し畏敬の念を抱いていた谷崎は、李白を仙人とし詩の良いものは全て天界の竹枝であったとする佐藤春夫の「李太白」の設定は否定せざるを得なかった。李白の詩は全て李白自身の手によるものでなければならないのだ。それゆえに、谷崎は佐藤春夫が創作した李白が魚になったという設定を踏襲しつつも、仙人だから良い詩を書けたのだとする佐藤春夫を否定し、李白は人間であり金糸魚などのありきたりの魚ではなく縮緬の鯛になったとして、詩人・李白の卓越性を再評価したのである。

　「魚の李太白」は、谷崎の漢文学の素養を基礎にして書かれた小説である。こういった小説があるのにも関わらず、谷崎と漢文学の関係を「支那趣味」という語で一括りにしてしまうことは、谷崎文学の底流にある漢文学に対する憧憬を見過ごすことになるだろう。たしかに、谷崎が直接漢文学を引用するのは初期と中国来訪後の作に集中している。しかし、谷崎が自らの文学を形作るにあたって生涯漢文学と相対しつづけていたことは注目してよいのではないだろうか。

【註】

*1　谷崎潤一郎「支那趣味と云ふこと」（『谷崎潤一郎全集』第九巻〈中央公論新社、二〇一七年〉所収）。

*2　谷崎潤一郎『幼少時代』（『谷崎潤一郎全集』第二十一巻〈中央公論新社、二〇一六年〉）。

＊3　『論語』（金谷治訳注、岩波書店、二〇〇九年）。
＊4　＊3に同じ。
＊5　谷崎潤一郎『文章読本』（『谷崎潤一郎全集』第十八巻〈中央公論新社、二〇一六年〉）。
＊6　谷崎潤一郎「現代口語文の欠点について」（『谷崎潤一郎全集』第十六巻〈中央公論新社、二〇一六年〉）。
＊7　＊6に同じ。
＊8　西原大輔『谷崎潤一郎とオリエンタリズム――大正日本の中国幻想』（中央公論新社、二〇〇三年）。
＊9　谷崎潤一郎「魚の李太白」（『谷崎潤一郎全集』第六巻〈中央公論新社、二〇一五年〉）。
＊10　佐藤春夫「李太白」（『佐藤春夫全集』第六巻〈講談社、一九六七年〉所収）。
＊11　佐藤春夫「あのころの私と交友」（『定本 佐藤春夫全集』第26巻〈臨川書店、二〇〇〇年〉）。
＊12　谷崎潤一郎「西湖の月」（『谷崎潤一郎全集』第六巻〈中央公論新社、二〇一五年〉）。
＊13　＊5に同じ。
＊14　＊谷崎潤一郎「恋愛及び色情」（『谷崎潤一郎全集』第十六巻〈中央公論新社、二〇一六年〉）。
＊15　＊1に同じ。

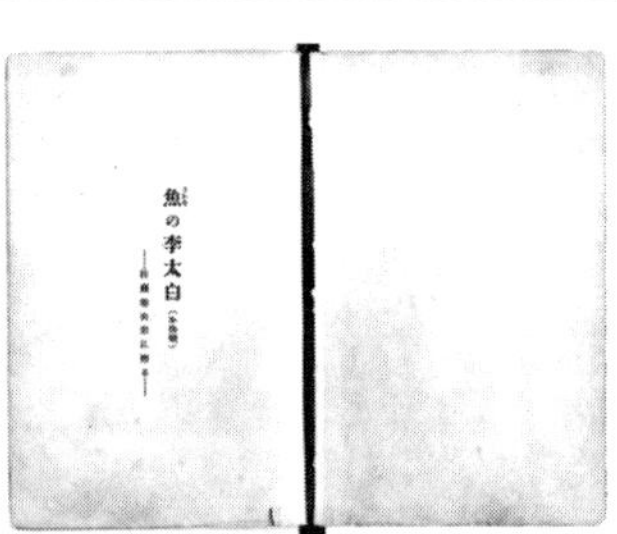
谷崎潤一郎『魚の李太白』 国立国会図書館デジタルコレクションより

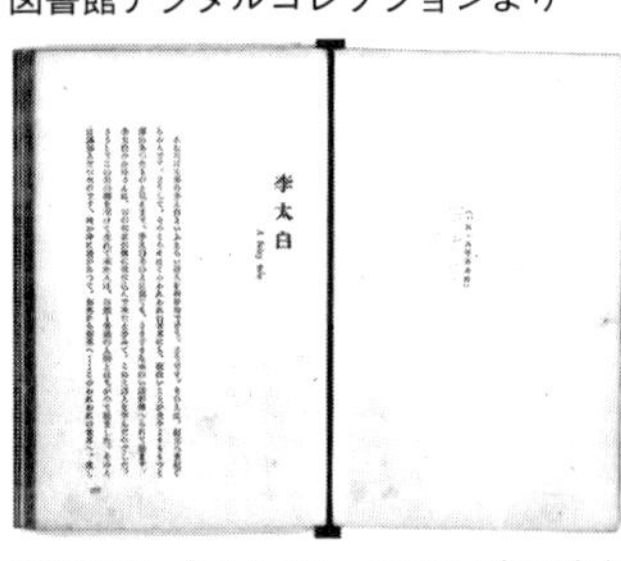
佐藤春夫『李太白』 国立国会図書館デジタルコレクションより

【参考文献】
齋藤希史『漢文脈の近代』（名古屋大学出版会、二〇〇五年）
齋藤希史『漢文脈と近代日本　もう一つのことばの世界』（日本放送出版協会、二〇〇七年）

第Ⅲ部　材源としての漢学——創作への反映

第一章　武者小路実篤と漢学
——勘解由小路家・高島平三郎からの影響と『論語私感』

瀧田　浩

第一節　武者小路実篤の生涯と儒道の家としての勘解由小路家

九〇年の生涯、七〇年近くの作家生活

武者小路実篤が生まれたのは明治一八年（一八八五）五月一二日で、亡くなったのが昭和五一年（一九七六）四月九日。満九〇歳であった。自費出版の創作集『荒野』（警醒社）を刊行した明治四一年（一九〇八）から数えれば、亡くなった年まで原稿を書き続けた彼の作家生活は七〇年近くに及ぶ。生涯も活動期間も長きにわたるので、時代区分の試みが、亀井勝一郎、本多秋五、大津山国夫らによってなされている。亀井・本多の考えをふまえ、大津山がまとめた時代区分があるので、[*1] これを示したい。[*2] 本節の前半では、この区分に基づきながら彼の生涯を概観する。

前期（明治・大正期）　模索と飛躍の時代

第一期　トルストイ時代　明治三七年（一九〇四）—明治四〇年（一九〇七）

＊1　「後記に代えて—武者小路実篤研究—実篤と新しき村—」（『武者小路文学の時代区分—』明治書院、一九九七年、四〇一—四〇四頁）。

＊2　括弧内の西暦年は瀧田が付け加えた。

第二期　個我の時代　　明治四一年（一九〇八）―大正　六年（一九一七）
「自然」を指標として　明治四一年（一九〇八）―大正　二年（一九一三）
「人類」を指標として　大正　三年（一九一四）―大正　六年（一九一七）
第三期　新しき村時代　大正　七年（一九一八）―大正一四年（一九二五）
後期（昭和期）熟成の時代
第四期　真人の時代　　大正一五年（一九二六）―昭和二〇年（一九四五）
第五期　大愛の時代　　昭和二一年（一九四六）―昭和五一年（一九七六）

四〇歳になる大正一四年（一九二五）を折り返し点として、実篤[*3]の活動を「模索と飛躍」と「熟成」に大きく区分することは妥当であろう。みずから創始した新しき村を離れた年が「前期」最後の年である。日本に例のない理想的な共同体づくりの現場にいることをやめて、資金面・精神面・広報面で新しき村を支える関わり方に転じ、国家との関係を融和的に保ちながら、資本主義社会で収入を得て生活を築く専業作家という基本姿勢が、以後一貫することになる。戦中における戦争協力を含む「後期」は、独創的な発信を継続して社会にインパクトを与え続けた「前期」とは違う時代となった。[*4]以下、「第一期」から「第五期」まで個別に説明をおこなう。

「第一期」から「第五期」までの特徴と代表作品

「第一期　トルストイ時代」は、トルストイの影響を強く受けて社会正義に燃え、国家主義

＊3　本稿では、武者小路家親族に言及することが多いので、略記の際は「実篤」と記す。

＊4　「後期」における実篤の調和的・中庸的・保守的な傾向を大津山は「熟成」と肯定的に表現するが、否定的に評価する評論家や研究者もいる。

や資本主義を強く批判し、他者との繋がりや共感を強く求めていた時期である。明治三九年（一九〇六）の日記を読む[*5]と、「第二期　個我の時代」の中でもとりわけ「自然」を指標とした時期に端的に見える自己至上主義的傾向がいわば「第一期」の反動として生まれ、なおかつ以後の思考の底部にも「第一期」の思考が消えずに残っていることが理解できるだろう。

「第二期　個我の時代」は、明治四三年（一九一〇）四月に創刊した同人雑誌『白樺』を舞台に活躍し始めた時期が中心である。「お目出たき人[*6]」や「わしも知らない[*7]」などは「自然」を指標とした時期に書かれ、自然は時に正義や人間の善意を平気で蹂躙するという認識を背景に、社会正義実現への情熱や善意よりも、まずは自己を優先すべきであるという思想が発信された。

第一次世界大戦勃発の年から始まる「人類」を指標とした時期に彼は、〈かけがえのない自己を喪失させる暴力としての戦争〉への嫌悪感を率直に表明して、第一次大戦時の日本において稀有な非戦文学、「その妹[*8]」「ある青年の夢[*9]」を発表した。

「第三期　新しき村時代」はロシア革命の翌年、第一次大戦休戦の年から始まり、実篤の新しき村在村時期に重なる。宮崎県児湯郡木城（こゆ　きじょう）村（現・木城町）で自給自足の共同生活をおこない、激変する社会の中で、資本主義でも社会主義でもない新しい生活を模索し、実践した。共同生活のための労働に一部かかわりながらも、「友情[*10]」や「人間万歳[*11]」などの代表作を書いた。

「第四期　真人の時代」は、流行作家でなくなった実篤が偉人伝や古典作品の入門書などを

＊5　『彼の青年時代』叢文閣、一九二三年二月。

＊6　書き下ろし創作集の単行本『おめでたき人』内の小説。洛陽堂、一九一一年二月。

＊7　戯曲。『中央公論』一九一四年一月。

＊8　戯曲。『白樺』一九一五年三月。

＊9　戯曲。『白樺』一九一六年三・四・六・八・一〇・一一月。

＊10　小説。『大阪毎日新聞』一九一九年一〇月一六日—一二月一一日。

＊11　戯曲。『中央公論』一九二三年九月。

書いて家族や新しき村の生活を維持し、戦争が深刻な事態になると戦争協力もおこなった時期である。伝記的作品では「井原西鶴」[*12]の評価が高く、『論語私感』[*13]が書かれたのもこの時期である。『大東亜戦争私感』[*14]には実篤の戦争協力の姿勢が色濃く出ている。

「第五期　大愛の時代」は、戦後の時期である。古くからの仲間と昭和二三年（一九四八）七月に雑誌『心』を発行し、そこで連載した小説「真理先生」[*15]で、老いと芸術的精進と無垢な人間性が渾然とした大らかな世界を構築したが、実篤の実際の生活も同様のものであった。

儒道で仕えた勘解由小路家からの影響

作家生活の概観を終えたところで、母方の実家勘解由小路家に目を向けておきたい。実篤が華族の生まれであることの意味は父方の武者小路家から論じられることが多い。しかし、武者小路家と同じく公家華族（子爵）である母方の勘解由小路家は元来儒学をもって朝廷に仕えた家であり、実篤における漢学の影響について考えようとする時、無視することはできない。

大津山国夫が実篤の系族をめぐって詳細に調査と研究をおこなっているので、[*16]大津山の記述に資料を補足しながら、儒学の家としての勘解由小路家について見てみよう。大津山が「勘解由小路家は、代々、儒道をもって朝廷につかえた」と書いているが、これを裏付ける資料は多く、「（公家　名家　日野家　烏丸支流　儒道　一三〇石）」[*17]や、「勘解由小路家は、儒道をもっ

＊12　小説。『時事新報』一九三一年六月二四日―八月一日。

＊13　感想による入門書。岩波書店、一九三三年一〇月。

＊14　感想。河出書房、一九四二年五月。

＊15　小説。『心』一九四九年一月―一九五〇年一二月。

＊16　数回改稿し、最終増補版は「武者小路実篤の系族」（『武者小路実篤研究―実篤と新しき村―』三〇〇―三四四頁）。

＊17　霞会館華族家系大成編輯委員会編『平成新修 旧華族家系大成 上巻』（吉川弘文館、一九九六年）四二八頁。

て天皇の修学にあたった。〔略〕江戸後期の資善は学習院学頭。〔略〕勘解由小路資善（一七七八―一八四八）は参議。正二位。公卿の学習所を創建し学頭兼奉行。権大納言。[18]」などとある。勘解由小路家が儒学の家であったことに加えて、実篤の母秋子（なるこ）の曾祖父にあたる資善（すけよし）[19]は、江戸末期に京都に設立された学習院で学頭を務めていたこともわかる。勘解由小路家は公家たちに向けた学問の中心にいた。

華族界における重要人物勘解由小路資生

大津山が「〔略〕『華族会館史』[20]は、会館史というより華族史とでも呼ぶべき内容であるが、実世（さねよ）[21]の名の頻度は、岳父の勘解由小路資生（すけより）[22]とならんできわめて高い」と書いているとおり、[23]資善の孫で実篤の母秋子の父にあたる勘解由小路資生は、明治初期の華族界において重要な存在であった。実篤の回想を引用する。

> 父親[24]は学問好きで、君子人のやうな人だつたらしい。皆に尊敬されてゐた。しかし〔略〕自分のやうな人間が生きてゐるのはお国に対してすまないとよく云つてゐたさうだ。〔略〕貴族院議員の最初の選挙の時、選挙権のある子爵の人のこらずから選挙されたのは母の父一人だつたと聞いてゐる。[25]

実篤は自伝小説「或る男」[26]でも、資生について「非常な厳格な人間で、学者肌で、公卿家族の内で最も漢学にくはし」かったという回想を残している。大津山は、磐梯山爆発、西日

＊18　志村有弘編『姓氏家系歴史伝説大事典』（勉誠出版、二〇〇四年）三六八頁。

＊19　「資善」の読み方は『平成新修 旧華族家系大成 上巻』『姓氏家系歴史伝説大事典』にしたがう。

＊20　社団法人霞会館編、一九六六年。

＊21　実篤の父。岩倉遣外使節の一員として洋行し、帰国してからも活躍したが、夭逝。一八五一―一八八七。

＊22　一八二七―一八九三。読み方は『平成新修 旧華族家系大成 上巻』にしたがう。

＊23　『華族会館史』巻末の索引によれば、実世が一〇回、資生が九回本文に登場する。

本の水害に際して華族仲間に義捐をいち早く呼びかけていたのが資生であったこともふまえ、「若き実篤をさいなんだ特権の負い目らしきものは、祖父ゆずりといってよいであろうか」と仮説を提示している。

資生存命中の明治二三年（一八九〇）に刊行された『華族同方会報告』第一五号において資生の経歴がまとめられているが、字書奉行・学習院有職・国事書記御用・親王の御読書御復読の勤仕・維新以前諸儀式取調・御歌会賛者・明宮出仕御教育掛など、学問に関連した役職に多く就いたことがわかる。経歴は「同年〔明治二三年〕五月貴族院子爵議員ノ選挙管理者ニ当選シ同年七月得票二百七十七枚ヲ以テ貴族院議員ニ当選セラル」と結ばれている。「選挙権のある子爵の人のこらずから選挙された」かはわからないが、伝記の記者が特記すべきと考えるほどに高い得票数であったことは確かである。実篤の母方の祖父資生は、幕末から明治にかけて華族界を中心に学問を通して大きく活躍した、広く信頼を集める儒者であり、実篤は伝聞を通してその存在をよく知っていた。

勘解由小路資生
（宮内庁三の丸尚蔵館所蔵）

＊24　母秋子の父である資生をさす。

＊25　随筆「母としてのわが母」（『新家庭』一九一八年一月）。

＊26　以下の引用は二章から。「或る男」の初出は『改造』一九二一年七月―一九二三年一一月、不定期連載。

勘解由小路資承
（華族画報社『華族画報』より）

勘解由小路資承の半農生活と修養的読書

資生の子であり、実篤の母秋子の弟である勘解由小路資承（すけこと）[*27]についても見ておこう。

> 彼は叔父の所で、いろ〳〵の本をよんだ。叔父はその時分、本当の半農生活をしてゐた。そして僧侶や、牧師や、漁師がよくあそびに来てゐた。叔父はその時分、精神的な要求をつよくもつてゐた。彼は叔父が菜根譚なぞを愛読してゐるのをぬすみ見した。／叔父は又論語や、御経をよんでゐた。〔略〕叔父が暇にまかせていろ〳〵の御経をうつしてゐた。〔略〕彼も真似がしたくなつた。論語や、中庸や四十二章経なぞをうつした。[*28]

資承は会社を倒産させた後の謹慎生活のような暮らしをする中で、様々な学問や宗教の境界線を越えて、生きる糧となる修養的な学びをおこなおうとし、『論語』もその学びの対象の一つであった。実篤は「三浦の叔父さん、其他」[*29]において「この叔父の生活がなかつたら僕は新しき村の仕事をやるのに余程自覚はもてなかつたらうと思ふ。そして村の仕事を始めたかどうかを疑ふ」とも書いている。半農生活をしながらジャンルを越えた修養的な学びをする資承は、新しき村を実践する際に重要な参考となっただけではなく、後述する『論語私

*27　一八六〇―一九二五。読み方は『平成新修 旧華族家系大成 上巻』にしたがう。

*28　「或る男」五七章。

*29　『不二』一九二五年九月。

*30　資承の個性的な生き方について二人の文学者が書き残

感』を実篤が構想するきっかけにもなったと考えられる。資承は資生のように儒者として生きた者ではないが、実篤に与えた影響の中に儒学的・漢学的なものが含まれているのは確かである。[*30]

第二節　高島平三郎の武者小路実篤への影響

『おめでたき人』の献辞と奥付から

日本近代における体育学・児童心理学・青年論等の研究者、そしてユニークな教育実践者として、元号が平成に変わった頃から盛んに研究が進められるようになった高島平三郎[*31]は、武者小路実篤二冊目の単行本『おめでたき人』と縁が深い。扉には「高島平三郎先生に／この小冊子を／千の感謝を以て奉る」と献辞が記されているし、「或る男」一二〇章には「「お目出たき人」は過半つくりものであるが、こゝは事実そのまゝにかゝれてゐる。高島さんのことを川路と仮名がつけてある」とあり、小説「お目出たき人」で「自分」が鶴に求婚してもらう「川路」のモデルが高島であることもわかる。献辞の対象にして小説のモデルでもあった高島と実篤との関係について、本節では『論語』から会の名称が取られた楽之会（らくしかい）を中心に考察する。

また、『おめでたき人』奥付に、発行者は河本亀之助（こうもとかめのすけ）[*32]、発行所は洛陽堂とある。洛陽堂は『白

していることを、阿川弘之が『志賀直哉（上）』（岩波書店、一九九四年七月）の中で記している。「勘解由小路考」の章では岩本素白の文章が、「山科の記憶」の章では長田幹彦の文章が紹介されている。阿川の文章ではタイトル・出典に不正確・曖昧なところがあるので、明記しておく。岩本素白「騎西と菖蒲」（『山居俗情』砂子屋書房、一九三八年、一四七―一七〇頁）。長田幹彦『青春物語』「待合政治の内幕」「第三話」（新潮社、一九五五年、四三―六二頁）。また、一八八九年三月二三日に資承が華族同方会でおこなった演説「憲法発布後華族ノ状態」を同年五月発行の『華族同方会演説集』第六号で読むことができる。

＊31　一八六五―一九四六。

＊32　一八六七―一九二〇。読み方は、後出の田中英夫の著書で教えられた。

樺』発刊から大正六年（一九一七）九月までの発行所でもあり、実篤との関係も深い。平成二七年（二〇一五）一一月に田中英夫によって『洛陽堂 河本亀之助小伝 損をしてでも良書を出す・ある出版人の生涯』[*33]（燃焼社）が出版され、その精密な記述の中で高島・河本・実篤の関係が細かく理解できるようになった。本書によって得られた知見も、以下の記述に加えたいと考えている。

兄とともに参加した高島平三郎の「楽之会」

昭和一五年（一九四〇）一一月に丸山鶴吉編輯、武者小路公共（きんとも）[*34]発行の『高島先生教育報国六十年』[*35]が発行された。[*36]その中の「高島先生教育報国六十年記念祝賀として寄せられたる知己各位の所感」の、全部で一〇四ある「文辞」の一〇一番目に実篤の「高島平三郎先生」が掲げられている。[*37]

〔略〕僕の兄が学習院の初等科（小学校）一年に入つた時、受け持ちの先生が、高島先生だつたので、一年前夫を失なつて母は兄の教育に就て万事先生に御相談した。その結果は僕の教育に就てもいろ〳〵と母は教はつたにちがいなかつた（ママ）。〔略〕先生が楽之会を始められてからはいつも、兄について出かけて、先生の話や、他の人の話を聞いた。〔略〕その内に僕も二十五六になつた。白樺を出すことにきめた時も、出版所になつてもらう（ママ）本屋をさがした結果、僕が先生の処で洛陽堂の主人、河本亀之助氏と知りあつて

＊33　以下、『洛陽堂 河本亀之助小伝』と略記する。

＊34　公共は、学習院・東京帝国大学を経て外交官になった、実篤の兄。トルコ大使やドイツ大使を務めた。一八八二―一九六二。

＊35　「高島先生」は角書き。

＊36　奥付には書名が記されていないため、表紙や扉から書名を判断した。発行年月は「紀元二千六百年十一月五日」とあり、本書の出版は皇国二六〇〇年記念事業の一環だったと思われる。収録されている「高島先生年譜」の最後の年が「昭和一五 庚辰」「二六〇〇／一九四〇」と記されていることもふまえ、刊行年は一九四〇年だと判断した。発行所は「高

ゐる話を皆にして洛陽堂に出版所になつてもらう(ママ)ことにした。洛陽堂に出版場(ママ)になつてもらう(ママ)のを始めてたのんだのは、高島さんの大崎の御家の庭だつたことは今でも覚えてゐる（四四八―四五〇頁）。

武者小路家における幼少時からの高島との教育的なつながり、楽之会への恒常的な出席、『白樺』創刊時における出版社選定のきっかけなどが示され、実篤と高島との関係が『おめでたき人』をめぐる〈点〉の関係ではなく、家族ぐるみの長期にわたる〈面〉の関係であったことがわかる。「高島平三郎先生」を書いた二六年後に実篤は回想録『思い出の人々』*38を刊行し、「4 尊敬する人々」の中でさらに高島の思い出を語っている。その中で、楽之会は「毎月一回くらい」「いろいろの人が三十人前後集まって話を聞いた」会だったこと、「「新しき村」を始めるようになり、村の会を僕の生家でひらいたのは、「楽之会」の影響があった事は事実だ。その点で僕は、高島さんの僕に対する影響は無視できない」と、楽之会および高島と新しき村のつながりを見いだしていることがわかる。高島についての回想は以下の楽之会についての言及で締められている。

〔略〕「楽之会」という名は『論語』から

高島平三郎
（黒田幸弘編『第七回世界教育会議誌上』）

島先生教育報国六十年記念会」。また、「（非売品）」とある。

＊37　一〇二番目は井上哲次郎、一〇三番目は編輯担当の丸山鶴吉、最後の一〇四番目が発行担当の公共。宮本貢編『20世紀ニッポン異能・偉才100人』（朝日新聞社、一九九三年）の「高島平三郎」（一九二―一九三頁）の項目では、実篤や後に警視総監になる丸山鶴吉らが参加した楽之会は「「男女七歳ニシテ席ヲ同ジウセズ」の教育が浸透していた時代」に「毎月一回自宅で開」いた「男女交際の会」だとしている（項目執筆は坪内祐三）。

＊38　講談社現代新書、一九六六年一一月。初出は一九六五年五月一四日から七月二三日までの『東京新聞』（夕刊）での連載だが、「4 尊敬する人々」は単行本化する際に付け加えられた。原文自体が新仮名遣いを採用している。

出ていて、[*39]この言葉の出た孔子の、／「之を知る者は之を好む者に如かず。之を好む者は之を楽しむ者に如かず」／という言葉に、高島さんが感心していた事に僕は感心し〔略〕『論語』の中から、殊にこの句をあげて会の名にした事に、僕は高島さんに敬意を感じている。実際、之を楽しむに如かずの境地に入る事の本当さを、僕は老いてますます感じている。

「トルストイ一辺倒だった僕は、高島さんの話にあまり感激できなかった」などの回想も含まれているが、[*40]高島に長く抱いていた敬意と強く刻まれた楽之会の印象が確認できよう。

洛陽堂主人河本亀之助と実篤の関係

『洛陽堂　河本亀之助小伝』には洛陽堂の「発行図書初版一覧」がある。そこで示されている実篤の単行本は、『お目出たき人』（ママ）（明治四四年）、『世間知らず』（大正元年）、『心と心』（大正二年）、『生長』（同年）、『わしも知らない』（大正三年）、『彼が三十の時』（大正四年）、『向日葵』（同年）、『後ちに来る者に』（大正五年）、『小さき運命』（同年）、『ある青年の夢』（大正六年）と、一〇冊にのぼる。洛陽堂が『白樺』を発行していた大正六年（一九一七）までは、実篤の主な著書の発行元もまた洛陽堂であった。また、本書「七章　亀之助経営の最後　一九一九年〜一九二〇年」には、大正九年（一九二〇）一二月に満五三歳で亡くなった河本を追悼しながら、一貫して善良だった河本に対するみずからの言動を反省・謝罪する実篤の文章が二つ掲げら

＊39　『高島先生教育報国六十年』における実篤の文章の直前一〇〇番目の文章で横井忠吉は「自分等から御願して、先生から楽之会といふ会名を頂いた〔略〕これは、論語の、／「之を知る者は、之を好む者に如かず、／之を好む者は、之を楽む者に如かず」／の句が出典である。」と書いており、「ラクシクワイ」とルビを付してもいる。第三節で取り上げる『論語私感』でも「巻第三　雍也第六」にあるこの句の重要性を実篤が強調している。

＊40　小説「お目出たき人」においても、「川路」は実篤を反映している主人公「自分」のために努力し、「自分」は「川路」に感謝するが、二人が深く共感・理解しあっているようには読めない。

れている。[*41]これを読めば、実篤と河本との関係が単なる作家と出版者との関係を越えたものであったことがわかる。このような二人の関係も、高島を契機に得られたものであった。

高島の実篤への広汎な影響と領域横断性

実篤にとっての高島は、幼少時から家族ぐるみで相談に乗ってもらった信頼できる相談相手、思春期から青年期にかけての実篤を新たな交友圏に開いてくれた仲介者、無名の文学青年たちによる同人雑誌や単行本の刊行を引き受ける出版者と出会わせてくれた恩人、新しき村の構想・実現のきっかけを提供してくれたサロンの主宰者、そして『論語』の著述をする際に一つ種を蒔いてくれた存在であった。[*42]

第一節・第二節を通して確認したいのは、勘解由小路家や高島からの実篤への影響について見る時、儒学を中心とした漢学的な要素が影響しているのは確かだが、漢学だけが独立して何かの影響を与えたわけではないということである。実篤が資承の修養的な学びに刺激を受け、資承同様に書写や読書を試みたのは『論語』だけではなく、仏教やキリスト教さらにはトルストイにも及んでいたし、高島の楽之会の会名は『論語』に依拠するものの、楽之会における講演や談話が『論語』や漢学に限定されていたわけではない。実篤が受けた漢学からの影響の大きな特徴は、学問領域を横断したものであることであろう。実篤が「第四期真人の時代」に執筆する多くの偉人伝や古典入門書においても、キリスト教・仏教・漢学・

＊41　『白樺』一九二一年五月「六号雑記」と洛陽堂発行『心と心』第三版発行時（一九二一年六月）の「再版に際して」。

＊42　高島と実篤、河本と実篤の関係については、実篤の回想録『自分の歩いた道』（読売新聞社、一九五六年一一月。初出は『読売新聞』（夕刊）二月二三日から一二月一九日までの連載）の「「白樺」第一号」においても回想されている。同書「「新しき村」の三十七年」では、新しき村創設の数年後に高島の塾に呼ばれて講演をし、参加している左翼的な大学生から悪意ある議論にひどく閉口した思い出が語られているが、そこでも実篤は「高島さんに同情した」と書いている。

文学・実業などが混沌としている。執筆時における領域横断的なありようは、学び、吸収していた時のそれに対応していると見ることもできる。

第三節　『論語私感』にみる武者小路実篤の変化

数多くの偉人伝や古典入門の中で

大津山の区分による「第四期　真人の時代」（大正一五年―昭和二〇年）に武者小路実篤は、偉人の伝記的作品や古典作品の感想を綴る啓蒙的な入門書を数多く執筆した。このうち、本節では実篤における漢学との関係をよく示すものとして、『論語私感』（岩波書店、昭和八年〔一九三三〕一〇月）を取り上げる。[*43] この期間に出版された伝記的作品や古典入門書の書名をまず示してみよう。[*44] 『雪舟』、『日蓮』、『二宮尊徳』、『井原西鶴』、『大石良雄』、『論語私感』、『維摩経』、『釈迦』、『墨子』、『牧野元次郎』、『トルストイ』、『楠木正成』、『西郷隆盛』、『ルオー』、『孔子』、『望月軍四郎』となるが、第二節の最後に論じたような領域横断的な人物群が驚くべきほどの多様さで並んでいる。

収入を得るために主体的な関心が弱くても執筆した著書もあったと考えられるが、[*45] 実篤の主体的な動機が特に確認できるのが『論語私感』である。『武者小路実篤全集 第十巻』（小学館、平成元年六月）の紅野敏郎による「解題」に詳しいが、刊行七年前から断続的に『論語』に

＊43　この時期の執筆・出版の状況についての実篤本人の説明は『自分の歩いた道』「失業時代の仕事」に詳しい。原稿依頼が来ないため自ら原稿の持ち込みをする必要が生じ、左傾化していない大日本雄弁会講談社に持ち込むこととし、講談社の出版傾向に沿った著述をすることになった。

＊44　数が多いので以下の基準で選んだ。虚構的要素があるものは含むが、二人以上の人物を取り上げたもの・再編集したもの・再刊は含まない。

＊45　このあと説明する『墨子』はその一つ。

＊46　ただし、出版した年の八

ついての文章を発表し、さまざまな仲間たちに実際に講義もしてきた中で、書き下ろして出版したのが『論語私感』であった。[*46]

実篤にとっての『墨子』と『論語』

実篤は『論語私感』を刊行した二年後に『墨子』を刊行する。[*47] 儒家と対抗し、音楽に対する考えなどにおいては反対の立場にたつが、侵略戦争の否定、「兼愛」の思想、科学的思考の尊重など、実篤の思想との高い親和性を想像したくなるのが墨子の思想である。しかし、実篤は墨子の思想を高く評価しなかった。末尾にまとめとして記されている「墨子に就いて」から引用する。[*48]

> 〔略〕孔子は人間に生き甲斐を与へることを主眼にし、人間が精神的に如何に生きた時に安心立命が得られるかを説いてゐるが、墨子は個人の精神上の問題には余り興味を持たず、〔略〕生命問題まで這入らないで、生活問題で満足してゐる。
> 〔略〕要するに国民の生活問題が主であつたから、その点、彼[*49]の説が社会主義と幾分共通があると思はれる点だと思ふ。唯、それ[*50]を行ふのに上の地位に立つ人間に、凡ての人が心を合せて、其処で凡ての人が同じ精神を以て、凡ての人間の利益を考へて行動することを必要と思つてゐたらしい。／然し僕はさうは思はない。寧ろ僕は孔子の「和して同ぜず、(ママ)」といふ言葉に、より深いものを感じる。

月と九月に『重光』に連載した「論語の講義」部分は書き下ろしではない。調布市武者小路実篤記念館の収蔵品データベースと神奈川近代文学館の蔵書検索によると、岩波版が一九四一年に一二刷を刊行したこと、一九五一年に三笠文庫版、一九五四年に新潮文庫版、一九六六年には芳賀書店の青春の手帖版が、一九六八年に社会思想社の現代教養文庫版が刊行されたことがわかり、これらのうち確認できる最後の刊行は一九八一年の現代教養文庫版第八刷である。『論語私感』は長く読まれ続けてきた本であった。小林秀雄も読者の一人で一九三三年一二月の『文学界』に書いた「手帖」で肯定的に論じている。

*47　大東出版社、一九三五年一二月。奥付には「漢籍を語る叢書〔第八巻〕」とのみあり、書名「墨子」は箱・扉・目次にある。

『論語私感』
（調布市武者小路実篤記念館所蔵）

墨子の思想を肯定的に評価する部分は確かにあるが、全体的にみれば評価は否定的だ。孔子の思想と比較した時の不満が隠すことなく表明され、生き甲斐・生命・精神・個性・多様性に対する理解の不在については、社会主義と結びつけて批判することさえしている。一方、実篤にとって孔子は心からの敬意が長く継続する対象であった。

孔子の思想から学ぶ

『論語私感』は、「学而第一より」から「堯曰第二十より」まで二〇編の本文解説のあとに、「政治に就て」と「孔子に就て」が続く、全二二章立ての構成となっている。金谷治が訳注を付けた岩波文庫版『論語』（昭和三八年）に基づき、『論語』が五一二の章句で構成されるとすれば、『論語私感』で実篤が取り上げたのはそのうち三三五の章句であり、全体として六五％が取り上げられたことになる。全二〇編の各編により取り上げられる割合は大きく異なる。「郷党第十より」では二三章句中一つも取り上げられず、「子張第十九より」でも二五章句中一つの章句しか取り上げていない。[*51] 「郷党第十より」には「この篇は他の人が孔子の

*48　『墨子』の記述の中には、実篤が参考にした本の執筆者にして学習院で漢文の授業を受けた小柳司気太への回想や言及がある。実篤における漢学の受容を総体的に考えるためには、学習院で学んだ漢文教育を含めて考える必要があるだろう。

*49　墨子のこと。

*50　兼愛のこと。

*51　参考として、各編における取り上げた章句の数を記しておく（丸数字が編数を示す）。①8／16、②16／24、③11／26、④22／26、⑤22／28、⑥22

ことをかいたものでうづめられてゐる」、「子張第十九より」には「この篇は孔子の弟子達の言葉許りでうづめられてゐる」というコメントが付けられている。巻末でまとめをなす「孔子に就て」に「弟子達の言葉は多く説教に堕してゐる。他人を教へようとしてゐる。自己の停止が感じられる。だが孔子の言葉は生きてゐる、生長してゐる。共に皆と生きようとしてゐる」とあることからわかるように、『論語私感』の特徴の一つは『論語』を思想家孔子の智恵に焦点化して人生論的に学ぶためのテキストとして読もうとする姿勢である。*52

政治との関係からわかること

『論語私感』のもう一つの特徴は、独得の構成にある。第一から第二〇までの本編のあとにまとめの「孔子に就て」をそのまま付けるのではなく、*53そのあいだに「政治に就て」という章を設け、二〇編の中から政治に触れている二七の章句を抜き出して言及している。「政治に就て」の冒頭には次のようにある。

> 政治のことには僕はあまり興味はもたない。僕は各自が独立人として、自己のなすべきことを立派になすことによつて、他人の支配を受ける必要のない時が来なければ、本当の世界は来ないと思つてゐる。人間が人間を支配出来る考へこそ、諸悪の元だと思つてゐる。〔略〕孔子時代の君主のやうな存在は今の世にない。だから孔子の政治に関して云つてゐる言葉には今の我々にはあまり興味のもてない言葉がある。しかしさすがに、

／30、⑦32／37、⑧15／21、⑨28／32、⑩0／23、⑪20／26、⑫19／24、⑬15／30、⑭29／46、⑮38／42、⑯10／14、⑰23／26、⑱2／11、⑲1／25、⑳2／5。なお、「政治に就て」および「孔子に就て」で取り上げられた章句も、本編同様の引用の仕方で取り上げている章句であれば、元の編中にあるものとして数えた。

＊52　岩波書店版『論語私感』に付いていた「序」には、弟子との問答の場面以外では「子曰」の部分を省略する方針、全ての章句を取り上げないのは、執筆の目的が「論語の講義にあるのではなく、論語の内から今の我等の生命の糧になるものをとり出し、孔子の考へをはつ切りさせたいため」であるという理由などが記されている。

＊53　『墨子』ではそのように構成されていた。

今読んでも、教はる点の多いものも少くない。今それ等について、自分の感じてゐることをかいて見る。

本編部分では孔子の政治に関する発言を排除し、実篤と孔子が人生論的な主題で向かい合い続けるための構造を確保した上で、まとめに入る前に無視することなく一括して取り上げるという構成になっている。みずからを非政治的な領域で生きる者としながらも、政治と一定の関与を継続しようとするあり方に、実篤における『論語私感』の時代的意味を見いだすことができよう。政治と思想、現実と理想を繋ぐべく活動した孔子の生き方に実篤は引き寄せられたといえる。新しき村を離れ、収入を得るために関心のもてない対象についても原稿を書き続ける実篤の理想主義は変容し、実篤は少しずつ現実との融和の道を歩み始めている。理想主義をベースにしながらも、現実主義と折れ合っていくのが「第四期」以降の彼の生き方であった。

『人生論』につながる『論語私感』

まとめ部分にあたる「孔子に就て」から本書の核となる言葉を二つ引用する。

僕は知識的に孔子を知りたく思ふものではなく、生命的に孔子から教はるものを教はりたいと思ふのだ。／耶蘇は神の国とその義とをもとめた。／孔子も実に同じものを求めてゐた。／之は又人類が求めてやまないものだ。

僕は孔子の仁は一言で云ふと人類の生長にたいする個人のつとめを尽すこと、云へると思つてゐる。

ここに使われているキーワード「生命」・「人類」・「生長」・「個人」や、儒教とキリスト教の間に本質的な差異を認めない思考などは、彼が作家活動を始めた頃から変わらず継続している。実篤は『論語私感』の二年後に『人類の意志に就て』[*54]、五年後に『人生論』[*55]という、実篤を代表する人生論的著書を刊行するが、ここで使われるキーワードもまた同様のものだった。しかし、孔子とみずからの思想の違いを明確に述べている部分もある。「陽貨第十七より」から引用して、実篤の思想と孔子の思想との差異を確認しよう。

孔子は古人崇拝である。僕にはさうとは思へない。〔略〕僕はあと程人間はよくなつてゐると云ふ考へをもつてゐるものだ。個人には昔の人の方が秀れた人がゐるが、大体としてあと程、人間はよくなつてゐるやうに思ふ。[*56]

〈過去より未来〉、〈現実より理想〉に価値を置く実篤は、過去に遡るほどに偉大な君子がいたと考える孔子と考えを異にしていると明言している。「孔子に就て」の中で、実篤は特に気に入った『論語』の章句を九つ選んでいる。その中には、自信家の実篤ごのみの「天徳を予に生せり」や「仁遠からむや、我仁を欲すれば、斯ち仁至る」などが含まれ、やはり実篤の価値観の一貫性を感じる。しかし、この不変と考えられる部分に微妙な変化を見いだすこともできる。三つ示そう。

＊54　岩波書店、一九三五年七月。

＊55　岩波新書、一九三八年一一月。

＊56　ここで取り上げられている章句は「古の民に三疾あり。今や或は是なし。／古の狂や肆なり。今の狂や蕩のみ。／古の矜や廉なり。今の矜や忿戻のみ。／古の愚や直なり。今の愚や詐なり」。

「人の己を知らざるを患へず、人を知らざるを患へよ。」
「已んぬるかな、吾未だ能く其過を見て内に自ら訟るものを見ざるなり。」
「中庸の徳たるそれ至れるかな。民久しくする鮮し。」

他人から評価されないことを嘆くよりも、他人を真に知らないことを嘆くべきであるという一つめの章句、みずからの過ちを直視して反省、修正することの困難さをいう二つめの章句、中庸の徳に至る人のまれであることを説く三つめの章句、いずれも〈反省〉や〈中庸〉の価値を「患へよ」「見ざるなり」「鮮し」と否定的な言葉で締める、およそ実篤ごのみとは思われない章句である。

「和して同ぜず」

実篤が何度も言及する「恕」の一文字に集約される、自己が他者から認められないことを受けいれ、自己主張の正しさよりも他者の意思を尊重しようとする志向が実篤の中で強くなっている。〈過去より未来〉、〈現実より理想〉そして〈他者より自己〉から、〈未来も過去も〉、〈理想も現実も〉、〈自己も他者も〉への変化が兆している。こうした実篤の変化の象徴となるのが「和して同ぜず」である。「孔子に就て」の末尾近くから引用する。

僕は「和して同ぜず」を以て近代人の個人関係、及び、全人類の関係を、実に美しく表現した言葉と思つてゐる。／我等の理想は其処にある。[*57]

実篤が二年後に書いた『墨子』においても、『論語』における「和して同ぜず」に見られる調和や多様性の尊重の不在をもって批判していたが、実篤の『論語』からの学びの象徴となるのが「和して同ぜず」だったといえよう。「近代人の個人関係」や「全人類の関係」を調和的にまとめた「和して同ぜず」の表象を得て、彼は、急進的な理想主義的社会改革者から、同じく理想主義的ではあっても、理想と現実を複眼的に見る調和的な人生論作家へと変わっていく。

武者小路実篤における漢学受容の問題について、第一節では勘解由小路家からの影響を、第二節では高島平三郎からの影響を、そして第三節では『論語私感』を通して「前期」から「後期」への変化のありようを見た。雑誌『白樺』の紹介する美術が西洋からゆるやかに東洋へ推移していったことに端的に見られるように、武者小路の思想や美意識が西洋一辺倒ではなく東洋ともつながっていたことはよく知られている。しかし、漢学という視点から実篤の生涯を改めて見直してみると、儒学を中心とした漢学が〈縦糸〉として実篤の中に一貫して存在していることが確認できる。今回の論考は、この〈縦糸〉の存在に言及することで終えざるをえないが、この理解に基づく作家像の書き換え、作品像の読み換えの可能性も検討しなくてはなるまい。

＊57　「子路第十三より」の「君子は和して同ぜず、小人は同じて和せず。」に実篤が付けたコメントの一部を引用する。「僕はこの言葉を実に愛する。〔略〕こゝに個人同士の調和してゆく秘訣が与へられてゐるやうに思ふ」。「音楽のやうなものである。あらゆる音が自己の存在を主張することで我々全部が生きるのである。人類の面白さは其処にあると思はれるのである。／孔子が舜の音楽の韶を絶賛してゐたが、それは人類の調和の理想を其処に認めたからだと思ふ」。

〔追記〕

武者小路実篤のテキストについては、小学館版『武者小路実篤全集』に収録されているものはこれに拠り、収録されていないものは初出に拠った。

【参考文献】

本多秋五『『白樺』派の作家と作品』（未来社、一九六八年九月）
大津山国夫『武者小路実篤論―「新しき村」まで―』（東京大学出版会、一九七四年二月）
大津山国夫『武者小路実篤研究―実篤と新しき村―』（明治書院、一九九七年一〇月）
田中英夫『洛陽堂 河本亀之助小伝 損をしてでも良書を出す・ある出版人の生涯』（燃焼社、二〇一五年一一月）
瀧田浩「武者小路実篤と昭和九年―『維摩経』が書かれた「仏教復興」期をめぐって―」（『二松学舎大学人文論叢』第一〇一輯、二〇一八年一〇月）

第二章　ディレッタント芥川龍之介の漢学
——「酒虫」・『聊斎志異』・「寒山拾得」

須田千里

第一節　芥川の経歴と漢学

幼時から中学校まで

芥川龍之介（一八九二—一九二七）は、牛乳販売を業とする新原敏三（にいはらとしぞう）・フクの長男として東京市京橋区入船町[*1]に生まれた。生後八ヶ月で実母フクが精神に異常を来したため、本所区小泉町[*2]の芥川道章（どうしょう）（フクの兄）に引き取られ、一九〇四年正式に養子となる。芥川家は代々御数寄屋坊主を務めた江戸趣味の濃い教育熱心な旧家であり、芥川は幼時から草双紙を愛読した。江東（えひがし）小学校時代は、博文館の帝国文庫版で『新編水滸画伝』[*3]、『絵本西遊記』[*4]、『通俗三国志』[*5]などの和訳を読み、漢文学への親しみを深めていった。

一〇歳くらいのころ（または小学校に入った時）から『ナショナル・リーダー』や頼山陽の『日本外史』を習い始めるが、[*6]自身の言葉によれば「進歩しなかつた」（「学問」）。一九〇五年、東京府立第三中学校に入学してからは、徳冨蘆花（とくとみろか）や夏目漱石、泉鏡花、森鴎外など近代

＊1　現中央区明石町。

＊2　現墨田区両国。

＊3　曲亭馬琴・高井蘭山訳、葛飾北斎画、一八〇五年—？刊。

＊4　口木山人・岳亭丘山訳、大原東野等画、一八〇六—三五年刊。

＊5　文山訳、一六八九—九二年刊。

＊6　「私の文壇に出るまで」（一九一七年八月『文章倶楽部』二年八号）、「芥川龍之介年譜」（一九二五年四月新潮社『現代小説全集　第一巻（芥川龍之介集）』所収）、「追憶」中の「学

図版１：一高時代の肖像写真。『芥川龍之介全集』第二二巻口絵、一九九七年一〇月岩波書店

作家を愛読する一方、漢詩をかなり読み（「私の文壇に出るまで」）、早熟ぶりを示す。必ずしも富裕とは言えなかった養家にあって、貸本屋や図書館を利用しつつ広範な知見を形成していったのもこの頃であった。一九一〇年、成績優秀者として無試験で第一高等学校に入学した芥川は、ツルゲーネフ、イプセン、モーパッサン、ワイルド、ゴーチエなど西欧世紀末文学を耽読[*7]。一九一三年東京帝国大学文科大学入学後は、紅雪山荘（こうせつさんそう）外史『珠邨談怪』、袁枚『新斉諧』（別名『子不語』）、『西廂記』、『琵琶記』などを乱読する（「私の文壇に出るまで」）。

ここまでで明らかなように、芥川の漢学（中国由来の普遍的総合的な教養、広く漢文による学び）は、幼時から系統的に仕込まれた素養というよりも、中学校時代の漢文教育によるところが大きかった。実際、拙稿「芥川龍之介文庫和漢書の書き込みについて」[*8]で紹介したように、日本近代文学館芥川龍之介文庫が所蔵する旧蔵の漢籍一八八点一一七七冊には、一九〇七年—一九〇九年度使用された『改正　新編漢文教科書』巻三—五も含まれ、多くの書き込みが確認できる[*9]。当時の漢文教育は現在とは比較にならないほど充実していた。

問」（一九二六年八月『文藝春秋』四年八号）。

＊7　前掲「私の文壇に出るまで」、「愛読書の印象」（一九二〇年八月『文章倶楽部』五年八号）。

＊8　『日本近代文学館年誌　資料探索』五号（日本近代文学館、二〇〇九年一〇月、二七—四四頁）。

＊9　この三冊はいずれも、明治三八年一月訂正再版、三九年一一月改訂発行、四〇年二月改訂再版で、簡野道明校訂、国語漢文研究会編纂、明治書院発行。巻三末尾に「三・乙　芥川」（鉛筆）、裏表紙に「三乙　芥川龍之介」（墨書）、巻五裏表紙に「五甲　芥川龍之介」（篆書風の朱筆）と記名。

前世代との差異

谷崎潤一郎（一八八六—一九六五）が説くように[*10]、芥川や谷崎の一世代前、明治維新前後に生まれた、特に武士（士族）階級出身者の多くは、漢学を教養基盤としていた。ところが、明治一〇年代後半ころから漢学の素養は政治家や官僚に必要とされなくなる[*11]。もちろん、父が漢詩人や漢文教師で早くから漢学に馴染んでいた永井荷風（一八七九—一九五九）や中島敦（一九〇九—一九四二）など例外はあるが、東京帝国大学漢学科を卒業した久保天随（一八七五—一九三四）でさえ、「秋風落日徐に運命の尽くるを待ちつ、あるは、夫れ漢詩作家の一隊乎。」「漢詩は今日の趨勢に考へて、遂に絶滅すべき運命を有す。遅くとも二三十年を出でず[*12]。」と悲観していた。じっさい、大正—昭和期、漢学は急速に力を失って行くのである[*13]。

従って、中学校で本格的に漢文教育を受けた芥川や、父の感化で漢籍に親しむようになった佐藤春夫[*14]（一八九二—一九六四）は新しい世代といえよう。前世代との相違は、幼時から「孝経」や四書五経[*15]、左国史漢[*16]など儒教道徳を仕込まれ、それらを深く血肉化しているか否かであり、芥川や佐藤などは自らの興味の赴くまま自由に漢詩文に接したディレッタントの要素が大きかったと思われる。じっさい、寿陵余子（じゅりょうよし）[*17]の署名で発表された「骨董羹（こっとうかん）」（一九二〇年四月—六月『人間』二巻四—六号）「語謬」では、「門前の雀羅蒙求を囀る[*18]」など、当時の博士や大臣、教師や代議士の誤りをあげつらい、「漢学の素養の顧られざる、亦甚しと云はざる可らず。況や方今の青年子女、[略]四書の素読は覚束なく、」と批判してはいるが、この「骨

＊10　「支那趣味と云ふこと」（一九二二年一月『中央公論』三七年一号）。

＊11　「《座談会》文人変貌論」（二〇〇二年一月『文学』三巻一号）における佐々木克氏の発言（一〇四頁）。

＊12　「隠居的文学」（一八九八年六月『帝国文学』四巻六号）。のち『文学評論 塵中放言』（一九〇一年一〇月鍾美堂）所収。引用に際して圏点を削除し、一部濁点を補った。

＊13　古田島洋介「日本漢詩文の衰亡曲線—漢詩文の伝統はいつ滅びたのか?—」（二〇〇六年八月『東アジア比較文化研究』五号）は、第一の指標を明治一五年（一八八二）、第二を明治三〇年（一八九七）、第三を大正六年（一九一七）、第四を昭和二〇年（一九四五）、第五を昭和四〇年（一九六五）とする。

董曩」自体に固有の思想性や専門性はない。「東西古今の雑書を引いて、衒学の気焔を挙」（「泥梨口業」）げただけの、個人的趣味に淫している。明治天皇に殉死した乃木希典への感銘を隠さない森鷗外（一八六二―一九二二）、夏目漱石（一八六七―一九一六）、幸田露伴（一八六七―一九四七）ら前世代とは対照的に、芥川は「将軍」（一九二二年一月『改造』四巻一号）でN将軍（モデルは乃木）のモノマニアックな性格を語り、死ぬ前に写真を撮ったN将軍を理解出来ない青年と、その父との世代間ギャップをあぶり出していた。

読書傾向

では、芥川はどのような漢籍を読んでいたのだろうか。芥川龍之介文庫（前掲）所蔵の漢籍で、読了日・書き込み・評語等のあるものは、前掲「芥川龍之介文庫和漢書の書き込みについて」や拙著『日本近代文学館所蔵芥川龍之介文庫和漢書の書き込みに関する文献学的研究』[＊19]で具体的に紹介したが、これらをジャンルごとに整理すると以下のようになる。

詩集では、唐代の『唐詩絶句』『樊川詩集』『寒山詩闡提記聞』『唐李長吉歌詩』『韓内翰香奩集』から宋の『宮詞』『蘇東坡詩集』『朱淑真断腸詩集』、金末から明初では『遺山先生詩鈔』『雁門絶句抄』『唐宋箋注聯珠詩格』『高青邱詩集』、清の『浙西六家詩評』（頼山陽評）『甌北詩選』『清十家絶句』『二十四家選　清二十四家詩』、小説類では明末の『酔古堂剣掃』『絵図情史』『風流天子伝』、清の『虞初新志』『絵図歴代神仙伝』『興替宝鑑』『秦淮画舫録

＊14「からもの因縁」（一九四一年一〇月大道書房『支那雑記』所収）。

＊15『大学』『中庸』『論語』『孟子』と『易経』『書経』『詩経』『礼記』『春秋』。

＊16『春秋左氏伝』『国語』『史記』『漢書』。

＊17 燕の寿陵に住む青年が趙の都邯鄲に行き、都会風の歩き方を学ぼうとしたが身につかず、もとの歩き方も忘れ這って帰った故事（『荘子』「秋水篇」）から、西洋を学んで成らず、その内に東洋を忘れている自らを擬したペンネーム（一九二〇年三月三一日滝田樗陰宛書簡等）。

＊18「門前雀羅を張る」と「勧学院の雀は蒙求を囀る」を混同した誤り。なお、以下の本文引用は初出に拠り、明らかな誤植は改めた。

附画舫余談　三十六春小譜』『旧小説』、戯曲では元の『陳眉公批西廂記原本』、清の『桃花扇伝奇』など、明末以降のものが目立つ。

概観すれば、詩集では唐と清が、小説類では明末から清がそれぞれ多く、当時の一般的傾向と合致していよう。内容的にも、随筆「漢文漢詩の面白味」（一九二〇年一一月『文章倶楽部』五年一一号）で挙げられる高青邱、韓偓、杜牧、趙甌北など、細やかな神経や抒情詩的な感情の現れた詩、恋心を歌った詩が好まれている。一方小説類では、漢魏六朝から清に到る志怪小説・異事奇聞を集めた『旧小説』、濃艶な男女の関係を語った『絵図情史』『風流天子伝』『興替宝鑑』『秦淮画舫録　附画舫余談　三十六春小譜』などが目立っている。[*20]

作詩と文人趣味

多能な芥川は漢詩（ほとんどが絶句）も自作している。早い時期では一九一二年元旦の山本喜誉司宛、同じく井川恭宛ハガキにほぼ同じ七言絶句が記され、前者には「春寒未だ開かず早梅の枝。幽竹蕭々小池に垂る。新歳来たらず書幄の下。香を焚いて客を謝し、詩を推敲す」とある。これを含め、一九一三年、一五年、一七年のものは府立三中から一高、東大時代の友人がほとんどであり、[*21] 東洋史専攻の友人石田幹之助や一高のドイツ語教授菅虎雄を除いて、漢詩の出来を気にする必要は無かったであろう。一九二〇年には編集者滝田樗陰や主治医で俳人の下島勲、作家田中貢太郎らへと拡がったが、[*22] いずれも肩肘張らぬ気晴らしの

＊19　二〇一一年五月私家版。

＊20　ちなみに、「骨董羹」（一九二〇年四月『人間』二巻四号）「誨淫の書」に挙げられた『杏花天』以下一六点のうち、『燈蕊奇僧伝』『如意君伝』『桃花庵』『淌牌黒幕』以外の一二点が芥川文庫に所蔵される。

＊21　小野八重三郎、浅野三千三、井川恭、石田幹之助、松岡譲、赤木桁平、菅虎雄、井川恭ら。

＊22　ほかは、小島政二郎、佐佐木茂索、池崎忠孝（赤木桁平）、恒藤（井川）恭、松岡譲、小穴隆一等（ただし同じ詩の使い回しも多い）。

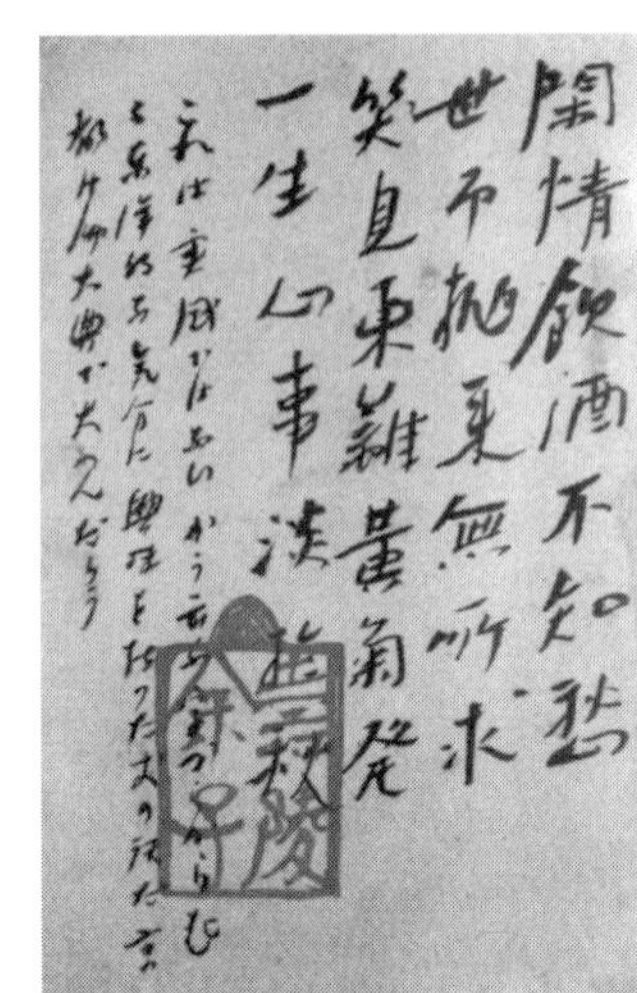

図版２：一九一五年一〇月一一日井川恭宛葉書。『芥川龍之介全集』第一七巻口絵、一九九七年三月岩波書店。詩は「閑情酒を飲めば愁ひを知らず。世事抛ち来たれば求むる所無し。笑ひて見る、東籬　黄菊の発くを。一生の心事秋よりも淡し」。

類と見なせよう。これ以降見えないのは、体調の悪化や多忙による意欲低下などから、韻や平仄を整える余裕が失われたことが考えられる。なお、「我鬼窟日録」一九一九年五月三十一日に「久しぶりに詩を作る。五絶三、七律一」とあるのは、師の夏目漱石同様、長編小説「路上」（一九一九年六月三十日―八月八日「大阪毎日新聞」）を書き悩み、気分転換を図ったのであろうか。

一方、漢文の方はさすがに実作されなかったものの、いわゆる漢文体は得意であった。海軍機関学校の英語教員時代（一九一六年一二月―一九一九年三月）を回想した私小説「文章」（一九二四年四月『女性』五巻四号）には、同僚の弔辞に「唐宋八家文じみた文章」を書いたとか、わずか三〇分で「資性穎悟」「兄弟に友に」云々と弔辞を代作したなどとある。また、「鏡花全集目録開口」（一九二五年五月『新小説』三〇年五号）は、「鏡花泉先生は古今に独歩する文宗なり」と始まる四六駢儷体を模した名文で、泉鏡花をいたく喜ばせた。

芥川にはさらに、書画・法帖を愛でる文人趣味もあった。日本近代文学館編『芥川龍之介の書画』（二〇〇九年一〇月二玄社）はその集成であり、また芥川龍之介文庫（前掲）には『海内第一初搨曹全碑』（一九二〇年三月商務印書館刊）など法帖（コロタイプを含む）一二点が所蔵される。一九一七年七月十二日付松岡譲宛書簡には、鄭板橋の『橄欖軒』（一七四四年板橋鄭燮書）を見て自分と同じ趣味だと書き送っている。

一九一四年以来、芥川は田端[*23]に住んでいたが、その周りには趣味を同じくする友が集まった。随筆「田端人――わが交友録――」（一九二五年三月『中央公論』四〇年三号）では、洋画家小杉未醒や鋳金家で歌人の香取秀真、前掲下島勲、実業家で書・篆刻に堪能な鹿島龍蔵、画家北原大輔、詩人・小説家室生犀星、小説家・俳人久保田万太郎らとの青眼の交わりが語られている。画家の小穴隆一などを加えたこの文人的集まりは、のちに田端文士村と称されたが、明治二〇年代の根岸党（饗庭篁村・森田思軒・幸田露伴ら）が作家のみだったのに対し、より多彩・多趣味な集まりといえよう。

ところが、一九二一年三月―七月大阪毎日新聞社特派員として実際に旅行した中国は、詩文から想像される中国とは乖離していた[*24]。帰国後も体調不良が改善せず、創作では「湖南の扇」（一九二六年一月『中央公論』四一年一号）しか残せないまま、翌一九二七年に自殺するのである。

＊23　北豊島郡滝野川町字田端（現東京都北区田端）。

＊24　詳しくは單援朝「芥川龍之介『支那游記』の世界――夢と現実との間――」（一九九一年九月『国語と国文学』六八巻九号）参照。

第二節　漢文学に取材した芥川作品とその特徴

初期の芥川に最も多くの素材を提供した漢文学作品は、蒲松齢『聊斎志異』*25である。「酒虫」（一九一六年六月『新思潮』一年四号）は主に巻一四（青柯亭刊本系）の「酒虫」に、「仙人」（一九一六年八月『新思潮』一年六号）は巻二の「鼠戯」と巻一四の「雨銭」に、「首が落ちた話」（一九一八年一月『新潮』二八巻一号）は巻三の「諸城某甲」に拠っている。なお、従来巻一の「労山道士」に拠ったとされる「仙人」（一九二二年四月二日『サンデー毎日』一年一号）には別の素材が想定されるため*26、除外する。

その他、沈既済「枕中記」に基づいた「黄粱夢」（一九一七年一〇月『中央文学』一年七号）、夢梅軒章峰・称好軒徽庵訳『通俗漢楚軍談』（一六九五年刊）等に見える項羽と劉邦の戦いに取材した「英雄の器」（一九一八年一月『人文』三巻一号）、『史記』「蘇秦伝」等に拠った「尾生の信」（一九二〇年一月『中央文学』四年一号）、「杜子春伝」（李復言『続玄怪録』所収）に拠った「杜子春」（一九二〇年七月『赤い鳥』五巻一号）、惲南田『甌香館画跋』所収「秋山図の始末を記す」*27に取材した「秋山図」（一九二一年一月『改造』三巻一号）、瞿佑『剪燈新話』「渭塘奇遇記」に拠った「奇遇」（一九二一年四月『中央公論』三六年四号）、『旧小説』（前掲五「乙集三　唐」所収「再生記」の「士人甲」に拠った「馬の脚」*28（一九二五年一―二月『新

＊25　一六七九年ごろ完成、初刊は一七六六年。

＊26　拙稿「仙人のはなし」（一九九四年二月『奈良女子大学国文学会誌』三七号）、「続仙人のはなし」（二〇〇〇年九月『京都大学国文学会会報』四八号）、「本文と注釈」（二〇〇一年一〇月『日本近代文学』六五号）、堀部功夫「オトギバナシ「仙人」素材例」（『近代文学と伝統文化―探書四十年―』、和泉書院、二〇一五年五月、二六六―二八三頁）参照。

＊27　『東洋画論集成』上巻、読画書院、一九一五年一二月、所収。

＊28　拙稿「芥川龍之介『第四

潮』四二年一一二号)、『旧小説』八「乙集六　唐」所収「女仙伝」の「西河少女」(旧蔵書では当該頁が大きく折られている)、または東海林辰三郎『支那仙人列伝』(一九一一年一月聚精堂所収「伯中山　附、西河の少女」[*29]に拠った「女仙」(一九二七年六月『少年少女譚海』八巻六号)などがある。

これらは、話自体の奇抜さ、面白さとともに、芥川独自のテーマや人間観を示すものでもある。特に、人生のはかなさ、人間の無力さを説く道教的な価値観を逆転させ、むしろそれゆえに人生は尊いとする発想が目立つ。例えば「仙人」では、生活苦に喘ぐ李小二と人生に退屈している仙人が対照され、仙人による「仙人は若かず、凡人の死苦あるに」の句が紹介される。「黄粱夢」では、夢のようにはかないからこそ人生は真に生きるに足るものとされる。「英雄の器」でも、人力の及ばない天命に真正面から挑んだからこそ、項羽は英雄なのだとされる。「尾生の信」では来たるべき不可思議なものを無駄に待ち続ける自らを尾生に重ね、「杜子春」では、自在に富を生み出せる仙人よりも、貧しくとも人間らしい暮らしが希求される。長く幻とされた秋山図への期待感ゆえに、実際の画を見ても物足りなく感じる人間心理を主眼とした「秋山図」は、実物を越えた何かを期待し続ける点で「尾生の信」と重なるだろう。

しかしこれ以降は、気力・体力の衰退ゆえか、概して低調になる。「奇遇」は、才子佳人の夢の逢い引きという原作に対してあえて現実的解釈を下し、さらにそれを否定することで

の夫から」と『馬の脚』――その典拠と主題をめぐって――」(一九九六年八月『光華日本文学』四号)、林嵐「芥川龍之介『馬の脚』の素材」(一九九八年九月『文学・語学』一六〇号)参照。

＊29　中村友「「女仙」考」(一九八四年一一月『学苑』五三九号)参照。

原作を際立たせようとした作為が目立つし、「馬の脚」「女仙」は原作の面白さに依存し過ぎたきらいがある。

第三節　「酒虫」と『聊斎志異』・森鴎外「寒山拾得」

「酒虫」の材源

以下、漢文学に取材した最初の作品「酒虫」を取り上げ、『聊斎志異』や森鴎外「寒山拾得」からの摂取を跡づけたい。まず、本作に素材を提供した『聊斎志異』だが、残念ながら旧蔵書中には残されていない。しかし、「上海游記」（一九二一年八月―九月「大阪毎日新聞」「東京日日新聞」）の「七　城内（中）」に挿画への言及があること、「酒虫」末尾に提示された第二の答が但明倫の新評に拠ること、[*30]「首が落ちた話」の典拠「諸城某甲」の呂湛恩の注について石田幹之助に問い合わせていること（＊30に同じ）から、例えば『精校評註全図聊斎志異』[*31]のような本を持っていたと推測される。ちなみに、前掲「骨董羹」の「聊斎志異」で、「崑崙外史の題詞に、「董狐豈独人倫鑑」と云へる、」とあるのも、崑崙外史張篤慶歴友題「聊斎志異新評題詞」中にそのまま見える。張篤慶（字歴友）は蒲松齢の親友で崑崙山に隠棲した。題詞の「董狐」は理非を明らかにした春秋時代の史官の名。「董狐豈に独り人倫の鑑ならんや」とは、権力を恐れず事実そのままを記し、以て人として守るべき道の手本となったのは董狐

＊30　大塚繁樹「中国の色情小説及び怪奇小説と芥川龍之介」（一九六二年一月『愛媛大学紀要　第一部　人文科学』七巻一号）。

＊31　帙題簽・題簽「精校評註全図聊斎志異」、扉「精校評註／全図聊斎志異」、巻頭・目録題「聊斎志異新評」。宣統庚戌（一九一〇年）上海時中書局印行（扉裏）。東京外国語大学附属図書館諸岡文庫蔵本。以下の引用・挿画図版はこれに拠る。

だけではない、蒲松齢もそうだ、の意。『聊斎志異』が幽霊や狐に託して清朝宮廷の秘事を諷したことは、崑崙外史の題詞に示唆されている、と芥川は理解したのであろう。

芥川「酒虫」の材源に関しては、巻一四「酒虫」に加え、登場人物の形象や特有の熟語の出所が明らかにされている。まず、劉の酒虫を除きにきた「蛮僧」が「黄色い法衣（ころも）を着て、耳に小さな青銅（からかね）の環をさげた、一見、象貌の奇古な沙門」[*32]であり、「髪や鬚の縮れてゐる所を見ると、どうも葱嶺の西からでも来た人間らしい。」との設定は、巻三「番僧」[*33]の「象貌奇古たり。耳に双環を綴（つな）ぎ、黄布を被（き）る。髪鬚鬈如たり。自ら言ふ、西域より来る、と。」に拠っている。[*34] ちなみに、「文芸雑話 饒舌」（一九一八年五月『新小説』二三年五号）で「趙甌北の通臂猿」[*35]を紹介したついでに、「何かに蛮僧の腕が、此通臂猿のやうに延びたり縮んだりしたのがあつたと思ふが、本の名は覚えてゐない。」というのも、この「番僧」の「乃ち臂を袒（かたぬ）ぎ、左肱を伸ぶ。長さ六七尺なるべし。而して右肱縮みて有ること無し。右肱を転伸すれば、また左のご

図版３：『精校評註全図聊斎志異』巻三「番僧」。東京外国語大学附属図書館蔵

＊32　容貌が奇古で古めかしい意。

＊33　西域から来た僧の意。

＊34　矢作武「芥川龍之介と中国文学（一）――聊斎志異との関係――」（『谷崎潤一郎――古典と近代作家――　第一集』、笠間書院、一九七九年三月、一六一――一八一頁）。

＊35　出典は『旧小説』一九「己集四　清」の趙翼『簷曝（えんばく）雑記』「独秀山黒猿」。前掲「芥川龍之介文庫和漢書の書き込みについて」参照。ちなみに「八宝飯」（一九二三年三月『文藝春秋』一年三号）の草稿の二「今人を罵るの危険なることは」以下も『簷曝雑記』「李太虚戯本」に拠る。

とき状なり。」のことであろう。

また、蛮僧が治した李四の「病閹」も、巻二「巧娘」に拠ろう。[*36]「病閹」とは性的不能のことであろう。

さらに最近、「打麦場」「麈尾」「皁布衫」「茶褐帯」の出典が博文館の帝国文庫版『新編水滸画伝』[*37]巻之二、一三、七五であり、「糟邸の良友」が『聊斎志異』巻二「酒友」の「糟邱之良友」に拠っていることが指摘された。[*38]

以上のように、芥川は措辞や語彙までも『聊斎志異』の他の個所や『新編水滸画伝』から取り入れることで、中国的雰囲気を醸し出そうとしたのである。

森鴎外「寒山拾得」の摂取

本稿では、新たに森鴎外「寒山拾得」（一九一六年一月『新小説』二一年一巻）の摂取を指摘したい。芥川が鴎外文学に親炙したことは周知であり、贅言を要しまい。近くは出原隆俊によって、鴎外「金比羅」（一九一一年二月春陽堂『烟塵』所収）・「蛇」（一九一三年七月籾山書店『走馬灯』所収）から芥川「疑惑」（一九一九年七月『中央公論』三四年七号）への摂取が、[*39]また鴎外「黄金杯」（一九一〇年一月春陽堂『黄金杯』所収）から芥川「偸盗」（一九一七年四月、七月『中央公論』三二年四号、七号）への摂取が、[*40]それぞれ明らかにされている。

「酒虫」と、その五ヵ月前に発表された「寒山拾得」との共通点は以下の七点である。

＊36　孔月「芥川龍之介「酒虫」における治療と病の寓意——『聊斎志異』の「酒蟲」との比較をとおして——」（二〇〇九年二月『文学研究論集』二七号）。

＊37　＊3参照。『校訂水滸伝』として一八九五年一一月—一二月刊。

＊38　滕裴窈「芥川龍之介の「聊斎志異」翻案作品における語彙的特徴——「仙人」（1916年）・「酒虫」を中心に——」（二〇一九年三月『関西大学　中国文学会紀要』四〇号）。

＊39　出原「芥川龍之介『疑惑』と鴎外・志賀直哉」（『異説・日本近代文学』、大阪大学出版会、二〇一〇年一月所収）。

＊40　出原「芥川の鴎外利用の一面——『偸盗』・『孤独地獄』と『黄金杯』・『百物語』——」（二〇一二年三月『香椎潟』五六・五七号）。

第一は僧の形象と主人の応対である。「寒山拾得」では、閭丘胤の頭痛を治すために突然やって来た「背の高い僧」[*41]が、「長く伸びた髪を」「目に被さつてうるさくなるまで打ち遣つて置いた」姿で「黙つて立つてゐるので」、閭が「なんの御用かな」と問う。「酒虫」でも、劉大成の病を治すため、突然「背の高い」「沙門」がやって来て、「髪の伸びたのを、うるささうに垂らし」たまま、「のつそり室のまん中に立つた。挨拶もしなければ、口もきかない」ので、劉が「何か御用かな」と訊く。この僧自体は前述のように『聊斎志異』「番僧」に基づくが、背が高いとか、長く伸びた髪がうるさそうだとか、立ったまま口もきかないので逆に主人から訪問理由を問うたなど傍線部の設定は「番僧」になく、「寒山拾得」のみに見えるものである。特に、長い髪が鬱陶しいのを「うるさい」と形容した点が一致する。

第二に、善意の僧が薬も用いず奇抜な方法で病を治す点が共通する。閭の頭痛が「幻」であることを知っている僧（豊干）は、鉄鉢に汲んだ水を閭の頭に吹きかけるという「呪」で治す。「呪ですかな」と聞かれた「酒虫」の僧は、「呪でもありません」と答え、炎天下で酒を入れた瓶の側に劉を寝転ばせることで酒虫を外に誘き出して治す。「呪」に言及する点が共通する。また、「酒虫」原話では、末尾で蒲松齢が或る人の言を紹介したように、水を美酒に変える効能を持つ酒虫を得るため、僧が劉を侮って計略をめぐらし（「僧愚之以成其術」）、病を治すと言ってまんまと酒虫を手に入れたのだが、芥川はこれを（誤読したのかもしれないが）「暗愚の蛮僧」（第一の答）の行為とし、「寒山拾得」の僧と同様、何の代償も求めずただ劉の病

＊41　傍線須田。以下同じ。

を治したと改変した。僧の目的を単純な善意とすることで、劉にとっての酒虫の意味が作品の焦点となったのである。

第三は、僧に対する意識の対照性である。儒教を学んだ閭は、仏典や老子への無知から僧や道士に対し漠然とした尊敬の念（いわゆる「盲目の尊敬」）を持っていた。一方、劉と同席していた儒者の孫先生は、「道仏の二教を殆、無理由に軽蔑してゐる」。この点は閭と対照的だが、その理由が「殆、無理由」なのは閭と同じであり、いわば「盲目の軽蔑」とでもいうべきであろう。原話に見えない孫先生は、このように第三者として事の推移を批判的に見届けるべく造形されたのではないだろうか。

第四に、国清寺に寒山拾得を訪ねる閭は、「牧民の職にゐて賢者を礼すると云ふのが、手柄のやうに思はれて」「ひどく好い心持になつてゐる」が、劉も、孫先生の手前、「客のあるのを自慢する」「小供らしい虚栄心」を持っていた。自らを人に良く見せたい虚栄心が共通する。

第五は記述の順序である。「寒山拾得」では、台州に着任した閭が国清寺に向かおうとする場面を語った後に、その契機となった豊干による頭痛治療に遡り、再び台州の場面に戻る。一方の「酒虫」も、一で炎天下に横たわる劉を語った後に、二でその原因となった蛮僧の訪問に遡り、三で再度冒頭の場面に戻ってくる。

第六は、安楽な治療法ゆえに無批判に従う点である。見ず知らずの僧を信用し、水一杯でする呪いなら危険はあるまいと考えて治療に同意した閭と、「唯、裸になつて、日向にぢつとしてゐさへすれば、よい」という「容易」さから治療に同意した劉の考え方が共通する。

最後に、このように安易に流される閭と劉を、批判的に現代の日本人と重ねる点が共通する。「寒山拾得」では、「丁度東京で高等官連中が紅療治（べに）や気合術[*42]に依頼するのと同じ事」とされ、「酒虫」でも「炎天へ裸で出てゐる劉は、甚、迂濶なやうに思はれるが、普通の人間が、学校の教育などをうけるのも、実は大抵、これと同じやうな事をしてゐるのである」と、現代の学生に重ねられる。

以上から、芥川が本作を執筆する際に鴎外の「寒山拾得」を座右に置き利用したことは明らかであろう。恐らく、僧が奇抜な方法で病を治す「酒虫」原話と枠組が一致していることから「寒山拾得」を想起したのであろうが、芥川は『聊斎志異』にのみ言及し、構成の細部を「寒山拾得」から得たことは秘匿したのである。

前述のように、芥川は鴎外「寒山拾得」の典拠『寒山詩闡提記聞』を所持し、書き込みもしていた。後の「東洋の秋」（初出題「小品二種」「秋」。一九二〇年四月『改造』二巻四号）では、寒山拾得は「懐しい古東洋の秋の夢」を体現する存在、「疲労と倦怠」から「おれ」を蘇らせてくれる存在であり、深い共感が寄せられる。鴎外を介してはいるものの、こうした寒山拾得の摂取は広い意味での漢学の影響と言えよう。

＊42　「紅療治」は病気を紅で治療する方法。「気合術」は一種の精神療法。

「酒虫」のテーマ

一方、芥川「酒虫」と「寒山拾得」との相違点として、閭と劉の苦楽・得失の対照性がある。水を吹きかけるという瞬間的かつ苦痛のない方法で頭痛が治ったため、閭が無事台州に赴けたのに対し、酒虫という特殊な病を持つ劉は炎天下に長時間裸で寝かされ、水も飲めず、汗と渇き、激しい眩暈、頭痛に苦しむ。原話ではここまでの苦痛は語られていない。さらに、その後劉は健康も家産も失ってしまう。「酒虫と云ふ物が、どんな物だか、それが腹の中にゐなくなると、どうなるのだか、【略】それを知つてゐるのは、蛮僧の外に一人もない」のに、安易に体を任せてしまう無責任さが、学校で教育を受ける学生同様、「甚、迂濶なやうに」語り手に批判されるのである。

こうした流れから見て、「劉は即酒虫、酒虫は即劉である」という第三の答の正当性は明らかであろう。自分の体を安易に他人に任せたため、アイデンティティを喪失する寓話は、影を無くした男として有名なシャミッソー「ペーター・シュレミールの不思議な物語」（一八一四年）などに先例がある。従って本作は、「二つの手紙」（一九一七年九月『黒潮』二巻九号）や「影」（一九二〇年九月『改造』二巻九号）、晩年の「歯車」（一九二七年一〇月『文藝春秋』五年一〇号）などで繰り返し語られるもう一人の自分、すなわちドッペルゲンゲル（二重身）を扱った小説の先蹤とも見なせよう。

第四節　「酒虫」の原話を遡る

「胡人買宝譚」としての「酒虫」とその類話

「酒虫」原話は、石田幹之助が『長安の春』[43]で名付けた「胡人買宝譚」という説話類型に入る。その典型は、一見つまらなく見えるものを西域から来た商人が高額で買い取るというものである。石田自身が増訂版の「書後」で指摘したように、『聊斎志異』の「酒虫」は、麵を食べ尽くす「消麵虫」[44]の類話と見られる。この消麵虫は二寸ばかりで色青く、蛙のような虫[45]で、天地中和の気の精髄、「天下之奇宝」とされる。同様に酒虫も、前述のようにただの水を美酒に変える効能を持つ点で芥川「酒虫」における「第一の答」と合致する。消麵虫以外でも、鱠（なます）（細かく切った魚の生肉）を溶かして水にする「銷魚之精」[46]は、麻糸で作った底の浅いくつのような形[47]で、腹中の塊を溶かす効能があることから、類話と見なされよう。いずれも、吐き出された後に胡人が高額で買い取っている。芥川は、前掲『旧小説』でこれらを読むことが出来たが[48]、「酒虫」執筆以前に読んでいたかは不明である。もし芥川の生前に石田がこれを公にしていれば、芥川も興味を抱いたことだろう。

＊43　一九四一年四月創元社。増訂版一九六七年五月平凡社東洋文庫91。

＊44　北宋の李昉等『太平広記』巻四七六「昆虫四」所収「陸顒」。出典は「宣室志」。

＊45　「長二寸許色青状如蛙」。

＊46　『太平広記』巻二二〇「異疾」所収「句容佐史」。出典は「広異記」。

＊47　「状如麻鞋底」。

＊48　『旧小説』四「乙集二　唐」所収「異疾志」に「句容佐史　又見広異記」が、同じく六「乙集四　唐」所収「宣室志」に「陸顒」が見える。芥川旧蔵本は一九一五年七月四版。

「酒虫」の類話

胡人買宝譚とは別に、「酒虫」を奇病の一種とする類話も存在する。

まずは、『聊斎志異』に先立つことおよそ五百年、南宋の洪邁（一一二三―一二〇二）による異事奇聞集『夷堅志』丁志巻一六「酒虫」[*49]を挙げよう（便宜上アと名付ける）。

ア、毎晩数升の寝酒を飲む張彬は、ある晩酒の用意をせずに寝たため、咽喉の渇きに耐えられず何かを吐き出してしまう。翌朝見ると、肝臓のような黄色い肉塊で、上面は蜂の巣のよう。微かに動き、酒を注ぐと虫のような細い声で鳴いた。[*50]平生酒を止められない原因はこれだと悟り、速やかに火中に投じて以降、張は酒を飲もうとしなくなった。

イ、南宋の張杲（ちょうこう）『医説』[*51]巻五「諸虫」の「酒虫」。末尾に「丁志」と注記されるように、内容はアに同じ。

ウ、明の徐春甫編『古今医統大全』[*52]巻九二「奇病続抄」「物を吐して酒を断つ」（「吐物断酒」）。幼時から酒を飲んでばかりで全く食事を取らなかった男が日々痩せてきたので、ある人が男の手を柱に縛り付け、酒と肴を勧めつつ与えなかったところ、「一物猪肝［豚の肝臓］のごとき」を吐き出した。その後男は回復したが、酒を飲もうとしなくなった。

エ、明の龔廷賢編『新刊万病回春』[*53]巻八「奇病」「男子幼きより酒を飲むを喜ぶ」（「男子自幼喜飲酒」）条。ウと同内容だが、文飾が加わり長文化する。毎日一―二升飲んでも酔わな

＊49　現存諸本中の最善本は涵芬楼蔵新校輯活字本影印（一九七五年六月中文出版社）だが、それでも欠損個所が残るため、内容・本文引用は次項イ『医説』に拠った。

＊50　「塊肉如肝而黄上如蜂窠猶微動取酒沃之唧唧有声」。

＊51　一二二八年諸葛興跋。一六五九年刊の和刻本を参照した。

＊52　一五五六年自序。一六六〇年刊の和刻本を参照した。

＊53　一五八七年自序。一六二九年刊の和刻本を参照した。

いため、父が布で手足を縛って立たせ、口の近くに生辣酒（出来たてのピリッと辛い酒か）の瓶を近づけると、「一塊」を吐き出す。そのまま瓶を火に掛け、半分まで酒を蒸発させた後開封すると、「其の一塊、猪肝様のごとし」で、重さ約三両（約百グラム）、周囲に針の目のような小さな穴（「小孔如針眼」）が無数にあった。これを大きな川に捨てた後、食欲は回復したが酒は一滴も飲めなくなった。

下津寿仙編『奇疾便覧』（一七一五年刊）巻之二「酒瘕」[*54]は以下の五条より成る。

オ、明の江瓘『名医類案』[*55]巻五「癥瘕」から記事を引く。内容はウに同じ。

カ、同じく『名医類案』五から「志怪」の記事を引く。「瘕病」に掛かり、激しい腹痛で死んだ男の腹を割いたところ、五―六合入る銅製の酒器を得た。名医華佗が薬を振りかけるとたちまち消えて酒になった。

キ、「丁志記」を引く。内容はアに同じ。

ク、『医説』巻七「奇疾」から「物を嘔いて舌のごとし」（「嘔物如舌」）を引く[*56]。酒を数斗も飲む鎮陽の一士人がある晩大酔し、舌のような形で傷跡や穴のない物を吐き出した。その後、酒を飲もうとした時横目で見ると高く直立したので、不思議に思った家人が数斗の酒を注いだところ、酒はすっかり吸収され消失してしまった。これを猛火の中に投じた後、士人は酒を忌み嫌うようになった。

ケ、巣元方『重刊巣氏諸病源候総論』[*57]巻一九「酒瘕候」を引く。ウと同様、酒ばかり飲んで

＊54　「瘕」は腹中にしこりの出来る病。または腹中の虫による病。「酒瘕」は「酒虫」と同様の病であろう。

＊55　一五九一年跋。一六六一年刊の和刻本を参照した。外題「古今名医類案」。

＊56　「名医類案」五にも同文あり。

＊57　六一〇年成か。明以降の流布本による一六四五年刊の和刻本を参照した。外題「巣氏病源候論」。

食べないので痩せていくが、酒を禁じられると吐き、その後長時間寝てしまうためやはり食べられない。これは胃の中に酒瘕という虫がいてそうさせるのだ。

以上をまとめると、『夷堅志』以後は奇病として医書に採録されたことがわかる。『夷堅志』系のア・イ・キは動きや声を発して最も「虫」らしい。『古今医統大全』系のウ・オ（及びエ）は、形こそアに類するが動きや声がない。その他、カは酒器の形をした酒の化身であり、クは吐き出された後でも大量の酒を飲み尽くす。ケはウ・エ・オの病態、すなわち現在の慢性アルコール中毒のような症状の原因を胃の中にいる虫のせいと結論づける。

酒虫の変容

前項の酒虫は内臓（肝臓や舌）のように粘膜で被われ、手足がなく、動きも鈍い。小さい穴が無数にあり、酒を与えられれば表面から吸収し、音を立てることもある（別に、銅製の酒器の形のものもある）。これは宿主の人間に大量の酒を飲ませる一種の寄生虫であり、宿主の体を衰弱させるが、厳しく断酒して体外に誘き出せれば治癒する。しかし体外に出ても、宿主が死んでも、生きていられる強い生命力があり、火で焼く（煮沸する）か、特殊な薬を使わないと殺せない。健康を害する原因という点で芥川「酒虫」における「第二の答」（『聊斎志異』における但明倫新評に拠る）そのままであり、「第一の答」が示す「胡人買宝譚」的要素は皆無である。

ところが、前掲オの『名医類案』から『聊斎志異』まで約百年の間に、大量の酒を吸収するその生態から、逆に水を美酒に変える「胡人買宝譚」的発想が生まれたのではないだろうか。併せて、ア・イの「蜂窠」やエの「小孔如針眼」を眼とみなし、ア・イの「唧唧有声」から口があるとして、『聊斎志異』では長さ三寸位で魚が泳ぐように蠕動する、眼口備わった姿[*58]へとイメージが具体的に膨らんでいったように思われる。

さらに芥川は、「第三の答」として劉即酒虫という独自の解釈を行うとともに、『聊斎志異』での魚が泳ぐイメージをより具体化し、「小さな山椒魚のやうなものが、酒の中を泳いでゐる。」と記したのであろう。

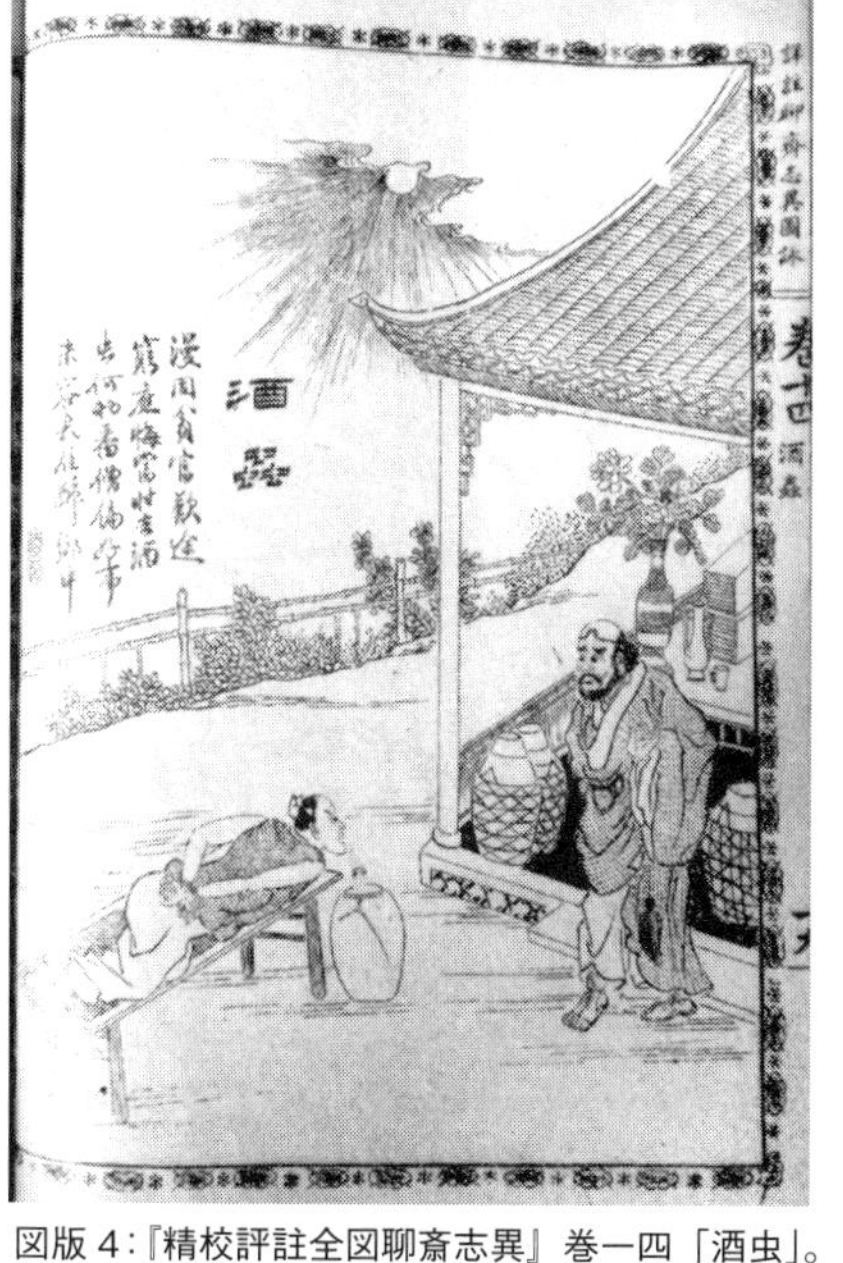

図版４:『精校評註全図聊斎志異』巻一四「酒虫」。東京外国語大学附属図書館蔵

『夷堅志』から種々の医書を経て『聊斎志異』に結実し、さらに芥川に至る酒虫の姿は、読者の身近なイメージへと次第に近づけていくものであった。しかしこれは、逆に言えば、『聊斎志異』以前の酒虫に見られた、何とも得体の知れないおぞましさを失

＊58　「赤肉長三寸許。蠕動如游魚。口眼悉備。」。

わせたようにも思われる。

泉下の寿陵余子、以て如何となす。

【参考文献】

須田千里「芥川龍之介文庫和漢書の書き込みについて」（『日本近代文学館年誌　資料探索』五号、日本近代文学館、二〇〇九年、二七―四四頁）

SUDA Chisato「The Influence of Chinese Literature on Modern Japanese Literature: Kōda Rohan, Akutagawa Ryūnosuke, Satō Haruo, and Nakajima Atsushi」（『ACTA ASIATICA』107, THE TŌHŌ GAKKAI, 2014, pp.91~97）

日野龍夫・須田千里・佐々木克・浅川征一郎・ロバート・キャンベル「《座談会》文人変貌論」（『文学』三巻一号、岩波書店、二〇〇二年、九〇―一一二頁）

須田千里「酒虫のはなし」（『光華女子大学日本文学会会報』二一号、光華女子大学、一九八九年、二頁）

第三章　佐藤春夫と白話小説——『玉簪花』の試行

河野龍也

第一節　素養から教養へ

佐藤春夫と中国古典との関わりについて述べる際、必ず言及される一文がある。一九四一年一〇月に刊行された『支那雑記』（大道書房）の序文「からもの因縁」である。春夫はこの文章のタイトルについて、〈自分の支那趣味は恐らくは近い祖先の意志であり、父の教育の結果であつた。自分の支那の認識もそれ相応に旧式なものに相違ない。自ら支那愛好の最後の一人を以て任じて、それを仮りに「からもの因縁」と呼んでゐる所以である〉と解説するが、読んでみると不思議な文章である。というのも、前半では〈支那文学を読み味ふにも全くの独学、といふのも口幅つたい位無学に、独自の方法で怪しげに独り合点して自らこれを愛し楽しんで来た〉と述べているのに、後半に入ると〈偶々わが家は医家としてその修業上漢文の必要が多かつた上に代々聊かは詩文の嗜を持つた人があったから自然明清文化の影響を受け〉と、自分の〈支那趣味〉が、漢学との因縁浅からぬ家系に由来することを確かめ

佐藤春夫（1920年）　新宮市立佐藤春夫記念館提供

ていくからである。

春夫の家は、寛政年間から和歌山県東(ひがし)牟婁(むろ)郡下里村で「懸泉堂(けんせんどう)」と称する医家を営んでおり、文政年間には曽祖父椿山(ちんざん)がここに私塾を開いて近隣の子弟に漢学・和歌等を教授した。椿山の漢詩の手稿が佐藤家に残されており、父豊太郎の日常には「からもの」を尊ぶ文人趣味があったことも事実である。だが、春夫の場合は家庭や学校において体系的に漢学を修める直接の機会があったわけではない。むしろ幼い頃から西洋の翻訳文学の洗礼を受けて育った第一世代にあたり、少年時代の愛読書はバイロンの『海賊』（木村鷹太郎訳・一九〇五年一月、尚友館書店）だったのである。[*1]

したがって、「からもの因縁」の後半に家系的な「因縁」へのノスタルジーを読むことはできても、漢学の伝統が春夫を培ったと単純に自明視することはできない。むしろ、漢学世代とは異なる中国古典へのアプローチが時代の好尚にかなっていた所に「因縁」が生じたとする方が実情に近い。漢学は春夫において、基礎的な素養というよりも、外国文学の一つの教養として相対化されうるものだったように見えるのである。

もっとも、中国古典の魅力を近代日本に広く浸透させた点で、春夫の果した役割は極めて

---

*1　春夫は、〈わたくしはバイロンの海賊にすつかり魅せられて耳をほてらし、中学に入学の時詩人になりたいと云ひたかつたのもこの幼稚なバイロン熱から出た夢〉であったと語っている（「追懐」『中央公論』一九五六年四月）。他に、「わが霊の遍歴」（『読売新聞』一九六一年二月五日）、「うぬぼれかがみ」（『新潮』一九六一年一〇月）などにも初恋の思い出と共に最初の愛読書として繰り返し言及される。

大きい。いまその業績を分類するなら、A．中国古典世界に取材した創作、B．伝奇・白話小説の翻訳・翻案、C．漢詩の自由訳、D．選者・編者名義での出版関与の四つに大別できる。単純化すれば、春夫の中国古典との関わりは独学から始まり、やがて協力者を得、さらに名義を貸す形へと役割の幅を広げていった。その足取り自体が近代日本における漢学の「教養」化の軌跡そのものに重なりあうように見える。

春夫の主な協力者には、中国白話小説を中心に紹介した春夫の『玉簪花』（一九二三年八月、新潮社）によって中国文学研究に志を立て、日本における魯迅紹介で欠かせない役割を果たした増田渉がいる。春夫は魯迅の「故郷」を自ら訳すとともに（『中央公論』一九三二年一月）、増田の「魯迅伝」（『改造』一九三二年四月）を活字化するのに尽力し、上海内山書店の内山完造を通じて増田が魯迅本人に師事する橋渡しをした。また岩波文庫版の『魯迅選集』

玉簪花表紙

（一九三五年六月、岩波書店）と、世界初の『大魯迅全集』全七巻（一九三七年五―六月、改造社）の刊行を実現させるなど、増田の魯迅普及に対する春夫の支援には絶大なものがあった。

一方、幸田露伴から翻訳を勧められ、春夫名義で刊行された『平妖伝』（羅貫中編・一四世紀・白話小説、一九二九年一二月、改造社）は、増田が下

車塵集表紙

訳を提供したもので、春夫の関与はごくわずかだという。また、松枝茂夫と共訳で出した岩波文庫版『浮生六記』（一九三八年九月、岩波書店）も、翻訳作業は松枝が担当した。ほかにも、冒頭部分のみを益田の「助力」で雑誌発表し（『クラク』一九二八年二―四月）、それ以降の大部分を伊藤弥太郎が訳した『好逑伝』（一九四二年一〇月、奥川書房）など、純粋には「春夫訳」と言えない「春夫訳」が複数存在することも事実である。春夫編の『支那文学選』（一九四〇年七月、新潮社）収録作も、各話の実際の訳者については判断がつかない。これらをいわゆる代筆の問題と捉えることも可能だが、若い学究と出版界とを繋ぎ、名を貸して中国文学の普及に貢献するプロデューサーの役割が春夫に期待されていたことは確かである。*2

そのようなかで、春夫のオリジナルの業績として特筆されるのは、詩の分野では③の『車塵集』（一九二九年九月、武蔵野書院）があり、散文の分野では②の『玉簪花』がある。『車塵集』の場合、序文を書いた奥野信太郎が種本『名媛詩帰』（鍾惺編・一七世紀）を示唆するなどブレイン役を務めたものの、入念な自筆ノートや草稿が数種類残されており、下訳段階から春夫個人の訳業であったことは疑いない。*3 漢文訓読や逐語訳によらない自由な訳文で、

＊2　「代筆」の問題については、訳文や典拠を広く検証した須田千里「佐藤春夫と中国文学（下）」（『文学』三（三）、岩波書店、二〇〇二年、一七四―一七六頁）に詳細な言及がある。

＊3　祖父江昭二・伊藤虎丸・小川五郎・小野忍・丸山昇・佐

むしろ日本語の韻律美を追求した所に特色があり、芸術的な意味での「漢詩和訳」の新ジャンルを拓いたものという定評がある。

本稿では、『車塵集』に比べて言及の少ない散文の業績のうち、初期のものに注目する。『論語』や李太白の伝説から構想された習作期の創作と、古典そのものに向き合った最初の訳業の集成にあたる『玉簪花』である。これらの間にはどのような共通点や差異があるのか。漢学の素養から離れた世代に属する春夫が、自己の努力で中国古典をいかに教養化したのか。そのプロセスを確認していきたい。

第二節　異化される漢学

中国古典の世界に対する春夫の関心はごく初期から現れる。「曾皙の答」（『反響』一九一四年六月）、「雉子の炙肉」（『読売新聞』一九一六年一一月一二日）、「李太白」（『中央公論』一九一八年七月）などが「田園の憂鬱」（『中外』一九一八年九月）によるデビューの前に発表され、後に書かれた「星」（『改造』一九二一年三月）もこの部類に入る。前二者はいずれも『論語』を典拠とする新解釈の試みで、原稿を紛失された「公冶長と燕」も含めると、[*4] この時期特に『論語』に傾倒して創作の糧にしていた春夫の姿が見えてくる。

しかし、『新約聖書』を題材とする「酒の酒」（『読売新聞』一九一七年四月二二日）や「ど

藤保・尾上兼英・沢谷昭次・佐治俊彦「共同研究　佐藤春夫と中国」（『和光大学人文学部紀要』一二、一九七八年、一五九頁）における小野忍の発言に、〈車塵集〉、あれは奥野さんがほとんど全部訳したらしい〉とあるのは、事実誤認である。

＊4　「田園の憂鬱」のモデルとなった田園生活中に〈「公冶長と燕」という五十枚前後の短篇〉が出来、『帝国文学』に持ち込まれて失われたことが、「詩文半世紀」（『読売新聞（夕刊）』一九六三年二月二二日）で回想されている。原稿の実在は、当時の春夫宛芥川龍之介書簡（一九一七年四月一六日付、一八日消印）から確認できる。

うして魚の口から一枚の金が出たか⁉　といふ神聖な噺」（『新潮』一九一九年四月）などの作品がこれに雁行しているのも見逃すべきでないだろう。春夫は『新約聖書』を〈崇高と病的と稚氣との悲壮なる／DECADENTの大藝術〉（「實用としての宗教」『三田文学』一九一一年七月）と呼び、世俗を超越した理想家としてのキリスト像を、共感をこめて描き出した。恐らく『論語』と『聖書』とは当時の春夫の中で同一俎上に置かれうるものだったのである。その証拠には、「雉子の炙肉」のエピグラフに、〈論語郷党第十〉と〈馬太伝第十六章〉とが並列されていることを挙げれば十分だろう。春夫が描く孔子像は、道を説いて世に用いられず、弟子にも正当に理解されなかった孤独な老人の姿である。悲しいほどの純粋さゆえに世俗からはみ出した奇人としてキリスト像を描き出したのと同じまなざしがこの孔子像を生み出している。

郷党の叛逆児として紀州新宮を飛び出した若き日の春夫は、『ツァラトゥストラ』（一九一〇年一二月、新潮社）を訳した生田長江に師事する熱烈なニーチェ主義者であり、「日本人」たる出自を呪って、〈日本人ならざる者は直に超人たり得るであらう〉（「「日本人脱却論」の序論」『新小説』一九一一年五月）と気を吐いた。また、親友堀口大學の洋行に際しては、〈よきこの國の民ならぬ／旅人のLOTIの眼をもて／東方のをかしき國を／藝術を知らざるを嗤ふべく／憐れなるJAPONに住まん〉（「友の海外にゆくを送りて」『三田文学』一九一一年七月）と詠う極端な西洋崇拝者をも標榜していた。そのような春夫が、日本人の伝統的な倫理規範を

＊5　「李太白」に登場する多数の酒や仙術の名は、谷崎潤一郎に教わった『淵鑑類凾』（康熙勅撰・一八世紀）からの引用である。春夫は帝国図書館に通って同書を閲覧したことが、一九一八年五月二日付の父宛の手紙（『定本佐藤春夫全集』第三六巻（臨川書店、二〇〇一年、一七頁）に一九一七年とされるのは誤り）に記されている。また、「病める薔薇」（『黒潮』一九一七年六月）を『中外』版の「田園の憂鬱」と併せて作品集『病める薔薇』（一九一八年一一月、天佑社）に収録する際、『淵鑑類凾』から多数の漢詩用例が引用されたが、それらの漢字を〈あの絵模様のやうな文字〉

形成した『論語』から創作を行ったことは奇異な矛盾に見えるかも知れない。だが、春夫の企図はむしろ、道徳規範として偶像化された聖人のイメージを否定することにあった。『論語』を聖典とみなす漢学的な受容態度を突き放し、『聖書』と同列のヒューマンドラマの中で孔子を扱うこと。そのようにして西洋人の眼を装い、悲哀を帯びた反俗者としての孔子像を再発見したところに当時の春夫らしい創見がある。

この一種の偶像破壊（アイコノクラスム）の企図においては、原典への忠実性はほとんど問題にされることがない。むしろそれをどれだけ異化するかに精力が注がれる。唐代の大詩人にまつわる著名な伝説からファンタジーを構成した「李太白」も、楊貴妃一族の世俗的な権威に迫害された詩人が、その詩才を惜しむ天によって救われるという芸術至上主義的なモチーフによって春夫の世界になっていた。[*5] また、一九二〇年の福建旅行中に採取した口碑に基づく「星」は、地位を捨てて恋を叶え、しかも恋によって命を落とす陳三の生涯から非情な「運命」のモチーフを読み取る。「情痴」の悲哀を描き出した点では『殉情詩集（じゅんじょうししゅう）』（一九二一年七月、新潮社）の主題に通じている。この時点での春夫の態度は、訓詁注釈的な古典受容には否定的であった。さればこそ、「李太白」に粉本があるかのように指摘した匿名の一論評に、生涯消せないほどの怒りを持ち続けることにもなったのであろう。そのこだわり方は、単なる無責任な衒学趣味への憤懣だけでは説明のつかないものがある。[*6]

そのような前歴を持つ春夫が、中国古典の翻訳や翻案に改めて積極的な関心を示すに至っ

と呼んでいる所にはエキゾチシズムが顕著である。一口に〈伝統〉と言っても、語り手自身は西洋の伝統的な美学の立場に立っている。河野龍也『佐藤春夫と大正日本の感性―「物語」を超えて』（鼎書房、二〇一九年、四一頁）を参照。

＊6　〈筆致は巧だが、何だか種本を引伸ばしたやうな気がしていやでたまらなかつた〉（『万朝報』一九一八年七月一〇日）という当時の匿名評に対して、晩年に到っても、〈わたくしがはじめて中央公論に「李太白」を出した時、一新聞の新作紹介のやうなカコミ欄の一匿名子が拙作を支那小説の翻訳だとか翻案だとか書いてゐたのを見て以来、わたくしはすつかり批評家といふもののデタラメを知つて以来、それを馬鹿にすることをおぼえ〉（『自選佐藤春夫全集』第三巻（河出書房、一九五六年）附属「自選春夫全集月報」其の二）と書いている。

た経緯も一筋縄ではないが、少なくともその出会いは、伝統性の自覚とは異なる形式でもたらされている。次に、その間の事情を『玉簪花』を取り上げて検証してみよう。

第三節　『玉簪花』の成立

『玉簪花』は、中国古典の訳をまとめた春夫の最初の業績である。その内容は、①「百花村物語」（『改造』一九二二年一〇、一一月）、②「花と風」（『女性改造』一九二二年一〇月）、③「緑衣の少女」（『現代』一九二二年七月）、④「恋するものの道」（同）、⑤「碧色の菊」（『現代』一九二二年九月）、⑥「流謫の神」（『文章倶楽部』一九二二年九月）、⑦「没落の曲」（『新小説』一九二二年一一月）、⑧「友情」（『女性』一九二三年一月）、⑨「仙道」（『現代』一九二二年一〇月）、⑩「何故に女を殺したか」（『サンデー毎日』一九二三年一月）、⑪「孟沂の話」（『解放』一九一九年七月）の一一篇である。

典拠別には『今古奇観』（抱甕老人・一七世紀・白話小説）が三篇（①②⑪）、『聊斎志異』（蒲松齢・一七世紀・文言小説）が四篇（③④⑤⑥）、『東周列国志』（蔡元放・一八世紀・演義）が二篇（⑦⑧）、ほかに口碑（⑨）と「馮燕伝」（沈亜之・九世紀・伝奇小説）（⑩）が一篇ずつと幅広い。しかし、実際には⑩を除くすべてが欧文の翻訳を参考にしたもので、作品の選択も既成のアンソロジーによる。すなわち、①②③⑦⑧⑨はグライナー（Leo Greiner）・鄒秉書のドイツ語訳本『中国の夕べ』*Chinesische Abende*（Berlin: Erich Reiß, 1913）から、④⑤⑥は『聊斎志異』を英語で完訳したハーバート・ジャイルズ（Herbert Allen Giles）の *Strange Stories from Chinese Studio*（London: Thomas de la Rue, 1880）を元に、マルティン・ブーバー（Martin Buber）がドイツ語で抄訳を編んだ『中国の幽霊と愛の物語集』*Chinesische Geister-und Liebesgeschichten*（Frankfurt a.M.: Rütten & Loening, 1916）から選ばれたものだった。⑪は小泉八雲（Lafcadio Hearn）の *Some Chinese Ghosts*（Boston: Roberts Brothers, 1887）の中の一篇である。これらの参考文献は序文に明記されている。

『玉簪花』の序文には、〈「百花村物語」は殆んど逐字的な翻訳である。その他のものは目次中最後の二つのものを除いてみんな、私が勝手に苅り込んでしまつた翻訳である〉とある。だが、試みに「百花村物語」を原典の『今古奇観』第八巻「灌園叟晩逢仙女」と比較してみると違いがある。特筆すべきは、「花痴」と呼ばれた主人公・秋先の持論を紹介する場面で、美しい花のついた枝を人が折るのは、〈まるで心のやさしい妻を虐待する夫のやうなものだ〉と言っている部分である。原典にもグライナー版にも存在しないこの一節は、谷崎潤一郎への面当てとして、春夫がこっそり訳文に忍ばせたものである。

一九二〇年末、谷崎が長年疎んじていた妻の千代を春夫に譲ると約束しながら、直後に破約したことを発端として、両者の間に烈しい応酬があり、翌年義絶に到る「小田原事件」があった。「百花村物語」が発表されたのは、その事件を春夫の側から小説化した『剪られた花』

（一九二二年八月、新潮社）の刊行直後のことであり、同系列の「清吉もの」と称される私小説がさかんに連作されていた時期であった。

むろん、無から有を生み出すこの種の逸脱は特殊例ではあるのだが、秋先の庭に咲く様々な花の種類の数え方に省略や入れ替えがあったり、詩が簡略化されて地の文に組み込まれていたりする部分などは原典と明らかに異なっている。そしてその特徴は、グライナーの独訳によく合致しているのである。

『玉簪花』収録作中特に早い「孟沂の話」を除けば、それ以外は一九二二年夏の「緑衣の少女」「恋するものの道」の同時掲載以降、わずか半年間で完成されたものである。初出時の「附言」には、〈この二つの話は、私の弟が、独逸語の本から訳出したのを参考にして、私が支那の本を見ながら書いたものである。こんな話をいくらか書き集めて、私は弟と共著で今秋あたり『支那短篇集』といふやうな類の本を出したいと思つてゐる〉と見える。訳稿の成立に文学趣味のあった弟秋雄の貢献が大きかった事実が示唆されている。しかし結局、『玉簪花』は関東大震災の前月に〈佐藤春夫編著〉の単独名義で出版された。

佐藤秋雄は、家業を継ぐため慶應義塾大学医学部に学び、ドイツ語に堪能だった。訳文が漢文原典よりもグライナー版の逐語訳に近い点を見ると、秋雄は補助どころかきちんと作成した下訳を提供したのではないか。春夫の役割は、それを原典と比べて文飾を施すことだったのだろう。『玉簪花』は、独訳・英訳からの日本語訳という性格が強く、中国語原典に忠実なものではない。その意味では、弟の語学力に大きく依存した訳業だった。

だとすれば、独英の訳本の名を挙げつつ、〈ヨオロッパの表現が支那の気持を我々に新鮮なものに感じさせる場合には、私は彼等に従つた場合もないではない〉と述べている序文にはやや語弊があり、欧文と原典とのウェイトを逆転させた感がある。だが、同時にこの一文が真実とも思われるのは、原典から直接訳すことがさほど困難でないにもかかわらず、あえて欧文からの重訳という方法を選択した春夫の動機が明言されているからであろう。欧文を介し、西洋人の眼を借りることにより、日本人にとっては古めかしくさえある〈支那の気持〉を〈新鮮なものに感じ〉ようというのが春夫の企てだったのである。*7

第四節　「孟沂の話」との出会い

『玉簪花』収録作のうち、一九一九年七月の『解放』に発表された「孟沂（もうぎ）の話」は、本書中のみならず、中国古典の翻訳分野における春夫の最初の業績である。雑誌掲載時の「訳者附記」によれば、〈以上の一篇は“Some Chinese Ghosts”のうちの一篇である。同書の註によつてこの話が「今古奇観」巻第三十四女秀才移花接木の章中冒頭の一小話であることを知つた。幸に手もとにあつた「今古奇観」をとつて、又、「情史」巻第二十情鬼類中の薛濤の章をも併せ見た〉とのことで、それはラフカディオ・ハーン（Lafcadio Hearn＝小泉八雲）の

＊7　勝山功は、〈従来の漢文訓読法では読解が困難な「白話」という特殊な言語をどのような手段で理解し、日本語化したのか〉を問い、〈訓読翻訳から口語訳へ〉という近代漢学受容史の一大転換に寄与したのが春夫であると評価している（「中国通俗文芸受容史における翻訳文体の問題について―佐藤春夫「百花村物語」を中心として―」『中央大学アジア史研究』三二、白東史学会、二〇〇八年、四三〇頁）。ただしそれは素人ゆえの強みであり、春夫が重訳の手法を取ったことについては、〈理解が困難な白話小説の受容のため、欧米の翻訳を一種のバイパスとして用いていた〉（同、四三七頁）と見ている。このバイパスとして用いることについて、春夫の側にはより積極的な意図があったものと本稿では考えている。

来日前の著作に依拠した英文和訳であった。春夫は『今古奇観』を訳そうと思ってこの話を選んだわけではなく、ハーンへの関心から、洋書の中で中国古典に出会ったのである。

しかも、そのハーンの"The Story of Ming-Y"（*Some Chinese Ghosts*, Boston: Roberts Brothers, 1887所収）自体が、オランダの中国学者グスタフ・シュレーゲル（Gustave Schlegel）のフランス語訳本 *Le vendeur-d'huile qui seul possède la Reine-de-beauté*（Leiden: Brill, 1877）に拠るものであった。「売油郎独占花魁」（『今古奇観』巻第七）[*8]というタイトルのこの本には、冒頭にシュレーゲル自身の中国体験を題材とする長い Préface と Introduction とがある。前者で彼は、広東の花舫（豪華な屋形船の水上妓館）に招かれた珍しい経験を披露しながら、中国の知識階級と音曲によって密接な関係を結んできた妓女の卓越した教養に賛辞を贈っている。後者では、才子の孟沂が唐代の名妓・薛濤（せっとう）の霊に愛され、風雅の極致に遊ぶというロマンス（「女秀才移花接木」の冒頭挿話）が紹介されている。面白いのは、この話もまた福建省厦門の街頭で *Kiang-kou-jin*（Conte-anciennes-choses-homme ＝講古人）が口演するのを聞いたと設定されていることである。

科挙浪人から辻芸人になったこの説話師の種本が *Kin-kou-ki-koan*（『今古奇観』）であり、彼が提供してくれた本の中から選び出したのがこの書の「売油郎独占花魁」であるという。このように、シュレーゲルの訳本には原典との出会いを劇的に演出し、伝統文化が息づく東洋の庶民生活を実感的にヨーロッパの読者に伝えようとする巧みな工夫がある。来日前の

＊8　春夫は後年、これと同じ話を『今古奇観』から直接訳出して「上々吉」（『苦楽』一九二六年七―一〇月）のタイトルで発表している。

ハーンもまた、シュレーゲルの訳本に魅せられて、東洋世界の魅力に開眼した紙上旅行者の一人であった。

ところで、シュレーゲルの仏訳「女秀才移花接木」は、孟沂と薛濤とが競作した超絶技巧の「四時廻文詩」（逆さに呼んでも詩として成り立つ四季詠）を省いたほかは、凝った設定の割にかなり原文に忠実な訳である。春夫は「孟沂の話」のあとがきで、〈小泉氏を通して見ると、仏蘭西文の訳者も、それを訳するに当つて「情史」をも参照したと思へる箇所が頗る多い。「今古奇観」よりも「情史」の方が適に文品が高いやうに思へるから、蓋しそれが当然であらう〉と述べているが、シュレーゲルの訳文に『情史』の影響は見出し難く、春夫の言う品格はむしろハーンの訳し方に由来するものである。それを比較から明らかにしてみよう。

次の場面は、張家の書生として子弟の教育係になっていた多才な若者の孟沂が、成都の両親のもとへと往復する際の森の中で、張家の縁者の薛と名乗る魅惑的な未亡人に出会って歓待を受け、唐代に流行した即興の吟詠を楽しむうちに夜が更けていく場面である。

【情史】聯成、美人出小箋寫之。寫訖、夜已二鼓。延入寝室、自薦枕席。魚水歡諧、極其繾綣。*9

【今古奇観】美人謙謝。兩個談話有味、不覺夜已二鼓。孟沂辭酒不飲、美人延入寝室、自薦枕席道「妾獨處已久、今見郎君高雅、不能無情、願得奉陪。」孟沂道「不敢請耳、固所願也。」兩個解衣就枕、魚水歡情、極其繾綣。

【シュレーゲル訳】La belle dame le remercia modestement; et absorbés par une

＊9　聯句が完成すると、美人は小さな用箋〔薛濤箋〕を出してきてこれを書き取った。書き終わると、夜もすでに二鼓となっていた。美人は寝室に彼を引き入れ、自ら枕をすすめた。水を得た魚のように歓楽を共にし、互いに取りすがって情を尽くした（拙訳）。

conversation spirituelle, la dixième heure de la nuit avait sonné sans qu'il s'en fussent aperçus. *Ming-i* refusa alors de boire encore du vin, mais la belle dame l'ayant prié d'entrer dans sa chambre à coucher, elle arrangea les oreillers, et lui dit: —Je demeure déjà depuis longtemps toute seule ici; mais voyant ce soir que vous êtes tellement aimable et poli, je ne saurais faire autrement que vous aimer un peu, et je vous offre donc ma compagnie. —Je n'aurais jamais osé vous en prier, s'écria *Ming-i*; quoique ce soit mon plus ardent désir. Se déshabillant alors tous les deux, ils s'approchèrent du lit de repos, heureux commes des poissons frétillant dans l'eau et entièrement livrés à leur amour[*10].

【八雲】And at last, as she paused to pledge him in a cup of wine, Ming-Y could not restrain himself from putting his arm about her round neck and drawing her dainty head closer to him, and kissing the lips that were so much ruddier and sweeter than the wine. Then their lips separated no more; —the night grew old, and they knew it not.

【春夫訳】さうして遂に、彼の女が酒の杯を彼に差すことをやめた時に、孟沂は彼の腕を彼の女の円い頸のまわり（ママ）に置き彼の女の華奢な頭を彼の方へ密接にひきよせて、酒よりも更に紅く、更に甘い唇に接吻することを自ら（みづか）制することが出来なかつた。かくして

＊10　〔唐代詩人の真筆を孟沂が讃嘆したのに対して〕美人は謙虚に感謝した。そして高雅な会話に夢中になり、彼の気付かぬうちに、夜も十時になっていた。孟沂はこれ以上酒杯を重ねようとはしなかったが、美人は彼に寝室に入るよう勧め、枕を揃えて彼に言った。「私はもう長い間ここに一人暮らして参りました。けれども今夜、あなたが大変親切で洗練されているのを見てしまっては、何だかあなたを愛するほかなくなりました。ですから、お相手いただきたいのです。」「あえて私からはまだお願いせずにおりましたが」、孟沂は声を励まして言った。「これこそは私の最も熱烈に望んでいたことです。」その後、二人とも服を脱いで寝台に上がり、水中に踊る魚のように歓喜して彼らの愛に耽った（拙訳。仏訳は『今古奇観』に忠実である）。

彼等の唇は最早別れなかつた。——夜は長けて行つた、彼等はそれを知らなかつた。

『情史』は吟詠による二人の交歓と、書に秀でた薛濤の文雅な姿を伝え、その後の房事に関しては最も簡略な説明しかしていない。だが、『今古奇観』の方は、美酒に飽いた孟沂を薛濤が寝室に誘う駆け引きを会話体で生々しく伝えている。街頭の口演ではこのような部分がいわゆる「さわり」になるのだろう。講古人の語り物という枠組みを持つシュレーゲルの仏訳は、文言で書かれた『情史』よりも明らかに白話小説『今古奇観』の口承文芸的な特質に近い。会話内容も細部まで正確に訳されているのである。

一方、ハーンの薛濤は慎ましく、孟沂の方が情熱的である。房事の描写は抑制されているが、『情史』とも異なっている。また、原典はいずれも、二人の名誉と美徳を保つために薛濤が口止めするなど、未亡人の情交に背悖感を纏わせている点に現実味を持たせているが、ハーンはこれを純粋で芸術的な愛の物語に変えようとしている。そのために、孟沂の性格を大きく改造することすら行っているのである。

原典の孟沂は本来、軽薄で嘘も平気でつく男だった。張氏の館に戻った彼は、毎晩未亡人のもとに通うため、帰省を口実に主人をあざむいている。[*11] やがてその嘘が見破られると、今度は様々な虚偽によって疑惑をかわそうと試みる。いよいよ父親の前で事実を告げる段になると、「このような佳人に遭遇して心動かさずにいられましょうか。私の罪とばかりは言えません」[*12] と開き直るのである。さらに、広東に戻って進士に及第した彼は、薛濤から形見に

＊11　「孟沂到館、哄主人」〔今古奇観〕。「哄」は「だます」の意。Revenu à l'école, il trompa son patron〔Schlegel〕。

＊12　「如此佳人、不容不動心、不必罪兒了」〔今古奇観〕。Pouvait-on s'empêcher d'être touché par une si belle femme, et quel crime y a-t-il là dedans pour ton fils ?〔Schlegel〕。

贈られた文鎮と筆管とを証拠に見せながら、彼が経験した不思議な情事について常に人に語り聞かせたという。[*13]

一方、ハーン版では、孟沂が張氏をあざむくにも、〈今までに彼の脣から出た最初の嘘を言つた〉[*14]とされ、日ごろの正直さと引き換えにしても薛濤に会いたいと思う一途さが健気なものとして描かれている。また、嘘が露顕しても、彼は見苦しい言い訳などせず、〈敢て何の答へもしやう（ママ）とはしなかつた〉。それでも父親に白状するのは、〈半ばは彼の父を恐れて、半ばは「父の命に叛く子は一百の鞭撻を以つて罰せらるべし」と命じた律法を恐れて〉という父に対する敬意からであることが、強調されている。だからこそ張氏も、〈君が君の敬ふべき父に対して敢て偽りを言ふことの出来るものでないこともよく知つて居る〉と庇ってくれるのである。そして、原典と最も異なるのは、孟沂はその後、薛濤への思いを固く胸に秘めて語らなかったとされることである。孝行心からとは言え、薛濤との誓いを破って秘密を白状した己の行為に罪を意識するなら、それは間違っても手柄話のように公言すべきものではない。原典の孟沂がともすれば薛濤を不義の恋の相手として、あるいは妓女として軽んじているように見えるのに対し、ハーンの孟沂は責任感と誠実さのすべてを薛濤に捧げるまっすぐな恋の殉教者になっているのである。

『情史』と『今古奇観』とを参照しながらハーン版の逐語訳に取り組んだ春夫の目は、原典とは歴然と異なるその翻案の手法をありありと見たはずである。外来者（ストレンジャー）の眼差しは、古い

＊13　〔「後來孟沂中了進士、常對人說、便將二玉物爲證」〔今古奇観〕。*Ming-i* ayant obtenu plus tard le grade de docteur, raconta souvent son aventure et produisit les deux bijoux comme preuve〔Schlegel〕。

＊14　春夫訳。Ming-Y told the first falsehood which had ever passed his lips〔Hearn〕。

＊15　ハーンに拠る春夫の訳

情話を甘美な騎士道物語へと再生させた。あえて原典に拠らず、仏訳の英語翻案を日本語に直すという迂路を辿った春夫の訳は、日本人の伝統意識と不可分な漢学の基盤に立つのではなく、西洋の視点から中国古典に清新な魅力を発見しようと試みていたのである。[*15]

この試みが、春夫文学に大きな財産をもたらしたことは間違いない。翌一九二〇年末から二一年春にかけて春夫を翻弄した「小田原事件」ののち、春夫は生き別れになった千代への思いを詩に託して詠い始める。それらの詩を編んで成った『殉情詩集』の巻頭には、薛濤の「春望詩四首」の其三「風花日將老／佳期猶渺渺／不結同心人／空結同心草[*16]」が原詩で引用されている。ハーンを介して知った薛濤の詩は、春夫の心情をそのままに代弁するものとして、『殉情詩集』の世界の成立に大きく関与したのである。詩集のタイトルに選ばれた「殉情」の語や、序文に見える「情痴」の語も、ハーンが造型した恋の殉教者たる孟沂像を、自らに引き受ける気勢を示したものとは言えないだろうか。

前述の薛濤の詩は、『我が一九二二年』（一九二三年二月、新潮社）に「つみ草」と題して〈しづこころなく散る花に／長息（なげき）ぞながきわがたもと／なさけをつくす君をなみ／摘むやうれひのつくづくし〉と訳され、さらに「春のをとめ」と改題されて『車塵集』に収録された。『車塵集』によって漢詩和訳の新潮流を築いた春夫の原点は薛濤の詩にあった。そして、この才能あふれる閨秀詩人に関心を持つきっかけを作ったのが、ハーンの訳本だった。

近代に漢学を再生したかのように見られ、なかばは自らもそれを自負していた春夫である

文自体の特徴としては、Kiang-kou-jin（講古人）やPho-hai（渤海）など不明な語をあえて訳さずに原文のまま残したり、無生物主語による直訳を多用したり、〈蚕の蝶のつき延した翅（勿論蛾眉の誤り）〉などと注して原文の誤りを保存するなど、極めて生硬な直訳になっていることである。自然な日本語で訳すことよりも、厳密すぎるほどの逐語訳によるエキゾチシズムの体得が目指されていることが分かる。訳文の問題は拙稿「ハーンと大正日本の想像力—佐藤春夫の場合—」（『ヘルン研究』三、富山大学ヘルン（小泉八雲）研究会、二〇一八年）ですでに論じたが、本稿ではシュレーゲル訳に検討を加えて再考した。

＊16　花は風に吹かれて日ごと散りゆくのに、あの人にはいつ会えるか分からない。互いに思い合う二人は結ばれぬまま、私は草を同心結びに結んで空しい願かけをするばかり（拙訳）。

が、そのきっかけは、漢学の素養と異なる教養主義的な文脈において古典の再発見を志すものであった。漢学受容の近代的変容に一つの指針を示した春夫の根柢には、常に西洋から折り返す眼差しによってアジアを捉え直そうとする、エキゾチックな異化の力学が働いていたことを見ておく必要がある。

【付記】本稿は、ＪＳＰＳ科研費18K00289の助成を受けた成果の一部である。

【参考文献】

福永武彦『異邦の薫り』（新潮社、一九七九年）
吉川発輝『佐藤春夫の『車塵集』―中国歴朝名媛詩の比較研究』（新典社、一九八九年）
張文宏『佐藤春夫と中国古典―美意識の受容と展開』（和泉書院、二〇一四年）
河野龍也編『佐藤春夫読本』（勉誠出版、二〇一五年）
朱衛紅『佐藤春夫作品研究―社会へのまなざしと方法論の模索』（上海交通大学出版社、二〇一六年）

研究の窓

山本有三と漢学

平崎真右

近代日本の漢学のあり方を考えるとき、漢字や漢文に対する動きをみていくことは重要なトピックである。例えば、漢字を用いる際の目安には現行の「改定常用漢字表」（平成二二年〈二〇一〇〉一一月）があるが、漢字表という枠組み自体は戦前の「常用漢字表」（大正一二年〈一九二三〉五月）にはじまり、「当用漢字表」（昭和二一年〈一九四六〉一一月）、「常用漢字表」（昭和五六年〈一九八一〉三月）など、変遷がみられる。社会的に使用する漢字に目安を設けるという議論は、近代を通して常に繰り返されてきた[*1]。

これら漢字表の詳細は措き、ここでは「当用漢字表」の制定に関与した、山本有三（やまもとゆうぞう）（一八八七―一九七四、以下、有三）に注目したい。有三に漢字制限を推進させた理由の一つに、彼自身の公言する「漢文嫌い」がある。以下では、修学時代の漢文への態度や、作家としての漢字に対する姿勢をみていくことで、有三と漢学との関係を描出したい。

父親との離別――修学時代と漢学①

有三（本名・勇造）は明治二〇年（一八八七）七月、栃木県下都賀（しもつが）郡栃木町に長男として出生したが、父・山本元吉は足軽格の宇都宮藩士であり、明治四年（一八七一）の廃藩置県後には呉服業を営んでいた。ここで有三の修学歴を略述すれば次のようになる。

明治二七年（一八九四）に郷里の栃木尋常高等小学校へ入学後はそのまま高等小学校へ進み、卒業後は呉服屋への奉公経験を経て、東京神田の正則英語学校（同予備校）へ通学。その後は第一高等学校、東京帝国大学と、近代的な教育制度に身を置いている。ただし郷里の小学校に通う一方、父親の意向で謡や漢学塾などにも通わされていた。漢学塾では四書や『日本外史』など漢籍の素読を学んだという（「年譜」『山本有三全集第一二巻』所収。以下、『全集』と略記）。

有三が漢学塾に通った時期は明治二〇年代後半から三〇年代であるが、この時期は、明治初期から整備が重ねられてきた公教育制度が定着していく時代でもある。それは、明治五年（一八七二）の「学制」以降の動きを指しており、そこでは中等教育機関の未整備な状況が続いたため、漢学塾はそれを補完するものとして多くが設立されていた（その一つに明治一〇年創立の漢学塾二松学舎がある）。有三が通った漢学塾もそのような性格を有していたと考えられるが、その漢学塾での学びには「興味が湧かず」とも、「年譜」には記される。ここには父親世代と子ども世代との、ある種の断絶をみることもできるだろう。

父・元吉は嘉永四年（一八五一）頃の生まれだが、藩士であった彼にとっての教養や学問とは漢学が主であった。[*2] しかし、漢学を主とした学習環境―漢学塾―の多くは、近代以降では非正規の私塾として運営されていた。そのため、学業を積むことでの階層移動（立身出世など）は、このような私塾のなかだけでは起こりにくい。つまり、尋常小学校程度の教育機関や漢学塾などに通う限りは、多くは家業を継ぐという旧来の生活世界に留まることを意味してもいた。元吉はそれを望んだようだが、向学心を抱いていた有三は元吉と衝突し、上級学校へと進学していく。その直接的な契機は元吉の死（明治四〇年）であったが、結果的には父親と離別したことで有三は郷里を離れ、東京での新しい生活を選択することができた。

古くてつまらない漢文――修学時代と漢学②

次に、第一高等学校に通っていた時代にも注目したい。同級生であった土屋文明（ぶんめい）（一八九〇―一九九〇）との対談（「自分に落第点を―青春を語る―」）では、当時の教師たちに対する言及がみられる。例えば、ドイツ語教授・岩元禎（一八六九―一九四一）の授業を二人とも落第させられた話では、「単語一つ違うと五点引く」ような減点主義を採用した岩元に対し、漢文教授であった塩谷青山（一八五五―一九二五）が穏便にはからうよう注意した態度を、有三は「情味のある人」と述べる。しかし一方で、青山の授業は「内容がつまらない近代文だったから、漢文がいやになったのは、そのせいもある」と、漢文は批判的に回想される（『全集第一一巻』）。

有三に「旧式な漢文学者」と呼ばれた青山は、本名を時敏といい、有三が第一高等学校在学時（明治四二年入学・英文科在籍）には「第三文學科主任」にあり、「漢文・作文・添削」の授業を受け持っていた（『第一高等學校一覧（自明治四十二年至明治四十三年）』）。父親は塩谷簣山（一八一二―一八七四）、子に塩谷温（一八七八―一九六二）がおり、青山自身は昌平黌で中村正直（一八三二―一八九一）や芳野金陵（一八〇三―一八七八）らに学んだ。父・簣山の兄には塩谷宕陰（一八〇九―一八六七）がおり、青山は宕陰の甥にあたる。

対談中で触れられる、青山が授業で使用した「つまらない近代文」の収載された教科書は詳らかでないが、青山は明治三九年（一九〇六）に『漢文類別 今編（上・下）』（日本大学発行）なる和装本を公にしている。同書は全文が漢文体で記され、その文章は元好問（一一九〇―一二五七）や王陽明（一四七二―一五二九）といった、中国宋代以降の政治家や学者たちを収録するほか、直近では曾国藩（一八一一―一八七二）もみられるなど、書名のとおり「今」に類別される漢文から構成される。有三が述懐する「つまらない近代文」の「近代」とは「近しい時代の文」とも解せられるため、あるいは『漢文類別 今編』のような書籍が教科書であったかもしれない。

ここにあげた対談が、昭和四五年（一九七〇）という有三の最晩年（八三歳。死去はその四年後）に行われたことを思うとき、彼のなかで漢文に対するネガティブな印象が、生涯にわたり持続していた様子がわかる。当時の「先生の話は古くて、おれのほうが新しいんだ」とも語る有三にとって、漢文は「内容がつまらない」以上に「古い」とみなされていたことが、「漢文嫌い」と呼べる評価軸を形成していたといえよう。そして、この古い漢文を教えていた塩谷青山は安政二年（一八五五）生まれであり、有三の父・元吉とほぼ同世代の漢学者でもあった。

漢字と有三

修学時代にみられた「漢文嫌い」は、その後、漢字をめぐる態度として表出する。

有三は大学を卒業後、座付き作家や大学講師などを勤めるかたわらで創作を続け、専業作家としての地位を固めたのち、創作で使用する漢字についての提言を行った。いわゆる「ふりがな廃止論」である。有三は、昭和一三年（一九三八）四月に刊行した『戦争と二人の婦人』の「あとがき」において、学術研究などの特殊の文章は例外として、一般の文章で使用する文字にはふりがなを使わず、漢字は平易なものに限るべきとした。その結果、漢字の使用制限がなされ、わかりやすい文章が洗練されると述べる。その実践としては、『不惜身命』（昭和九年一・三月）の改訂版（昭和一四年七月）や再訂版（昭和一七年二月）ではふりがなが除かれ、『路傍の石』（昭和一二年一―六月）も、その改稿である『新編路傍の石』（昭和一三年一一―一五年七月）では、提言に沿った表記法で著されたことなどがあげられる。

「ふりがな廃止論」は発表されると間もなく反響を及ぼし、世間的にも一定の評価を受けていくが、ここでは廃止論を発表後の座談会「国語国字の問題」（『文学界』昭和一三年九月号、出席者・山本有三、阿部知二、林房雄）において、有三と林房雄（一九〇三―一九七五）のあいだで交わされた議論にのみ目を留めたい。

この座談では、一般教育の側から平易な漢字使用を主張する有三と、知識人の側から漢文を自由に読みこなせる高い教養を求める林とのあいだに隔たりはあるが、かえって有三のパーソナルな部分や時局認識を引き出してもいる。例えば、林は漱石や鴎外、逍遙や有三などの年長世代がみな少年期より漢学の素養を得ているのに比べ、自分にはその地盤がないことを「文学者として非常に弱い」とする。

それに対し、有三は漢学塾での素読がつまらなく、高等学校での漢文はいつも注意点に近かったため、「前から漢文が嫌ひな為に、こんな所に来たのかも知れませぬ」と応える。「こんな所に」とは「ふりがな廃止論」を指すが、漢文教養を謙遜する有三に向かい、林は「西洋の没落といふことを、僕は考へたから、これを救ふものは東洋の古典である」との時局認識から、「漢字へのあこがれ」を連ねていく。その林に、新しい文化を学び取れる英語やドイツ語ならよいが、「漢文をこれからやると言つても、あれから新しく学ぶことは少ない」など、有三は冷ややかな態度を崩すことはない（『全集 第一一巻』）。

このように、有三にとっての「支那」は林が「東洋の古典」を求めたような目線では捉えられていない。「支那の古典」には良いものもあると述べる一方で、古典はあくまで有識者がわかりやすく解説すればよく、一般の人々は難解な漢文に直接触れる必要はないとする。ここには有三のエリート意識とともに、教養としての漢字漢文すら否定していこうとする意図も垣間みえるが、彼の修学時代を踏まえれば、「支那」の学問は古く、ことさら現代では学ぶ価値を持たない対象と判断されていることがわかる。そのため、有三にとっての漢字とは「国語や、歴史が伝へられて来たのだから、その点は大いに感謝する」と、あくまでも過去のものとして、国語の範疇でのみ評価されるに留まるのである。

「日本」の文字へ

漢字への扱いに反するようにして、有三の意識はかな文字へと近づく。そのため、「漢文まがいの文章」を作ることが「日本人としてやり切れなかつた」とか、「日本人は何といつても日本語で書きたい」から「仮名といふものになつたのだ」など、有三はかな文字の起こった理由をも、先の座談中で語っていた。それは彼の推測に過ぎないが、この時点で述べられていた「日本」という志向は、その後さらに嵩（こう）じていく。

昭和一六年（一九四一）一月一四—一六日の『朝日新聞』に掲載された、「国語問題の検討—仮名の改称案について—」という文章がある。ここで有三は、かな文字を「仮名」と漢字表記する際の「仮の文字」という意味は卑屈であり、かな文字は「立派な独立のもじ」であること、一音一字の性質に価値があるなどの理由から、「仮名」という名前の改訂を主張した（『全集第一一巻』）。

右では具体的な改称案までは出されないが、国語を「仮名」と呼び続けることは「新体制をとなえる精神と添わ」ず、文字には「「日本」というものが宿ってほしい」、「「わが国のもじ」という尊い意識」がにじみ出てほしいとする。そうして漢字を批判する点から一歩進み、「日本語の海外進出」が述べられる。すなわち、「仮名」の「仮」字は中国語では「偽」を意味し、かな文字書きの教科書が「支那」に送られている昨今では「支那にあっては「偽のもじ」という印象を与えやすい」こと、それでは「自負心の強い支那人」に日本語を充分に教えこめないこと、などである。これらは「日本が大東亜の指導者として立ってゆこうとする」見地から語られていたが、これまでにみてきた有三の修学歴や漢字に対する姿勢の展開として、彼がこのような地点に辿り着いたことを確認できれば充分である。

ここにみられる漢字への姿勢は戦後も変わらず、むしろ戦争に負けたことで強まる。当用漢字表が告示される七か月ほど前、有三は「もじと国民」（『世界』昭和二一年四月）と題した文章のなかで、「支那」も日本も漢字が「国民のもじ」となっていないために戦争に負けたと述べた。そして、戦後に民主主義を広めていくためには「むずかしい漢語漢字」を用いず、「だれにでもわかることば」を使う必要があると主張したのである（『全集 第一一巻』）。およそこのような姿勢のもとで、有三は「国民のもじ」を推し進めるための一歩として、当用漢字表の制定に携わっていた（昭和二一年四月、国語審議会委員、当用漢字主査委員長に就任）。

まとめにかえて

ここまで有三自身の見解も踏まえつつ、「新しい／古い」の視点から漢学との関係を捉えてみた。「支那」および漢文に対する評価は古くてつまらないものとされたが、それは漢学塾での学びや、学校教育における漢字漢文学習へのネガティブな記憶からもたらされていた。仮に、父親との別れを旧世代との別れとして一般化すれば、新世代に位置する有三と旧世代の学知である漢学との別れはすでに幼少期に胚胎しており、長じてからは国語国字問題に集約される形で、漢学との距離はより大きくなったといえよう。

しかし注意したいことは、有三における漢学とは一般教育としての漢字漢文に比重が置かれており、座談中で林が求めたような教養としてのそれとは微妙に異なることである。林の求めた教養としての漢字漢文は学術領域における漢学とみることもできるが、有三はその意味での漢学は認め、自身や林などの知識人が嗜むことも否定はしない。

ただし、その態度は漢学を専門領域に閉じ込め、後続世代たちがアクセスするための道を閉ざしてしまいかねない。その危惧は座談中で林も述べていたのだが、あくまで有三の主張は学校教育で多くを学ぶ子どもたちの負担を軽くするため、学ぶ手段である文字を平易にする希望から発せられていた。その方途として、使用する文字からふりがなを取り除くことで漢字色を薄め、その結果としてあるべき国語を作ろうとしたわけだが、その歩みは日本の近代が辿ってきた「国語」の創出やその教育政策と、軌を一にするものでもあった。*3

繰り返しになるが、有三にとっての漢学とは学ぶ価値に欠ける古いものであり、それは一部の人間が嗜めばよく、一般教育には不要なものであった。しかし、そのことは反面で、山本有三という人間を形づくる重要な契機として、無視することのできない否定的な触媒であったことも確かなのである。

【註】

＊1　国語国字問題を指す。この点は、本講座第七巻第Ⅱ部第四章でも論じられる。

＊2　例えば、宇都宮藩の藩校には、安政五年（一八五八）に建学の「修道館」がある。漢学や武芸を基調とし、一部洋学も取り入れていた。明治四年に閉校。

＊3　学校教育における国語科と漢文科の関係については、本講座第五巻第三部第二章でも概略を示した。

【参考文献】

『山本有三全集』（全一二巻）新潮社、一九七六―七七年
イ・ヨンスク『「国語」という思想―近代日本の言語認識―』岩波書店、一九九六年
茅野友子『国際化時代の日本語』大学教育出版、二〇〇〇年
今野真二『常用漢字の歴史―教育、国家、日本語―』中央公論新社、二〇一五年
三枝令子「山本有三の「ふりがな廃止論」の功罪」（『ことばと文字』一一号、九八―一〇七頁）二〇一九年
三鷹市山本有三記念館編『みんなで読もう山本有三』笠間書院、二〇〇六年

第Ⅳ部　現代文学における漢学の継承

第一章　中島敦における漢学——典拠受容と創作

渡邊ルリ

第一節　中島敦とその作品

中島敦（一九〇九—一九四二）は、漢学者中島撫山（ぶざん）[*1]の孫として生まれ、深い漢学の素養と東西の芸術・哲学への造詣を基盤に、「自己存在の根拠」を自己内部・民族・国家のうちに模索する様を、多様なヴァリエーションで描くことにおいて追求した作家である。

中島敦作品研究[*2]においては、漢籍受容のあり方とともに、作品成立状況の解明が大きな課題である。敦の作品はそのほとんどが、死の年である一九四二年以降に発表されている。現在、自筆原稿が神奈川近代文学館に所蔵されており、草稿上の加筆訂正の跡を辿ることができるが、作品集所収本文はそこからさらに推敲されたものであり、それがいつの段階のものか、それぞれの作品成立の前後関係はどうであるのか、解明されてはいない。自筆原稿の末尾に日付が記入されている作品も、その日付以後に記された作品本文に関わるメモが発見されるなど、その日付をもって成立時期と確定できない。中島敦作品研究は、その典拠受容と

＊1　中島家の漢学者としての系譜に関する主な先行研究に、村山吉廣『評伝・中島敦 家学からの視点』（中央公論新社、二〇〇二年九月）、「中島撫山小伝—撫山中島家の人々—」（『第二特別展 中島撫山没後一〇〇年展』久喜市立郷土資料館、二〇一一年一〇月）がある。

＊2　主な研究書に以下のものがある。佐々木充『中島敦の文学』（桜楓社、一九七三年六月）、濱川勝彦『中島敦の作品研究』（明治書院、一九七六年一月）、奥野政元『中島敦論考』（桜楓社、一九八五年一月）、木村一信『中島敦論』（一九八八年二月）、鷺只雄『中島敦論—狼疾の方法』（有精堂出版、一九九〇年五月）、

創作、原稿の推敲過程の解明を前提とした読解を基本とすると言えるだろう。

敦は一九〇九年五月五日、中学校漢学教師であった父田人、母千代子の第一子として東京市四谷区簞笥町五九番地（現在の新宿区三栄町）に生まれた。中島家は江戸新乗物町にて代々大名家を取引先とする駕籠商を営んでいたが、敦の祖父中島撫山（慶太郎）は、漢学者亀田鵬斎の嗣子綾瀬とその養子鶯谷に師事し、一八五八年江戸両国に私塾「演孔堂」を、後に埼玉県久喜本町に移り「幸魂教舎」（「さきたま」或いは「こうこん」教舎）を開いた。幸魂教舎は、課程表の「学科」に「皇漢学」と「作文」を掲げ、「皇漢学」は「論語」を講授し「孟子、周易、尚書、毛詩、礼記、周礼、儀礼、春秋左氏伝、史記、韓流文」「古事記、日本書紀、旧事紀、万葉集」を素読、上記の書について質問論講する。[*3] 撫山は『演孔堂詩文』『性説疏義』『亀田三先伝実私記』等を著し、撫山より中島家は、異母弟中島杉陰、長男中島靖（靖次郎）、敦が『斗南先生』で描く次男中島端（端蔵）、三男中島竦（竦之助）、敦の父である六男中島田人と、漢学を家学として研究・教育に従事している。

中島敦は生後一年足らずで母と離れ、五歳の時に田人は千代と離婚して紺野カツと結婚した。公立中学校教員であった田人は浜松、京城と転勤を重ね、敦は一九一六年奈良県郡山男子尋常小学校に入学した後、翌年浜松西尋常小学校、一九二〇年に京城市龍山公立尋常小学校へと転校している。一九二二年四月、敦は朝鮮京城府公立京城中学校に入学、翌二三年に異母妹澄子が生まれ、第二母カツが死去すると、翌二四年四月、田人は第三母となる飯尾コ

山下真史『中島敦とその時代』（双文社出版、二〇〇九年一二月）、橋本正志『中島敦の〈南洋行〉に関する研究』（おうふう、二〇一六年九月）。

＊3　「教則・校則」（幸魂教舎教則）（久喜市公文書館所蔵、明治時代）。

ウ（一九三六年歿）と再婚した。敦の少年時代において特筆すべきは、生母の記憶がなく二人の継母を迎えたこと、父の転勤に伴い転校を重ね、外地体験を得たこと。そして、喘息の持病をもち、病弱のため短命の予感を抱いていたことである。

一九二六年四月に敦は第一高等学校に入学、『校友会雑誌』に発表した「巡査の居る風景―一九二三年の一つのスケッチ―」（一九二九年六月）は、日韓併合後の京城を朝鮮人巡査の眼から描き、「D市七月叙景（一）」（一九三〇年五月）は、舞台とされる大連市の三つの階層の人物を各々描写し対照させている。

一九三〇年四月、東京帝国大学文学部国文学科入学、三二年八月に南満州・中国北部を旅行し、朝日新聞社入社試験を受けるが身体検査で不合格となる。麻雀荘に勤める橋本タカとの結婚を在学中に決意し、一九三三年三月に卒業（卒業論文「耽美派の研究」）、四月に大学院に入学するが、同月敦は横浜高等女学校教諭（国語・英語）となり、長男桓（たけし）が誕生する。

敦が横浜高等女学校に勤務した契機は、同校理事長であった田沼勝之助が「幸魂教舎」で学んだ縁によるものである。現在、久喜市公文書館所蔵の『入門生氏名籍』には、明治二五年に田沼（角田）勝之助（写真1）、二二年に兄の角田美之助の名がある。

一九三四年に敦は大学院を中退。京城での日本人中学生の朝鮮人同級生との交流を描いた『虎狩』が『中央公論』新人募集〈選外佳作〉となり、一九三五年に勤務先の生徒が持参したカメレオンを数日飼ったことが、後の作品『かめれおん日記』の素材となる。一九三七年一月、長女正子が生まれて二日後に死去、一一月に数十首の和歌を作る。一九三九年、作家R.L.Stevenson の晩年を描く『光と風と夢』（原題「ツシタラの死」）を執筆。一九四〇年一月、次男格（のぼる）が誕生する。横浜高等女学校時代は、喘息発作に苦しみつつ、家族と日常生活を愛して日々を過ごす中で、一九三三年頃から書き進めていた未完に終わる現代長編小説『北方行』で、北平（北京）を舞台に、多様な国家・民族・言語のうちに自己の存在の根拠を模索する人々を描き、後に『古譚』と題されることになる四編『山月記』『木乃伊』『狐憑』『文字禍』、を執筆していた。

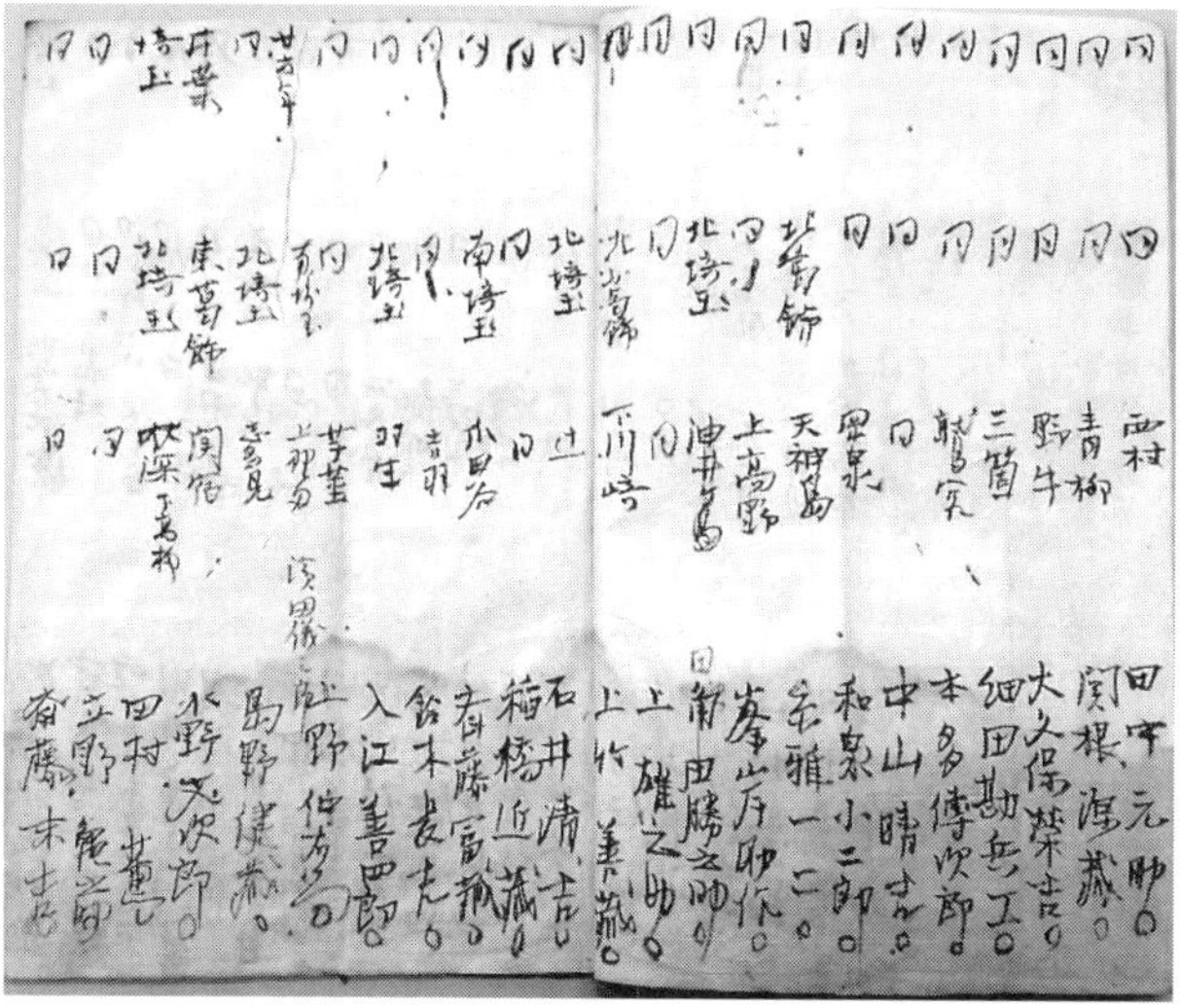

一九四一年三月、敦は一年間満州に渡り文筆に専念する計画で横浜高等女学校を辞職するが、六月には国語編修書記としてパラオ南洋庁に赴任する。これには経済的事情に加え、南洋での生活に健康回復の期待と憧れを抱いたこと、新たな外地で自らを試みようとしたことなど様々な理由があったと見られる。出発時

写真１　幸魂教舎『入門生氏名籍』（久喜市公文書館蔵）

に『山月記』等の原稿を作家深田久弥に託してパラオに赴任した敦は、デング熱などの風土病に罹り、喘息も回復せず、実務にも情熱が持てず官吏生活に空しさを感じる。そして島民への支配的教育と、彼等を幸福にしえない「今の時勢」に絶望するのである。

敦は大戦中の一九四二年に最後の随筆『章魚木の下で』(『新創作』一九四三年一月)で「現在が書きにくい時期」であることに触れ、「却つて文学を高い所に置いてゐるが故に、此の世界に於ける代用品の存在を許したくない」「出来なければ出来ないで、ほんものの出来る迄待つほかは無い」と語る。一身を超えて後代に「ほんもの」を遺そうとする姿勢は、『李陵』の司馬遷が「我」を否定し後代に「修史」を遺すために生き、『弟子』の子路が孔子の「一小国に限定されない・一時代に限られない・天下万代の木鐸」としての「使命」に目覚める姿に投影されている。南洋行は敦の認識に転換点を与え、過酷な歴史的運命に翻弄されつつ自身の生を模索する人物を描く晩期作品の素地となったのである。

敦が南洋庁を辞して帰国した前月の一九四二年二月、『文学界』に『山月記』『文字禍』が掲載された。さらに同年五月『文学界』に掲載された『光と風と夢』が第一五回芥川賞候補となったが、受賞作なしとされた。敦は第一作品集『光と風と夢』(一九四二年七月一五日、筑摩書房)、南洋に関わる作品群と『過去帳』と題した二編『かめれおん日記』『狼疾記』を所収する第二作品集『南島譚』(今日の問題社、同年一一月一五日)を刊行。『弟子』を執筆し、『名人伝』(同一二月一日)を『文庫』に掲載したが、その三日後の一二月四日、喘息の発作のため歿した。「満身創痍の草稿」と深田久弥に呼ばれた題名のない草稿は、深田によって『李陵』と題され校訂された。敦の死後、一九四三年二月『中央公論』に『弟子』が、七月『文学界』に『李陵』が掲載された。

第二節　中島敦の漢学受容と創作

中島敦作品の多くは、漢籍を典拠とすることをその特徴とする。古代中国を舞台とする作品には、『山月記』（晋唐小説『人虎伝』）、『牛人』（『春秋左氏伝』）、『盈虚』（『春秋左氏伝』）『悟浄出世』『悟浄歎異』（『西遊記』／直接の典拠は『絵本西遊記』）、『弟子』（『論語』『孔子家語』『史記』『春秋左氏伝』『荘子』『説苑』『礼記』『詩経』等）、『名人伝』（『列子』『荘子』等）、『李陵』（『漢書』『史記』『文選』等）、『妖氛録』（『春秋左氏伝』）があり、従来の研究によって、〈直接的に物語の骨子を受容した典拠〉は、ほぼ特定されたといってよいであろう。作品研究においては、従来作品を典拠と比較対照して典拠からの〈改変〉部分に着目し、そこに中島敦独自の主題と構造を解読してきた。

「漢学」において教授すべき四書五経を中心に見るならば、「漢学」が最も深く反映された作品は『弟子』であろう。『弟子』については、村田秀明氏『中島敦『弟子』の創造』[*4]が、敦の蔵書『袖珍論語』[*5]と『四部叢刊『論語』（十巻二冊）』[*6]のうち、『袖珍論語』、さらに蔵書

＊4　村田秀明『中島敦『弟子』の創造』明治書院、二〇〇二年一〇月。

＊5　『袖珍論語』斯文會、一九二二年一〇月。

＊6　『四部叢刊「論語」（十巻二冊）』商務印書館、民国年間。

『国訳漢文大成　經子部第五巻　春秋左氏傳上巻』[*7]『漢文叢書　春秋左氏傳下』[*8]の敦によるものとされる黒鉛筆・赤鉛筆・黒インクペンによる書き入れ、その中の『弟子』関連年表についての調査とともに、精密な典拠の考証を行い、さらに『弟子』の記述が竹内照夫『東洋思想叢書　春秋』（日本評論社一九四二年一月）を参照していることを指摘している。孔子とその弟子に関する漢籍文献から、中島敦が直接作品に取り入れなかった挿話は多く、また原典で記述される挿話の時期が、物語の時間においてずらされたものもある。何よりも、孔子と子路との師弟としての情愛と理解、その中で子路が師と自身の運命を認識する箇所を、敦は「それは、消極的に命なりと諦める気持とは大分遠い。同じく命なりと云ふにしても、「一小国に限定されない・一時代に限られない・天下万代の木鐸（ぼくたく）」としての使命に目覚めかけて来た・かなり積極的な命なりである。」とする。中島敦は、古代中国の世界を舞台に人間存在を圧殺する運命を描いたが、『弟子』の場合は、苛酷な運命においても、孔子という「精神的支柱」を得て、限界ある自己の「性情」に殉じることで自らの運命を生ききる「弟子」子路を創り出している。

『弟子』の典拠の一つである『春秋左氏伝』を主たる典拠としながら、主人公を圧殺する運命そのものの存在を、典拠を改変しつつ造形したのが『牛人』である。魯の叔孫豹は下降する天井に圧迫される夢の中で（『春秋左氏伝』では「天己（てんおのれ）を圧（あつ）して勝（た）へず」）自身を救ったはずの我子「豎牛」に、理由もわからぬまま餓死へと追い込まれていく。典拠が一登場人物で

＊7　国民文庫刊行会、一九二〇年一〇月。

＊8　塚本哲三編、有朋堂書店、一九二五年一月。

ある豎牛の行為を客観的に語るのに対して、『牛人』では、死にゆく叔孫豹の視点から、豎牛を「最早人間ではなく、真黒な原始の混沌に根を生やした一個の物のやう」「世界のきびしい悪意」と超絶的存在として描いている。

作品論において、典拠の改変が大きな転換点になるのは『李陵』であろう。[*9] 僅か五千の兵を率いて匈奴と戦い捕虜となった李陵は、『漢書』「李廣蘇建伝」においては、「陛下に報ずるの面目無し。遂に降る」と、自ら意識的に投降している。敦自身が作成した李陵に関わる年表（『御台所当座帳』）に「天漢2／99／陵降虜」と記しているが、作品『李陵』では、「麾下を失ひ全軍を失つて、最早天子に見ゆべき面目は無い」という李陵の思いは、討死を覚悟で敵中に身を投じる理由に置き換えられており、その直後背後から殴られ「失神」した結果、捕虜になったと改変している。その改変が、敵地で単于の首を狙いながら、漢の一族処刑などを経て次第に実質的な投降に傾いていく李陵の心情変化と、蘇武との対峙による自己発見を導いていくことになる。次に、李陵の祖父李廣の最期に関して、『漢書』「李廣蘇建伝」では、対匈奴戦において迂遠な東道行軍を命じられた李廣が道に迷い、衛青将軍との合流に遅れた責により自刎したとされる。だが作品『李陵』では、族滅を報された「憤怒」の中に語られる李陵の思いに、祖父李廣の作戦上の失策は表れず、大功を樹てながら君側の奸佞に妨げられて何一つ恩賞にあずからなかったこと、「廉潔」ゆえに終始「清貧」であったことが語られるのである。さらに李陵と蘇武との再会については、すべて李陵の主観を通して描写

＊9　『李陵』に関して、村田秀明『『李陵』の創造』が典拠の考証の上で作品成立過程を検証しており、山下真史・村田秀明『中島敦『李陵・司馬遷』定本篇／図版篇』（中島敦の会、二〇一二年一一月）『中島敦『李陵・司馬遷』注解篇』（中島敦の会、二〇一八年一一月）が校訂・註解を行っている。

されており、『漢書』「李廣蘇建伝」にある蘇武の「面目」に関する発言と、李陵が自身の投降を蘇武に弁明する言葉が、作品『李陵』にはない。中島作品の李陵は、武帝の死に号泣する蘇武の内に「漢の国士への愛情」を発見し、それが自身には失われていることに向き合うことになる。

李陵と対置される司馬遷についても、『史記』「太史公自序」に語られた「述而不作」（述べて作らず）について、敦は、人物が作者に「のり移りかねない」「異常な想像的視覚」による述べ方であると解釈するが、本稿では、李陵の人間像が新たに創作される過程を、漢籍典拠と対照しつつ自筆原稿の推敲跡に見たい。

典拠『漢書』「李廣蘇建伝」において、李陵は蘇武に妻の再婚を告げて投降を勧め、自身について次のように語る。

陵駑怯と雖も、令し陵の罪を許し、其の老母を全うし、大辱の積志に奮ふを得させんとすれば、曹柯の盟を庶幾せんや。此れ陵の宿昔の忘れざるところなり。収めて陵の家を族し、世の為に大戮すれば、陵尚ほ復た何をか顧みんや。已んぬるかな。子卿をして吾が心を知らしむるのみ。

また『文選』「答蘇武書」（『国訳漢文大成　第四巻』[*10]）には、以下のようにある。

○陵、心を刺して以て自ら明し、頸を刎ねて以て志を見すを難からず。顧ふに國家我に於て已みぬ。身を殺すも益なし。

＊10　国民文庫刊行会、一九二二年五月。

○陵恩に孤くと雖も、漢も亦徳に負けり。昔人言へるあり、忠、烈ならずと雖も死を視ること歸するが如しと。陵誠に能く安んずるも、主豈復た能く眷眷たらんや。男兒生きて以て名を成さず、死して則ち蠻夷の中に葬られん。誰か復た能く身を屈して、稽顙し、還りて北闕に向ひ、刀筆の吏をして其文墨を弄せしめんや。願くは足下復た陵に望むなかれ。嗟乎子卿夫れ復た何をか言はん。相去る萬里、人絶え路殊なり。生きて別世の人となり、死して異域の鬼となり、長く足下と生死辭す。

この二つの典拠において、李陵は主君による族滅の怨みによって、漢への恩に背く自己の意思を吐露する。「顧ふに國家我に於て已みぬ」「陵恩に孤くと雖も、漢も亦徳に負けり」は、忠誠を尽くす自己に報いるべき国家という認識と、国家への絶望ゆえに自刃せず異域に生き続ける意思を、生き生きと描出している。

これに対し、中島敦は、蘇武が自刃しないことを訝しむ李陵が、自身が匈奴に生きながらえる理由を自らに問いかける箇所を、次のように推敲している（写真２）。

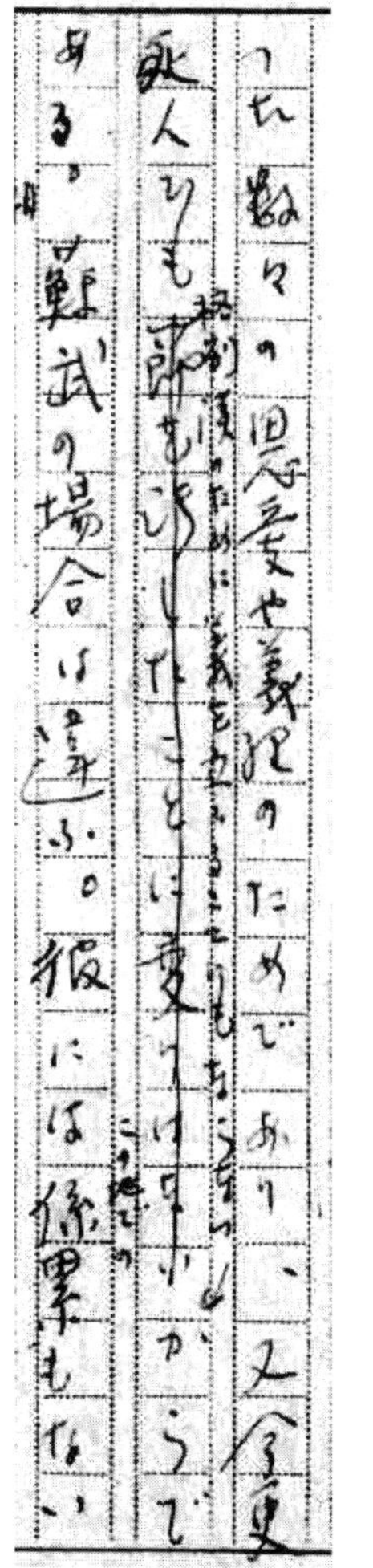

写真２　『李陵』草稿
（神奈川近代文学館蔵）

（推敲前）李陵自身が希望のない生活を自らの手で断ち切り得ないのは、何時の間にか此の地に根を下して了つた数々の恩愛や義理のためであり、又今更死んでも節を汚したことに変りはないからである。蘇武の場合は違ふ。　←

（推敲後）格別漢のために義を立てることにもならない

当初、敦は李陵が自殺しない理由を、作品中周到に設定した「この地に根を下して了った数々の恩愛や義理」に加えて、「又今更死んでも節を汚したことに変りはないから」とした。この場合、李陵には結果的にだとしても「節を汚した」という自覚があり、死を以てしても回復しえないという絶望にある。それを敦は推敲し、「又今更死んでも格別漢のために義を立てることにもならないから」と改訂した。この「格別」には、自身の家族を処刑した漢への怨みとともに、敢えて「義を立てる」ことを軽く見なそうとする李陵の荒廃した心情が伺える。もし、李陵に「節を汚した」自覚があったなら、後に武帝の死に号泣する蘇武に「清冽な純粋な漢の国土への愛情」を見いだしても、「己と友とを隔てる根本的なもの」にぶつかることも「己自身に対する暗い懐疑」に追いやられることもない。しかし李陵が対峙せねばならないのは、蘇武と違って「今一滴の涙も泛んでこない」自己、それまでその自覚なく、蘇武の漢の国土への愛情が「意地」としか見えなかった自己なのだった。敦は、一度は李陵に「漢節を汚した」という呵責を与えながら、「漢に義を立てる」機会を諦念のなかで想定する態度に推敲したのである。この推敲は、『文選』の「陵恩（りょうおん）に孤（そむ）くと雖（いへど）も、漢（かん）も亦徳（またとく）に負（そむ）

けり」という憤怒に引き寄せたものといえるだろう。敦は、李陵を一族や部下、単于の長子左賢王など、身近な人々への情に脆く、自身の感情に従って行動した結果に絡めとられていく人物として造形したが、その過程における原典の扱いは、李陵の怨みと憤怒を典拠に寄せて描出する一方、典拠にある蘇武への降伏勧告も、自身の選択への弁解も語らせず、号泣する蘇武を前に自己への「暗い懐疑」に内面において向き合う、というように、極めて繊細である。

『李陵』について、敦が漢籍典拠を基盤に人物の内面を創作していく例を挙げたが、さらに中島作品と漢籍との関係性に関しては、物語の骨子となる典拠の外に、作品主題や挿話の本質に関わる典拠が、現在も見いだされつつある。例えば、『名人伝』の最終段には、邯鄲の一商人の話として、弓の名人紀昌が雲の上で「古の名人・羿と養由基」を相手に腕比べするのを見たと記される。作品では名前のみ記される「羿（げい）」と「養由基（ようゆうき）」には、作品の主題に関わる典拠が暗示されている。『孟子』離婁章句下第八では、逢蒙が師の羿を殺した経緯が、『名人伝』の飛衛に対する紀昌の行為と重なり、孟子が「亦羿も罪あり」とする評価の根拠、弟子の人間の正しさを信頼してこそ師は奥義を伝授するべきという意が、『名人伝』の飛衛に投げかけられている。養由基に関しては、『戰國策』巻第一「西周赧王」中の「百発百中」が、『名人伝』では飛衛の射術として使用され、次いで紀昌も修得したとされる。さらに『淮南子』「説山訓」には、養由基が矢を発する以前に白猿が泣き叫んだという挿話があり（『呂氏春秋』

「秋巻二十四不苟論 五」では、猿は身動きできなくなる)、この挿話は『名人伝』で紀昌が究めようとした「不射之射」の本質に関わりながら作品には登場せず、「百発百中」のみが、養由基のものとも示されずに使用されているのである。

なお、中島敦作品と漢籍との関わりは、古代中国を舞台とするものにとどまらない。「南洋もの」の一つである『幸福』では、夢の中で富裕な長と最下層にある貧しい男の立場が入れ替る。作中パラオのオルワンガル島の昔話とされるが、この類似の物語が『列子』「周穆王第三」に見られる。

第三節　中島敦作品に見る人物造形と漢籍典拠

中島敦が漢籍から物語を得て「創作」するとき、典拠を参照しつつ独自の世界観・人物像を立ち上げていくプロセスを確認できる。本節では、敦の主たる文学テーマである「存在の不確かさ」と、運命的な「所与」の一つである「性情」について、漢籍との関わりに触れておきたい。

高等学校教師の日常を素材に「存在の不確かさ」「自己の性情」を内省によって追求する『かめれおん日記』と『狼疾記』(ともに『南島譚』初出)には、エピグラフとして各々『韓非子』と『孟子』の章句が掲げられている。これは中島敦が原典の解釈を超え、近代人の内省を象徴する意味に転じて解読したものである。

『狼疾記』の冒頭には、「養其一指、失其肩背、而不知也、則為狼疾人也。——孟子——」と、『孟子』「告子章句上」の章句が記される。「孟子曰く、人の身に於けるや。愛する所を兼ぬ。愛する所を兼ぬれば、則ち養ふ所を兼ぬるなり（略）體に貴賤有り、小大有り。小を以て大を害することなく、賤しきを以て貴きを害することなかれ。其の小を養ふ者は小人たり、其の大を養ふ者は大人たり。（略）其の一指を養ひて、其の肩背を失ひ而も知らずんば、則ち狼疾の人と為さむ。」（『国訳漢文大成』第一巻）[*11]という、この「一指」に、敦は主人公三造が囚われた存在の不確かさへの不安を象徴させ、「肩背」を、真に生きて実現すべきであった自己と見ている。

『かめれおん日記』冒頭には、「蟲有蚘者。一身兩口、爭相齕也。遂相食、因自殺。——韓非子——」とある。『韓非子』では、この「蟲に蚘といふものあり。一身に兩口あり。爭ひて相齕めり。遂に相食み、因つて自ら殺しぬ。」に続き、「人臣の事を争ひて其國を亡ぼすもの、皆蚘の類なり。」[*12]とあるように、政治的闘争を意味するものである。これを敦は作品中「身体を二つに切断されると、直ぐに、切られた各ゝの部分が互ひに闘争を始める虫があるさうだが、自分もそんな虫になつたやうな気がする。といふよりも、未だ切られない中から、身体中が幾つもに分れて争ひを始めるのだ。外に向つて行く対象が無い時には、我と自らを噛み、さいなむより、仕方がないのだ」と、内攻する自意識の問題に転じている。

写真3は、現在残された『かめれおん日記』草稿の題名に貼紙されたもので、この貼紙の

＊11　国民文庫刊行会、一九二二年一〇月。

＊12　『国訳漢文大成』第九巻、国民文庫刊行会、一九二二年二月。

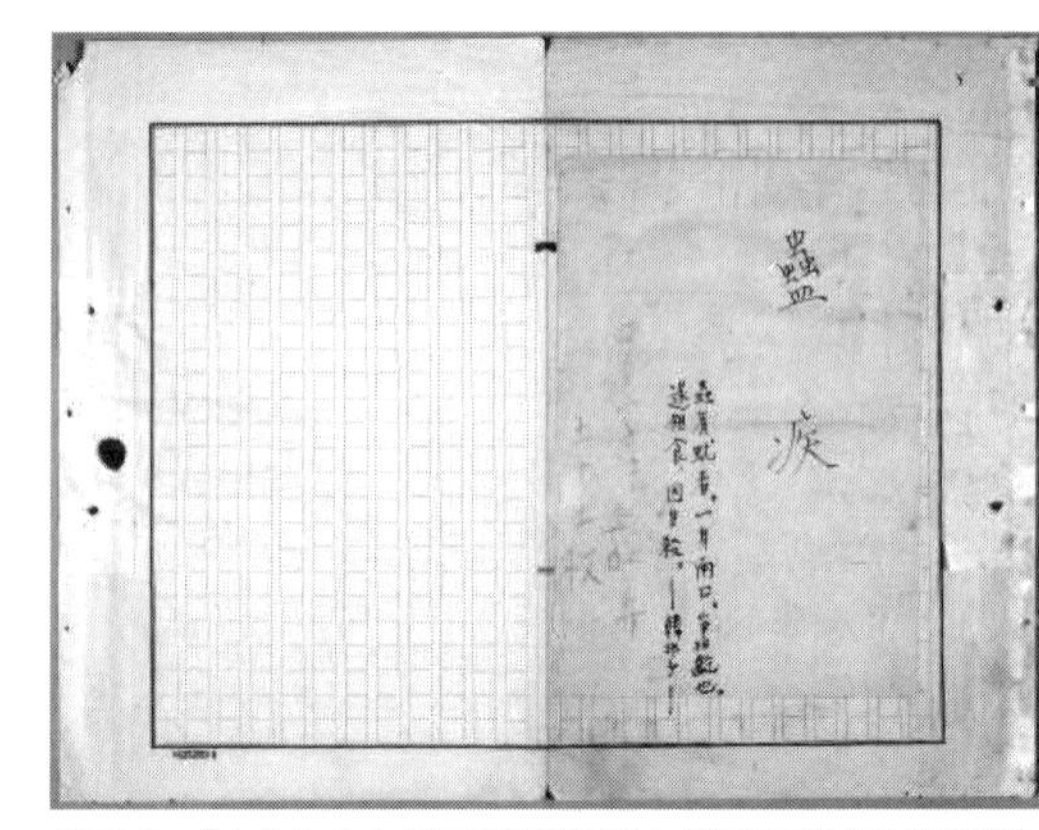
写真３　『かめれおん日記』草稿貼紙上（神奈川近代文学館蔵）

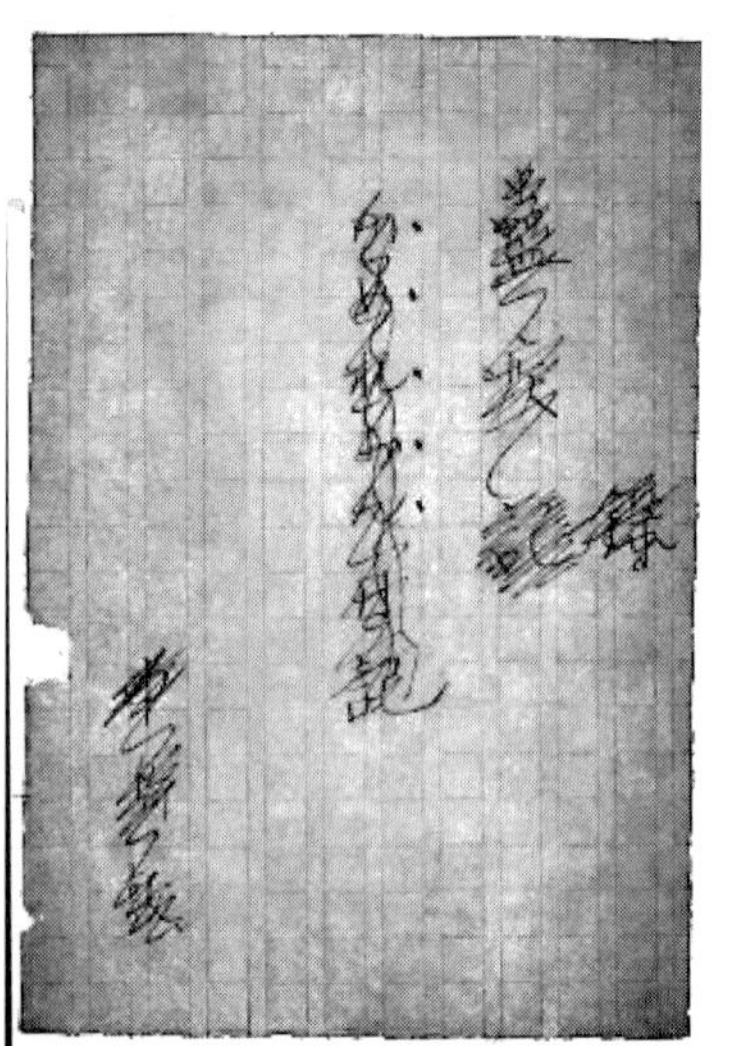
写真４　『かめれおん日記』草稿貼紙下（神奈川近代文学館蔵）

下が写真４である。この題名草稿から推定すると、題名決定の順序は、「かめれおん日記」→「蠱疾記」→「蠱疾録」→「蠱疾」（『韓非子』章句記載）であり、『南島譚』所収の際に、「かめれおん日記」と改めて題され、『韓非子』の章句が残されたのである。「蠱疾」の用例には、『春秋左氏伝』（宣公八年）に「晉の胥克、蠱疾あり。郤缺、政を爲す。」とあり、この「蠱疾有り」は「惑うて以て志を喪ふ也」（『国訳漢文大成』「春秋左氏傳上」（国民文庫刊行会、一九二〇年一一月）、「蠱疾、鬱々として樂まず、頭惱の極めてぼんやりとする病である。神經衰洒症である、或は蠱亂して志を喪つたものと解し、亂心狂氣だともいふ（『漢籍國字解全書　第問四佝』（早稲田大学出版部、一九三二年一一月）等と註している。『過去帳』

二編は当初、「存在の不確かさ」に囚われる自己の「病」を、悔恨を籠めて語る「蠱疾記」「狼疾記」として構想されたのであろう。また「蠱疾」の「蠱」は、「巫蠱」「蠱毒」を連想させる。「蠱毒」は、皿に入れた虫達が戦って最後に残った一匹で呪うものである（「（［時珍日］造レ蠱者以二百蟲一寘二皿中一相啖食一取二其存者一為レ蠱）」）。*13 敦は「蠱」に精神の病「蠱疾」と、一匹に両口あって自殺する「蚘」よりも烈しく相食み争う「蠱毒」のイメージを重ねて発想したのである。作品本文の、原典にはない「身体を二つに切断されると」「身体中が幾つもに分れて争ひを始める」という前提には、敦によって新たに「蠱疾」のイメージが加えられたと見られる。

　中島敦作品において、「存在の不確かさへの疑念」「自己を損なう性情」が、主人公の運命の転換点として明確に設定されたのは『山月記』である。「直接の典拠」とされるのは、唐の李景亮撰「人虎伝」であり、典拠からの改変は多いが、特に李徴の「性情」に関わる点を挙げる。『人虎伝』*14の李徴は、自身が虎と化した理由を「ただ行の神祇に負けるを以て」と言い、具体的には「南陽の郊外に於て嘗て一孀婦に私す。其家竊に之を知り、常に我を害せんとの心あり。孀婦是れより再び合ふを得ず。吾れ因つて風に乗じて火を縦ち、一家數人盡く之を焚殺して去る。此を恨となすのみ」と語る。これに対して『山月記』はこれを描かず、李徴は、「理由も分らずに押付けられたものを大人しく受取って、理由も分らずに生きて行くのが、我々生きもののさだめだ」と嘆じた上で、「臆病な自尊心」「尊大な羞恥心」という「性情」を自己の内なる「虎」と呼び、「之が己を損ひ、妻子を苦しめ、友人を傷つけ、

---

*13 『本草綱目』「蠱蠱拾遺」半田屋出版部、一九一八年二月。

*14 『国訳漢文大成』「晉唐小説」国民文庫刊行会、一九二〇年一二月。

果ては、己の外形を斯くの如く、内心にふさはしいものに変へて了つたのだ」と吐露する。「詩家としての名を死後百年に遺さうと」しながら、その「性情」ゆえに「才能を空費」したというのが、中島敦による創作である。

それに応じて、『山月記』では、李徴が朗誦する自作の詩について、袁傪が「この儘では、第一流の作品となるのには、何処か（非常に微妙な点に於て）欠ける所があるのではないか」と「漠然と」感じたことが加えられている。『人虎伝』で、袁傪は「閲して歎ずること再三に至る」とあり、最後に詠んだ「偶ゝ狂疾に因つて…」の詩に対しても「傪之を覧て驚いて曰く、君の才行我れ之を知れり」とある。「驚いて」という地の文は、言葉が袁傪の本心であることを示している。

『山月記』において、なぜ李徴の「文名は容易に揚らず」、詩は世に受け容れられなかったのか。敦は袁傪の「何処か（非常に微妙な点に於て）欠ける所がある」という評価を創作するとともに、『人虎伝』に比して袁傪を懐深く誠実な人物として描き（①駅吏が人食虎が出るから出発を待つよう進言した際、『人虎伝』の袁傪は、自分は天子の使いであり供廻りが多いため「山澤の獣能く害をなさんや」と「怒りて」言うにも関わらず、虎の出現に「驚くこと甚し」といった小人物であるが、『山月記』では怒らず「供廻りの多勢なのを恃み」駅吏の言葉を退ける。②『山月記』の袁傪は、「昔の青年李徴の自嘲癖を思出しながら、哀しく聞いてゐた」という李徴への真情が描かれている）、その言動を読者に信頼させるべく周到に準備している。敦が袁傪の李徴の詩への批評を慧眼として語ったならば、「李徴にとって」詩作はいかなる境地を求めてのものであるのか、至高の芸術とは何か、という疑問が当然浮上するであろう。しかし、『山月記』において『人虎伝』よりも〈詩人への執念〉をより強調された李徴が目指す芸術的価値について、作品中言及していないことに気づかされるのである。

　進士に登第した李徴は、古今の詩文を諳んじていたはずであるが、自身が他者の詩に感動を覚えたことがあるのかどうかを語らない。彼は一方、「元来詩人として名を成す積りでゐた」「作の巧拙は知らず、とにかく、産を破り心を狂はせて迄自分が生涯それに執着した所のもの」「己の詩集が長安風流人士の机の上に置かれてゐる様を、夢に見ることがある」等と、自身の執着と詩人として大成する「夢」を語る。にも関わらず、他の文人や名作には一切触れず、「自分はどのような詩に感動するのか」を語らない。「詩作」への情熱を語る李徴は、「詩」への愛を語らないため、その語りからは、李徴にとっての詩の意味・魅力の実質は見えてこない。

　中島敦が描く表現者は、『光と風と夢』のスティヴンスンならば「空想と言葉の織物」を「技術家としての誇」をもって、『李陵』の司馬遷ならば、苛酷な運命に圧殺される人物の志を「異常な想像的視覚」をもって「己自身」が「書中の人物」に成り代ってとあるように、「何を」「いかに」表現するかという中身が明確に描写されている。『悟浄歎異』の行動者悟空でさえ、悟浄に「詩人」と呼ばれるのは、その眼が外部に感動すべき「意味」を与えるからである。一方、表現者としての対象の選択、自身にとってのその意味が、『山月記』李徴の語りには見えない。この表現者の造形の相違からも、『山月記』李徴には、〈語りに自身にとっての芸術内容の意味や価値が含まれない〉という限定性があることは、敢えて設定されたと見るべきであろう。この限定性の上に、袁傪の評価「何処か（非常に微妙な点に於て）欠ける所があるのではないか」が、創作されている、李徴には、その「微妙な点」が見えておらず、それは袁傪にのみ感知されたのである。

重要な点は、『山月記』の李徴が、次第に人間としての自己が失われていく中にあって、自己の性情ゆえに原因があり、才能を専一に磨かず空費したと悟り、痛切な後悔をもって語っている、その反省においてさえ、自身が感動をもって創作し、他者の心をゆり動かすであろう芸術的価値の中身を語らないことである。敢えて語らない可能性は、思いの丈を吐露する状況から見て想定し難く、そこに意識が向かわないのか、実感できないために見えないのか、というきわめて厳しい造形を、中島敦は行っている。李徴は、自身の宿願を、「長安風流人士に自分の詩が愛読されるという形でしか語ることができず、羞恥心ゆえでもあろうが、自作の「巧拙は知らず」としか表現できない。そして自らの詩の素材とすべき風物、機微、情感、古今の名作に対する愛惜など、詩の内容を語ることはない。痛切な転換点を経験しながらも、なお認識に限界のある李徴を、袁傪の眼が照らし出す。袁傪が「何処か（非常に微妙な点に於て）欠けるところ」、つまり芸術的価値の深浅を感知するということは、高級官僚が文人である唐代社会において、袁傪は文人かつ官僚という内外の要請を調和させ得た、芸術的理念を有する人物であると、敦によって造形されたことを意味している。

典拠の物語構造を十分に活用しつつ、中島敦はその小説において、予期せぬ運命に翻弄される、認識の転換を迫られる人物の、その痛切な悔恨においてさえ存在する、本人には自覚できない限界を描く。創作過程において、『名人伝』の紀昌が、草稿で飛衛に「素直に叩頭」して門下に入ったものが、定稿で師を「物色」したと推敲されたように、また『李陵』の李陵が、「節を汚した」自覚があったものが、自殺しても漢に「格別義を立てることにもならない」と、諦念と怨みの中で情を喪失した状態に推敲されたように、再度主人公は限界を設定されて、甘蝿や蘇武・司馬遷といった他の人物に照射されて自己を懐疑し、なおも至りきれず、そのありようが人間にありうる内面的悲劇としてあたたかく描き出される。『弟子』においては、師と自己の「命」を理解し孔子に心で向かいながら、なお「教え」には背いて性情に殉じる子路の姿を、すべてを理解する孔子の愛によって包みつつ描いている。

漢学の受容から創作へ、漢籍典拠を活かし、改変し、苛酷な運命の中で模索する主人公を彫り上げていく中島敦の手法と人間認識は、この上なく魅力的である。

（備考）中島作品の引用は『中島敦全集』（筑摩書房。二〇〇一年一〇月―二〇〇二年五月）に拠り、漢字を新字体に改めている。

第二章　石川淳——「論語」素読から考証学・シナ学まで

山口俊雄

第一節　素読

石川淳（じゅん）（一八九九—一九八七）に、次のような文章がある。

わたしは幼少のみぎり、毎日のやうにぢいさんの部屋に呼びつけられて、机の前にすわらせられるといふ家内工業的な科目があつた。机の上には、四角な字のならんだ大版の本がひろげてある。今おもへば江戸の刊本の、これが論語といふ小にくらしいしろものに相違なかつた。ぢいさんがムニヤムニヤ読む。わたしはただそのまねをして、無意味に口を動かしてムニヤムニヤ……もとよりこころここに在らずで、食らへどもそのあぢはひを知らず、漫然と火の玉を食らつたのみ。（「一冊の本」[*1]）

幼年時代に祖父から「論語」のいわゆる素読をさせられたことが述べられており、もちろんこれは強いられたものだったが、続く箇所で《こどものときのムニヤムニヤがいつか文字のかたちを取り意味を取つて、子曰先進於礼楽野人也とか顔淵問仁子曰克己復礼為仁とか、

＊1　一九六一年、⑭四一五。以下、石川の文章からの引用は、『石川淳全集』（全一九巻、筑摩書房、一九八九—一九九二）に拠るものとし、初出の年、全集の巻数（丸囲み数字）、頁（ノンブル）（漢数字）を記す。

文句のきれはしが存外すらすら、仲尼さんとは古いなじみのやうな顔をして、をりにふれては口に出る》と、その成果も語られている。石川淳の、この世代の者としては異例な漢学的素養の由来が、この〈祖父からの素読教育〉に言わば伝説化されている。

　この祖父について、石川は吉川幸次郎との対談「中国小説と古典」で《祖父は石川甲太郎といいましてね、聖堂には顔を出していたようですが、儒官というほどのものじゃありません。［略］甲太郎は通称で、ナントカ斎とかいう号があります。夏生ともいってたかな。ヘッポコですよ（笑）》と述べている。[*2] 相手が中国文学研究の大家・吉川幸次郎ということもあってか、かなり身内を卑下した調子になっているが、日本史研究者の調査により、今日、石川の祖父・省斎石川介についてもう少し正確なところが明らかになっている。

　若い頃（一八六四年）、昌平黌（昌平坂学問所）から和学講談所に引き抜かれ相応に出世を果たしたが、幕末の混乱の中で講談所が廃止された後は、昌平黌や講談所から維新政府が職務や人材を受け継いで設置した諸機関（大学、国史編輯局など）には加わらなかったようだ。[*3] 明治政府には仕えなかったものの、ただし、明治初年代に、『皇朝分類名家絶句』（一八七〇）、『皇朝詠史鈔　初編』（一八七〇）、『詠史百絶』（植村正義編、石川省斎校、一八七一）、『令集解』（惟宗直本編、石川介校、一八七一、一八七二）、『才子必読皇朝精華集』（一八七五年）、『才子必読皇朝精華集　続編』（一八七五）と、立て続けに書物を編纂、発行している。

　江戸末期の修史官だった者として、明治初めに『令義解』校本の刊行に尽力し、その資

＊2　一九六九年、『夷斎座談』（中央公論社、一九七七年）、九二

＊3　渡辺滋「石川省斎の『令集解』版行—近世における律令研究とその後世への影響を中心に」（『日本歴史』二〇〇三年八月）

金集めの目的もあって漢詩アンソロジストとして振る舞ったが、その後何も残さなかった人物は、小説家となる孫とは異なり、創作＝自己表現にはほとんど関心がなかったようだ。漢詩人として作品を残すこともなかった。ただ、幕末から明治維新へという時代の大転換によるさまざまな曲折があったにもせよ、このような文化資本を受け継いで石川が育ったということは確認できる。

第二節　論語・孟子・江戸の儒学

前節で見たように祖父から素読で仕込まれた「論語」であったが、小説では、「いすかのはし」に《告朔の餼羊か》、《春服やうやく成つたときには、どこにも著て行くところが無い[＊4]》と〈八佾(はちいつ)〉〈先進〉を踏まえた語句が出てくるほかは、「少年少女読物　渡邊崋山」で、師の鷹見星皐から「論語」のどの言葉が一番好きかと問われた崋山が《中でも、学ビテ時ニ之ヲ習フ、亦楽シカラズヤといふ言葉が好きでございます[＊5]》と応じるところに出てくるぐらいである。

エッセイでは、「武満徹(たけみつとおる)断片」で、《孔子は人間ができあがつてゆく過程を示して、詩に興り、礼に立ち、楽に成るといつた》〈泰伯〉、《孔子のもつともよろこんだのは韶である。美を尽し善を尽すといふ。韶とは舜の世の管弦楽である》〈八佾〉、《子、斉に在りて韶を聞く。三月、肉の味はひを知らず。そこでいふことに、音楽といふものがこれほどすごいものとはおもは

＊4　一九四七年、②五八一、六〇一

＊5　一九四三年、⑪二〇八

なかつたと、論語に見える》〈述而〉と、音楽家を称賛すべく「論語」から音楽に関わる箇所を巧みに選び出している。[*6]

「いすかのはし」で踏まえられていた〈先進〉中の曾晳の発言《暮春には春服既に成り……》は、かつて私淑していた荷風への烈々たる追悼文「敗荷落日」にも、《わたしは変り身の妙のことをいつてゐる。暮春すでに春服とは、かういふ気合のものである[*7]》と踏まえられている。

別のエッセイ「仕事について〈夷斎筆談〉」で、孔子の遊説活動について《運動の周縁には、その努力を虚妄と観ずるやうな別の世界観が配置されてゐた》とし、〈憲問〉の微生畝（びせいほ）のエピソードに触れ、《また楚狂接輿あつて、鳳の徳のおとろへたることを歌ふ。また長沮桀溺あつて、奔走のむなしきことを笑ふ。また荷蓧丈人あつて、杖を立てて草をきり、目に夫子をみとめない。（論語微子篇）》と、孔子の活動を相対化する他者の存在に着目している。[*8]

孔孟と並称される孟子については、小説では「渡邊崋山」で、《崋山の詩に、鄭老蘭詩といふものがある。［略］孟子にしたがつて、士為サザル所アリ、然ル後ニ以テ為スアルベシと考へる。鄭老蘭詩は右に託して志を述べた作である[*9]》と言及するのみである。

エッセイでは、「古風な話」で、漢文の教科書に載る「孟子」の《例の「富貴も淫すること能はず云々」》〈滕文公下〉の条の解釈について中学生から問われたエピソードに触れながら、《大体孟子一巻が政治時評の寄せ集めであることは一見して明らか》で、《それ自身価値

＊6　一九八一年、⑯六五六、六五七

＊7　一九五九年、⑭二五九

＊8　一九五一年、⑬一四〇

＊9　一九四一年、⑪一七三。〈離婁下〉。

ある特定の個人の努力が文化一般の関係に於て孤立的位置しか持ち得ない歴史は傷ましいものだ》と、普遍性、発展性の欠如を言い、《例へば「士為さざる所あり、然る後に以て為すあるべし。」と言ふ文句なども孟子の自負的姿勢のほかにどんな規律を含んでゐるのか。男子の気概（ママ）のみを以て道徳が成り立つものならば、何も苦労はいらないのだ。ところで、このやうな古風な文章の切端を今日の日本が教科書として少年に課してゐるのは何のためであらう》と問う。[*10] 初出誌『文芸懇話会』は政治主導で作家の動員を目指す文芸懇話会の発行であり、「孟子」批判には文学に対する政治＝道徳の押しつけへの批判が託されていよう。

さらにエッセイ「沈黙について〈夷斎筆談〉」では、《論語にはまだしも孔子といふ人格とその生活があつて、対話を支へ、対話のあとの空白を充実してゐる》が、《孟子の方法は雄弁であ》り、《むしろ縦横の論客の遊説にちかく》、《方法論的に論語とは異質の書であつた》と述べ、テクストとしての両者の質的相違が言われる。このあとこのエッセイでは、《世に孔孟を並称する。そして、諸子百家の中に入るべき孟子を、あげて四書の一つにかぞへる。この謎は学問道徳の歴史の中にではなくて、たぶん後代の教育行政の仕掛の中にでもひそんでゐるのだらう》と江戸時代の経学批判に及ぶ。《最悪のものは武家学者たる経儒先生が指導原理として発明した道義といふ思想であつた。この固定せる道徳思想を政治の場にもちこんだのは、あきらかに経学の悪徳と見るほかない。》《文章経国とは、じつは道義の幇間の思想であつた。それが日本の文章をどれほど感覚的に下品にさせたか測りがたい》と江戸の官

＊10　一九三六年、⑫五八一―五八三

学＝儒学に対してボロクソである。

続けて、《江戸学者の中でも、いくぶん気のきいたやつは敏捷に経学から去つて詩文に遊ぶ。またわづかに学問の血路をひらいて、集書校勘といふ無言の大業にしたがふ》とし、後者の好例として、《狩谷棭斎のやうな非凡の考証学者がその身分に於て政治とも経学とも縁の無い町人であつたといふことは、むしろ幸運なる必然とみとめられる。江戸の儒林にのこされた唯一の学問の領域は、決して形而上学の雄弁ではなく、ただ沈黙の時間を仕事場にするところの、校注纂詁の努力であつた。この努力は人生認識について人間の目をひらかしめるやうな作用をもつものである》と述べる。[*11]

この訓詁への評価については、吉川幸次郎との前掲対談でも狩谷棭斎、さらに松崎慊堂を高く評価していることを言い、《フィロローグのほうが偉いと思うんです。前漢のときに孔子の学が国学ということになって以来、学問の自由は訓詁のなかにあったというのが、ぼくの見方なんだ》と述べる。[*12]

先ほど見た「沈黙について」に《江戸学者の中でも、いくぶん気のきいたやつは敏捷に経学から去つて詩文に遊ぶ》とあったが、こちらについては、エッセイ「江戸文学について」[*13]で詳述しており、荻生徂徠（おぎゅうそらい）が先王の道を文雅風采（ぶんがふうさい）と見定め詩作を重視したところから、門下から服部南郭のような者が現われ、明和・安永・天明あたりの江戸文学のピークに繋がって行くという展開が示される。南郭評価の一方で同じ蘐園門下の太宰春台に批判的という構

*11　一九五〇年、⑬四六―四八。なお、石川には棭斎書簡から考証を実践してみせたエッセイ「棭斎消息」（一九七二年、⑯）がある。

*12　前掲『夷斎座談』一〇三、一〇四

*13　一九七二年、⑯

図は、小説「焼跡のイエス」で、語り手が谷中の天眼寺の太宰春台の墓を掃苔しようとしていたという設定であるにもかかわらず、あくまでも服部南郭の撰による墓碣銘に関心があるのみで、《春台を弔ふためではない。わたしは経学の門外漢だから、太宰氏の学風とは縁がなく、またその伝へられる人柄も好まない》と断り、ここでも《明和安永天明の間江戸の文苑に風雅が栄えたのは、南郭先生がさきだつて世に広めた瀟洒たる唐山の詩の余韻に負ふところすくなしとしない》述べている。[*14] 小説家だから当然のことかもしれないが、この通り石川は徂徠＝南郭のラインを重視している。

ただし、「江戸文学について」で石川は、徂徠が《怪力乱神を語らず》、《神怪の消息をうかがふことができない》、《たとえば読老荘といふやうな著述はなかつた》ことのもの足りなさを指摘することも忘れない。そして、このエッセイは《それにしても、和朝の漢学は江戸に入つて集大成したといふのに、儒における徂徠学に匹敵するやうな老荘の学がおこらなかつたのは、網の目に穴があいたやうです。［略］惜しいことでした。惜しいとは、［略］今日の文学のために申すことです》と結ばれている。[*15]

次節では、この老荘の方面について見よう。

第三節　老荘・神仙・竹林の七賢

＊14　一九四六年、②、四七七

＊15　⑯、五一五、五一八

石川淳の小説家デビュー作「佳人」には、竹林の七賢の一人・阮籍(げんせき)の詩からの引用《門ヲ出デテ佳人ヲ望ム佳人豈ココニ在ランヤ》[*16]と、「老子」からの引用《埴ヲ挺シテ以テ器ヲ為ル其ノ無ニ当ツテ器ノ用アリ》[*17]とがあり、このことは石川淳の文学観・世界観を考える上で象徴的であると理解できそうだ。

竹林の七賢については、前項でも触れた「江戸文学について」で次のように述べている。

竹林の七賢の一人、劉伶(りゅうれい)の酒徳頌にタダ酒ノミ是ヲ務ム、イヅクンゾ其余ヲ知ランといふくだりがあつて、［略］酒だけがつとめだ、ほかのことは知つちやゐないんだといふわけです。酒に徹したはてに、どうなるかといふと、兀然(こつぜん)トシテ酔ヒ恍爾トシテ醒ム、静ニ聴ケドモ雷霆ノ声ヲ聞カズ、ツラツラ視レドモ泰山ノ形ヲ見ズといふ妙境に達する。[*18]これはことばを修飾してゐるのではない。ほとんど宗教的な陶酔の状を示してゐます。つとめとは勤行といふのに似てゐる。一心不乱のはずだからほかのことなんぞは歯牙にもかけない。酒をもつて徳目にあげた所以でせう。また劉伶の仲間の嵆康(けいこう)は讒(ざん)のために刑死するとき、天日を仰ぎ琴をひきながら刑場にむかつたといふ。あたかも異端の教祖のやうな最期であつたのでせう。このとき、琴は祭祀の道具です。劉伶の酒もまた祭祀の供物として、おそらく死の観念を踏まへながら当人がこれをあふつたにちがひない。酒も琴も、ともに悲痛な虚無感にただよつてゐるやうです。老荘といふ世界観があたへられてゐるところでなくては、かういふ苦心をひそめた陶酔の天地のひらけるわけ

---

*16　「詠懐詩（八十二首）」其八十

*17　一九三五年、①一六七、一七〇

*18　この劉伶の詩は、石川の習作期の作品「拳」（一九二二年、①）にも引用されている。

がなかつた。[*19]

竹林の七賢の死生観に着目しながら、その支えとなる老荘的な世界観を重視している。

エッセイ「乱世雑談〈夷斎俚言〉」では、《魂魄この土にとどまつてイカリ天神になつてみせるよりも、今度は江戸から唐山に游学して、仙をまなんで自然法則をうばひとつたはうがいい。［略］諸君は仙人の元祖はたれだか知つてゐますか。黄帝とか太上老君とかいふのが元締のやうな顔をしてゐるのは後世の発明した形而上学ですよ。典型的の仙人生活として、史上実在の人物にその模範がある。漢の張良ですよ。［略］列仙伝といふのは中華板の黄金伝説だよ。謂ふところの老荘の精神が肉をとつて生活してゐるよ[*20]》と述べ、またエッセイ「面貌について〈夷斎筆談〉」では《明清の詩人》《唐山の士大夫たる美学者》について《身のおちつきどころは神仙への変貌であつた》と述べている。[*21] 軍部の台頭・転向文学の時代にデビューした石川淳にとって、理想と現実との乖離、精神と肉体との齟齬が課題となっている中、世界観・人間観の広がりを確保するための《游学》先として、老荘的世界観は不可欠なものだったに違いない。

戦時下東京の生活風景を描く「明月珠」で、語り手が早朝、深呼吸をし、清爽の気を受ける場面に、《仙術に謂ふところの太素内景の法である[*22]》との説明が付くが、空襲が盛んになった戦争末期のわずかな息のつきどころが神仙的世界観・語彙で説明されている。

石川には〈神仙譚〉と呼ばれる仙人を主人公にした短篇小説群がある。「鉄枴」「費長房」

＊19　⑯五一七

＊20　一九五一年、⑬一六八、一六九

＊21　一九五〇、⑬一三

＊22　一九四六年、②三一三。一九四五年四月脱稿。印刷所罹災（空襲）のため敗戦後まで発表が延びた。

（一九三八）「ころび仙人」（一九三九）「張柏端」（一九四一）がそれであり、戦時下の不自由さが、このような作品が生み出されるきっかけの一つであったに違いない。他にも敗戦後の社会に列子が登場する「列子」（一九四六）や、〈おとしばなし〉系の「おとしばなし列子」（一九五〇）、「金鶏」（一九六三）といった仙人が関わる作品があり、また、全集不収録の「茶番興行花いくさ」（『読物時事別冊・秋の小説』一九四八年一〇月[23]）に、《周穆王南征スルトキ一軍皆化ス。君子ハ化シテ猿鶴トナリ、小人ハ化シテ蟲沙トナル》と神仙術に関わる葛洪「抱朴子」からの引用が含まれており、いずれも小品ながら老荘・神仙への関心が創作の場面でも発揮されている。

「荘子」については、エッセイ「モンテーニュの「徳」について」（一九三四、⑫五四六、五四七）で〈内篇・大宗師篇〉の坐忘の箇所に触れているほか、晩年、エッセイ「忘言〈夷斎風雅〉[24]」で〈外物篇〉〈天道篇〉に、「神仙〈夷斎風雅〉[25]」で〈刻意篇〉に、「古書〈続夷斎風雅〉[26]」で〈大宗師篇〉に言及（引用）がある。

「老子」「荘子」からの引用は、他にも推薦文に散見するが、小説だと、「佳人」の次は一気に晩年に飛ぶ。「六道遊行」の作中に、奈良時代の坊主崩れの盗賊が、男女の営みを話題にする中、《もろこしの老子といふしれものは、谷神死セズ、コレヲ玄牝ト謂フ、玄牝ノ門コレヲ天地ノ根ト謂フと説いたぞ。玄牝とはあれぢやよ。女体の不思議は造化の秘義にかよふ[27]》と性に片寄せた理解を披露する場面がある。続く「天門」ではエピグラフとして《天門開闔　能為雌乎　　老子第十章[28]》が掲げられる。アジアとの文化交流事業の運営を成り行き

＊23　山口によって『昭和文学研究』第五〇号（二〇〇五年三月）に全文が紹介されている。

＊24　一九八三年、⑯

＊25　一九八三年、⑯

＊26　一九八六年、⑯

＊27　一九八一年、八二、⑩七五

＊28　一九八四年、八五、⑩二八九。天門の開き闔ずるに、能く雌を為さんか。小川環訳注『老子』（中央公論社、一九七三年）による。

で引き受けることになった主人公の言わば受動的なあり方とエピグラフとを重ね合せれば、現代を舞台にした小説がぐっと奥行きを獲得することになる。[*29]

ここで、陶淵明にも触れておこう。エッセイ「革命家の夢」で、日本や西洋の《ユトピア》思想に触れた上で、《武陵桃源（ぶりょうとうげん）》という《別天地》は《老荘列子》に由来する発想だが、陶淵明を俟って初めて文学上の形式として現われたという認識を語っているほか、[*30]エッセイ「読書法に就いて」に《陶淵明のごときは、書は甚解を求めずと称して、酒を飲んでゐた》[*31]、エッセイ「技術について〈夷斎筆談〉」にも《書を読むに甚解を求めずといふ》[*32]と、「五柳先生伝」の一節を二度にわたって引いている。石川の漢籍との付き合い方の一端を明かしてもいようか。

第四節　漢詩

次に漢詩について見よう。

小説作品における引用は、前節で見た竹林の七賢の阮籍・劉伶の詩句を除き、次の通りである。

「花の春」では、好々爺が気持ちよく酔う姿を白居易の七言律詩「故衫」の第四句、《襟上杭州旧酒痕》と重ね合わせ、[*33]「雪のイヴ」では、語り手が思い浮かべた袁中郎の詩句として、

＊29　漢籍（散文）が小説のエピグラフに掲げられたものとして、他に、タイトル「履霜」の由来を示す《霜ヲ履ミテ堅冰至ル　易経》（一九三七年、①四九九）、物語のモチーフと関わる《猩猩は往を知りて来を知らず、かささぎは来を知りて往を知らず／　淮南子氾論訓》を掲げる「小公子」（一九五一年、⑤九）がある。

＊30　一九六七年、⑮七一

＊31　一九三九年、⑫六〇五

＊32　一九五一年、⑬一一七

＊33　一九三八年、①五九三

古詩「古荊篇」から《俠客飛鷹古道傍、佳人賣笑垂楊裏[*34]》の一聯が引用され、また、《唐の詩人のなげきぶしに、請フ東海ノ水ヲ量ツテ淺深ノ愁ヲ看取セヨとある》と李群玉「雨夜呈長官」が引用される[*35]。いずれも、目前の情景と漢詩が提出するイメージとを語り手が重ね合わせることで、場面の奥行きを膨らませている。

「妖女」では、エピグラフの一つとしてタイトルの語を含む《名都多妖女　曹植「名都篇」》が掲げられている。なお、もう一つのエピグラフは《魔術をつかふ女を生しおくべからず。出埃及記(しゅつえじぷとき)二二・一八》[*36]で、同時代の日本を舞台にした作品ながら両者相俟って不思議な広がりが醸し出されている。

前節で神仙に関わる作品として名を挙げた「金鶏」だが、作中に登場する王安石（半山先生）が自らの詩を口ずさむという設定で、五絶「自遣」の自由訳的な現代語訳《かなしみよ、行け行けと、／戸の外に逐ひやつても／かなしみはしつこく去らうとはしない。／それがどうだらう。春風が吹き出すと、／かなしみよ、とまれとまれと、／追ひすがつて引きとめても／かなしみはそはそはと去つて行く。》が示される。井伏鱒二の「厄除け詩集」の試みを連想させるこのような試みが、石川にもあったのである。

「天馬賦」では老いた登場人物が自らの心境の説明に《老鶴萬里心[*37]》と、杜甫「遣興五首」〈其一〉第二句を引く。

次に、エッセイを見よう。

＊34　俠客鷹を飛ばす古道の傍、佳人笑いを売る垂楊の裏(うち)。

＊35　一九四七年、②六一一、六二二

＊36　一九五〇年、③六八九

＊37　一九六九、⑧六六〇

「詩に関する一考察」で、石川は《近代の詩に現はれた傷心（langueur）》に着目して、自ら訳出したフランス一九世紀後半の詩人アルベール・サマン（Albert Samain）の詩「Mon coeur est comme un Hérode ...（わが心はエロデ王の如く……）」と並べて、司空曙の七絶「病中遣妓」《万事傷心在目前　一身憔悴対花眠／黄金用尽教歌舞　留与他人楽少年[*38]》を引く。フランスの詩と中国の詩との比較という高度な芸当は、当時二四歳の石川の客気と言うべきか。

名高い「江戸人の発想法について」（一九四三、⑫）では、江戸人の「唐詩選」への昵懇を言った上で、四方山人（大田南畝）の狂詩「五明楼贈雛妓（五明楼にて雛妓に贈る）」の詩句と、これが踏まえた王昌齢の七絶「芙蓉楼送辛漸（芙蓉楼にて辛漸を送る）」の詩句を紹介し、また、山東京伝の洒落本「繁千話」（一七九〇＝寛政二）の半可通が読み損なっている屏風に記された崔国輔の五絶「長信草」の詩句を紹介している。

「何でもない文章」には、白居易「琵琶行」の第一句、《潯陽江頭夜送客》（潯陽江頭夜客を送る）が引かれるが、《白楽天詩集を読んでゐると、こんなつまらぬ時花唄をどうして蘇東坡ほどの傑物が感心したのかと[*39]、東坡における感心の事情が気になり、東坡が気になり出すと王安石が気になり、安石東坡の対立の日本にまで持ち越されたいきさつが気になり、安石は悪玉東坡は善玉と決めこんで訣もなく東坡びゐきの日本人の量見が気になり》という玉突き的な記述も興味深い[*40]。

---

*38　一九二三年、⑫三〇。冒頭を石川は《百事》とするが《万事》に訂正した。「病中に妓を遣る」万事心を傷ましむること目前に在り／一身憔悴して花に対して眠る／黄金用い尽くして歌舞を教え／他人に留与して少年を楽しましむ。

*39　石川は吉川幸次郎との対談（前掲『夷斎座談』一一七）でも、《ぼくは白氏を好みませんが》と言明している。

*40　一九三七年、⑫五九六、五九七

柳（やなぎ）を批判する詩文を紹介しながら戦中の官製「道義」の押しつけを批判する「柳の説」には、《たまたま蘇東坡の詩集を読んでゐると》出会ったという《文与可の洋川園池に和する三十首の中の、南園と題する詩》、《不種夭桃与緑楊。使君応欲候農桑。春疇雨過羅紈膩。麦壠壟風来餅餌香。*41》を引用し、また、四時堂其諺著の俳諧歳時記「滑稽雑談（ぞうだん）」〈柳腰〉の条に、《隔戸楊柳弱嫋々、恰似十五児女腰と、杜子美の詩が引いてある*42》と記している*43。「文学賞」には、《蘇東坡の詩句に、清景一たび失すれば後に摹し難からんといふ》と、「臘日遊孤山訪恵勤恵思二僧（臘日孤山に遊び恵勤恵思二僧を訪ぬ）」と題された詩の最終句が引かれている*44。

内容見本に掲載の「芥川龍之介全集に寄す」には、《されば李長吉も心事波濤の如く中坐時時驚くといへり*45》と、李賀の「申胡子觱篥歌（申胡子の觱篥（ひちりき）の歌）」を踏まえた一節がある。芥川龍之介と李賀と、夭折の鬼才というところが重ね合わせられているのだろう。李賀については、みずからの歌仙独吟の過程を語ったエッセイ「歌仙」に、七律「胡蝶飛」《楊花撲帳春雲熱、亀甲屏風酔眼纈、東家胡蝶西家飛、白騎少年今日帰》が引用されてもいる*46。

石川があまり評価しない詩人として先に白居易が挙がっていたが、もう一人・杜甫についても同様で、吉川幸次郎との前掲対談で《大詩人》であることは認めつつ、《屈原の流》の悲憤慷慨で、《アンチテーゼとしての老荘は一片もはいっていない》《儒の詩人*47》とする。前節で見た石川の老荘への関心に裏打ちされた判断だろう。

---

*41　天桃と緑楊とを種（う）えずんば、使君応に農桑を候することを欲すべし。春疇雨過ぎて羅紈（らがん）膩（なめらか）に、麦壠風来餅餌香ばし。

*42　杜甫「絶句漫興九首」其九の第一、二句。

*43　一九四二年、⑫六三〇、六三一

*44　一九六二年、⑭五五五

*45　一九七七年、⑲一七一

*46　一九五七、⑭八八　楊花帳を撲（う）って春雲熱す、亀甲の屏風酔眼纈（すいがんけつ）、東家の胡蝶西家に飛ぶ、白騎の少年今日帰る。原田憲雄訳注『李賀歌詩編 二 独吟聯句』（平凡社［東洋文庫］、一九九九）による。

*47　前掲『夷斎座談』一一〇、一一一頁

日本漢詩にも触れておこう。

奈良時代と現代とを時空移動する小説「六道遊行」には、奈良時代の場面で、《大伴旅人卿がお作りなされた五言の唐歌》として、『懐風藻』に収録されている五律「初春侍宴」、《寛政の情既に遠く／迪古の道惟れ新し／穆穆(ぼくぼく)四門の客／済済三徳の人／梅雪残岸に乱れ／……………》が出てくる。*48

また、発売禁止となったことで知られる小説「マルスの歌」《寐惚先生が銅脈先生に応酬する五言古詩ぶりの戯詠に、「暮春十日書。卯月五日届。夷斎拝見処。益二御風流……」*49》と、『二大家風雅』（一七九〇＝寛政二）に収められた大田南畝の狂詩が紹介され、また、先ほど触れた「歌仙」に石川所蔵の南畝の書幅《有花満枝、有酒満壺、花神如在、酒徳不孤*50》も紹介されていた。後者は、「論語」の《祭ること在(いま)すが如くし、神を祭ること神在(いま)すが如くす》〈八佾〉および《徳は孤ならず、必ず隣有り》〈里仁〉を踏まえている。

「乱世雑談〈夷斎俚言〉」では《仮寓の床の間》にぶらさがっている《掛物》の詩句、《句は松崎慊堂、書は狩谷棭斎》という《鉛槧図書日広従容之趣、安排花卉時観栄落之情*51》を引く。

「翻訳概観〈傍観者の事業について〉」（『森鷗外』）の冒頭には、鷗外作の七絶《去来何必問因縁。入地昇天任自然。*52至竟効顰非我事。不憑基督不参禅。》を引いている。*53

---

*48　前掲、⑩一三三。続く残りの句は、煙霞早春に接す／共に聖主の沢(たく)に遊び／同(とも)に撃壌の仁を賀す。

*49　一九三八年、①五七〇

*50　⑭九二　大田南畝『巴人集』（『大田南畝全集』岩波書店、一九八八年）に収録。花有り枝に満ち、酒有り壺に満つ。花神在すが如くし、酒徳は孤ならず。

*51　前掲、⑬一六三。図書を鉛槧(えんざん)しては日に従容の趣を広げ、花卉を安排しては時に栄落の情を観ず。

*52　石川は去とするが『鷗外全集　第十九巻』（岩波書店、一九七三年）に従い訂正。

*53　一九四一年、⑫一七一。「次白水孤峰韵」去來何ぞ必ずしも因縁を問はん。地に入り天に昇るは自然に任す。至竟顰に効うは我が事に非らず。基督に

第五節　その他

以上、論語や孟子・儒学、老荘・神仙、漢詩、の順で、石川の引用・言及について見てきたが、必ずしもその分類に収まらないもので取り上げておくべきものについて見ておこう。

蘇東坡・袁中郎・江戸文芸

まず、石川が一度ならず言及している袁中郎「觴政」。小説「野ざらし」で、敗戦後のヤミ酒場での若者たちの飲み方を描く際に、《袁中郎の觴政に依ると、語言下俚面貌麤浮の類を歓場の害馬としてゐる》[*54]と言及し、エッセイ「面貌について」〈夷斎筆談〉でも《明の袁中郎に至つては、酒席の作法を立てて、つらつきのわるいやつ、ことばづかひのいけぞんざいなやつは寄せつけないと記してゐる。ほとんど軍令である》[*55]と、さらにエッセイ「東坡禅喜」〈夷斎清言〉でも《中郎の哲人たる面目は、［略］かへつて觴政瓶史に示される美的生活に於てあきらかのやうである》[*56]と言及している。

飲酒を好んだ石川ならではとも言えようが、「面貌について」において二度目に「觴政」に触れる際には、《安永天明の達人どもがその生活様式に於て宗としたところは袁中郎であつたと推測すべき理由がある。さういつても、袁中郎の生活の直接な作用ではなく、むしろ

よらず禅に参ぜず。一九一五年八月三〇日付、矢島柳三宛書簡に記載。

*54　一九四八年、③七一

*55　⑬一二

*56　一九五三年、⑬五〇七

觴政瓶史なんぞといふ本の影響であつたのだらう》[*57]と、江戸時代の文芸との関わりで触れている。

江戸時代の文芸との関わりについては、内容見本に寄稿した「われわれはどう見るか—『中国詩人選集二集』」で、宋元明清の詩を取り上げるこの選集にちなんで、《さきに蘇東坡の曠達、のちに袁中郎の格式は江戸の美的生活の精神ともなり基本ともなつてゐる》[*58]と述べ、《あの蘇東坡——江戸から見た蘇東坡というのは［略］、美的生活ですね、理想的芸術家像として受け取っていた》と吉川幸次郎との前掲対談でも繰り返している。[*59]

詩句の好みはもちろんあっただろうが、明清中国から江戸への文芸・美学の流入として、文化交流史的な大きな視野で見てもいたことに留意したい。

蘇東坡への関心は、既に前節である程度窺えたが、先ほども名を挙げたエッセイ「東坡禅喜」では蘇東坡と仏教（禅）との関係を探っている。また、第二節で触れたエッセイ「武満徹断片」の後半部分では、飲酒の楽しみにちなんで蘇東坡「書東皐子（とうこうし）伝後（東皐子伝の後に書す）」をみずからの訳文で紹介、《蘇東坡は酒を飲むこと終日にして五合にすぎない。下戸もいいところである》云々と述べている。[*60]

「淮南子」

もう一つ、「淮南子」〈道応訓〉に載る王寿のエピソード。晩年に近い石川がほぼ同年配の

*57　⑬一四

*58　一九六二年、⑲一三七

*59　前掲『夷斎座談』、一一六

*60　⑯六五七

*61　一九八一年、⑯六五四

*62　一九五一年、⑬一一四

ボルヘスにこのような誘惑に駆られたことはなかったか尋ねてみたかったとして、《本のある世界観をずばりと切つて、本のない世界観を闊然とひらく。このすすめは神のものか魔のものか、身にしみる蜜の香がする。〔略〕遠雷のやうに歓喜がそこにとどろく。王寿書を焚いてよろこび歌ふといふ故事（淮南子）のまぼろしはわたしにとつて白昼の荘麗な夢魔である》とエッセイ「宿なし日記」[*61]で述べている。石川は以前エッセイ「技術について〈夷斎筆談〉」で同じ箇所を引用して、この老荘思想系のエピソードを取り上げながら言葉と精神と生活との関係についての考察を既に示していた[*62]が、文業を積み重ねてきた高齢の作家の言として読者をどきりとさせる。

シナ学

次に、石川のシナ学への関心も見ておこう。

戦中のことを振り返ったエッセイ「思想は食へるものか」に《いくさのさいちゅう、〔略〕シナ学に関する本と、国史に関する久米邦武[*63]、吉田東伍両先生の著述とをのぞいては、明治以降の活字本には一切附合つてやらないといふ衛生上の……〔略〕買入上の方針を立てた[*64]》とあるが、ここにある《シナ学に関する本》が具体的にどのようなものだったか、エッセイ「歴史小説について」における《白鳥庫吉（しらとりくらきち）の「大秦の木難珠と印度の如意珠」[*65]とか桑原隲蔵（くわばらじつぞう）の「支那人間に於ける食人肉の風習」[*66]といふやうなおもしろい研究がある》との記述[*67]からその一端

＊63　皇国史観と相容れようのない実証史学の確立者・久米の名を挙げることで時局への距離を語っているだけであろうか。昌平黌で学んだ久米（祖父の省斎と同世代）の訓詁＝フィロロギーから実証史学へという足跡は第二節で見たような石川の訓詁評価という方法的関心とも見合ったものだったのではないか。竹村英二『江戸後期儒者のフィロロギー——原典批判の諸相とその国際比較』（思文閣出版、二〇一六年）など参照。

＊64　一九五九年、⑮五四一

＊65　『市村博士古稀記念 東洋史論叢』富山房一九三三年→『白鳥博士東洋史論集 下巻』岩波書店、一九四四年。

＊66　『東洋学報』一九二四年七月→『東洋文明史論叢』弘文堂、一九三四年。

＊67　一九四四年、⑫六六八

が窺えよう。

ただし、石川のシナ学・中国学への関心は決して戦中に急に芽生えたものではなく、エッセイ「論争ばやり〈夷斎俚言〉」で、石川は明治以降の論争の適切な実例として、法隆寺再建非再建論争や南北朝正閏論などよりも、《桑原隲蔵、藤田剣峯両家のシナ学に関する論争がもつともめざましきものであつたね。》《学問の力は地理をも歴史をもうごかす実況をまのあたりに見て、わたしは幼少のみぎり、こいつには感服つかまつつた。》《茫漠たる中央アジヤの旅へのいざなひは、いまだにわたしの精神の夢だよ》と述べている。*68

戦中を振り返った小説「無尽灯」において、唐代の交易商人が《長安から遠く西のかた大秦国*69にむか》い、《無双の美*70》《西域産の無双の美女》なども絡みながら、《シリヤのアンチオキヤ》あるいは《エヂプトのアレクサンドリヤ》に到達するという物語を語り手が構想しており、*71不自由な戦時下からの想像力による脱出という構図は明らかだが、西域への関心自体はもっと持続的なものだった。

ここで、『石川淳全集』を含め刊本に未収録の大変興味深い文章を、少々長くなるが紹介しておきたい。

　桑原隲蔵先生は近世シナ学の正宗である。先生の業績については、今さら門外の稗官者流が無用のことばをつらねるにおよばない。ただ学問の薫習はおのづから専家の室より出て広く世をうるほすに至るものである。不学わたくしごときも、またよそながら恩

*68　一九五一年、⑬一八四

*69　ローマ帝国

*70　やはり戦時下を描いた「明月珠」に出てくる《夜光璧、明月珠はひとのえがてにするものである》（前掲、②三一四）という「後漢書」〈西域伝〉に由来する文言を連想させる。

*71　一九四六年、②四二三

沢をかうむる仕合せにめぐり逢つてゐる。

わたくしがはじめて先生の研究の片鱗をうかがふをりをえたのはおそらく大正十年ごろにさかのぼる。癸亥の地震以前のことにして、そのころ神田の古本屋の店さきには芸文とか史学雑誌とかの類が束になつて積んであつた。それらの古雑誌の一冊に、わたくしがたまたま先生の「大宛国の貴山城に就いて」[*72]を見つけたのは偶然といふほかない。青書生にとつて、それは未知の世界へのいざなひであつた。わたくしは古雑誌の山の中をうろつくうちに、やがてこの未知の世界に於ける一大事件を垣のぞきするといふ幸運にぶつかつた。すなはち先生と藤田剣峯博士との貴山城その他をめぐる潑剌たる論争である。しろうとの一読者がこの論争からえたものはかならずしも知識の断片だけではない。学問はいかにおもしろいものか。それははなはだ芸術上の感動に似てゐた。感動はほとんど棒に打たれたといふにひとしい。この学問の棒の下に、おもひきや、詩的戦慄がはしつた。

その後、先年のいくさのあひだにも、先生の著述はわたくしの座右から離れなかつた。われわれの国が不幸にして善隣の交を絶つてゐた当時に、たとへば刊本『東洋文明史論叢』[*73]を寒燈のもとに読むといふ時間はわづかに生活の息のつきどころとなつたおぼえがある。中について、もつともわたくしの目をおどろかしたのは大著『蒲寿庚の事』であつた。一般に仮説を立ててこれを証明するといふのは学者尋常の手段のやうである。な

＊72　『芸文』一九一五年九月

＊73　弘文堂、一九三四年

ぞらへていへば、小説のはうでも、ときにいささかそれと似た操作をしないこともない。わたくしはのべつに書きそこないひの危険を踏んでゐる作者のはしくれとして、『蒲寿庚の事蹟』[*74]に於て実現された可能性の確立を先生の傑作のやうに見る。じつは仮説も証明もあつたものではない。先生の著眼のおよぶところに、散乱した材料が向うから集中して来て、たちまちそこに蒲寿庚といふ人間像が立ち、その人物のゐる世界ができあがる。それは歴史的事実として正確にその場にあつて[*75]もはやテコでもうごかない。この事実は先生の沈潜講究に俟つてはじめて事実でありえたといふことを忘れるまでに、わたくしは学問の魔法に酔つた[*76]。努力のはてに、歴史がしぜんと形式をとつてあらはれる。このやうなみごとな仕事は発明と呼ぶほかない。

このたび、すでに版の絶えたるをあらたにおこして、先生の全集が編まれるといふ。千里必究の名著は居ながらにして手のとどくところにある。『考史遊記』[*77]の先生が見た昔のシナと、われわれが見てゐる今の中国とのあひだに、歴史転変の機微をさぐるのは他の論客の任である。わたくしはかつてのささやかな読書体験を今日にたしかめる好機をえたことをよろこぶ。（「忘れえぬ本」『桑原隲蔵全集』内容見本、岩波書店、一九六八頃）

シナ学への関心はもちろんだが、《詩的戦慄》と言い、また仮説を立てて証明するという学問の方法を小説を書く際にも似た《操作》をすると、創作に引き寄せているところが大変興味深い。シナ学に石川淳が引き寄せられたその魅力は、対象の空間的な広大さ、物語的想像

＊74　東亜攻究会、一九二三年

＊75　原文小字を並字に訂正。

＊76　原文小字を並字に訂正。

＊77　弘文堂、一九四二年

力を喚起する空間的広闊さのみならず、創作論にも通じるその方法論にもあったのだ。

訪中・訪ソ

見てきた通り長らく漢学への関心を持ち続け、また日中戦争下に主人公に北京を目指させる小説「白描」（一九三九、②）や文革批判（「文化大革命に関する声明」一九六七）を通じて現代中国への関心も表明してきた石川淳だが、実際に中国の土を踏んだのは、一九七五年三月二四日から四月七日、吉川幸次郎を団長とする訪中学術使節団の一員としてのことであった。詳細は歌仙三六句の独吟を織り込んだエッセイ「北京独吟」に詳しいが、西安の碑林や大慈恩寺を訪れたことを記す際に、関野貞『支那の建築と芸術』（岩波書店、一九三八）を挙げ、同書に収録の碑林や大慈恩寺に関する論文を紹介しているのが興味深い。戦中石川が《シナ学に関する本》を愛読していたことは前項で見たが、そこにこの本も含まれていたわけである。

訪中時のこととしてもう一つ興味深いのが、石川が《顔がすこぶる気に入つてゐる》[*78]という京都妙心寺伝来の伝馬麟筆「普賢菩薩像」の写真を携行し、北京の故宮博物院と上海博物館とを訪れ、歴史的位置付けなどを専門家に尋ねていることである。仏画、特に普賢像への並々ならぬ関心が窺われるだけでなく、本国の専門家の見解を求めるその知的好奇心の強さに驚く。

＊78　一九七五年、⑯五九八

外遊ということでは、一九六七年八月から一〇月にかけて石川はソヴィエト作家同盟の招待により安部公房・江川卓・木村浩とソ連やヨーロッパを訪れているが、東洋学研究所レニングラード支部に赴き、日本語科の教授を通訳に、宋詞の研究に取り組んでいるシナ学専門の教授に会っているのが興味深い。この外遊の詳細を日記体にまとめた「西遊日録」に《ことし三十七歳といふこの青年学者は学識もさることながら、温雅にして磊落、人品よろこぶべし。無用の演舌におよばず、ただちに敦煌出土の文献数種を示さる。維摩詰経変文ほか写本さまざま*79》と記されている。

書評

石川は一九六九年一二月から一九七一年一一月まで二年にわたり『朝日新聞』夕刊の「文芸時評」を担当した。雑誌や単行本の新作小説を網羅的に取り上げるという一般的な流儀からはほど遠く、小説に限定せず、興味に引っかかれば『朝日ジャーナル』でも『週刊アンポ』でもという自由自在さが人を驚かせたが、取り上げられた漢学・中国学関係の書籍名を挙げておこう。

石川も知っていたという漢詩人・阿藤伯海を描いた清岡卓行「千年も遅く」、富士川英郎「菅茶山と頼山陽」、神田喜一郎『敦煌学五十年』・『日本塡詞史話（日本における中国文学）』、福原麟太郎（英文学者）と吉川幸次郎との往復書簡『二都詩問』。

---

*79　一九六五年、⑮一九七

この「文芸時評」は、『文林通言』（中央公論社、一九七二）として単行本化された。

書・習字

中国文人の理想たる詩書画三絶の一つに数えられる書について、石川も黙っていない。近代日本の学校教育における自由闊達さに欠けた習字に対する厳しい批判は、石川の言語観・芸術観・世界観を理解する上で大変興味深いが、紙幅の都合からタイトルを挙げるにとどめておこう。

小説「窮菴売卜」（一九四六年、②）、エッセイ「降りみ降らずみ」（一九三六年、⑫）、エッセイ「摸倣の効用〈夷斎俚言〉」（一九五二年、⑬）、座談会「伝統と反撥」（一九六七年、吉川幸次郎・中野重治、前掲『夷斎座談』）。

その他

方以智「物理小識」（小説「変化雑載」一九四八年、③、エッセイ「譜〈夷斎清言〉」一九五三年、⑬）

羅大経「鶴林玉露」〈解経不為煩辞〉（エッセイ「夷斎筆談」〈序〉一九五二年、⑬）

劉勰「文心雕龍」〈附会〉（エッセイ「夷斎清言」〈序〉一九五四年、⑬）

盛弘之「荊州記」（小説「怪異石仏供養」一九五九年、⑥）

杜綰「石譜」・段成式「酉陽雑俎」・宋応星「天工開物」（「譜〈夷斎清言〉」）

袁枚「随園食単」（「丸谷才一著『食通知つたかぶり』序」一九七五年、⑲）

第六節　石川淳にとっての漢学・漢籍とは

以上、漢学との関わりという観点から石川淳の文業を眺めてみた。紙幅の制約もあり完全に網羅しているわけではなく、また思いがけない遺漏もあろうが、ひととおり特徴が浮かび上がるよう努めたつもりである。和漢洋にわたる博識ぶりとは石川についてよく言われることだが、その「漢」についての博識ぶりを改めて確認することになった。

ただしその博識は、多年にわたる努力、たゆまず読書し続けたことによるものだったはずである。秋霜烈日たる追悼文「敗荷落日」で、石川は敗戦後荷風が《書を読むことを廃してゐること》に着目し、《当人の死体よりさきに、あはれむべし、精神は硬直したやうである》[*80]とまで書いている。[*81]しかし、かつて敬愛してきた荷風を鞭打つ言葉は、同時に自分を叱咤する言葉でもあったに違いない。晩年に至るまで書を読み続けたことは、最晩年の『夷斎風雅』に至るまでの〈夷斎もの〉がすべて具体的に書籍を紹介しながら議論を提出する書巻の気に満ちたスタイルであったことからも明らかである。冒頭に紹介した素読伝説も、雀百まで踊り忘れず式の面白さはあるが、物心が付いて以降みずから主体的な関心を持って旺盛に読書し続けたのでなければ、ここまでの到達は決してあり得ない。祖父から学んだ最も重要なも

＊80　一九五九年、⑭二五五、二五九

＊81　《その歯の抜けた口で「郭沫若は神田の書生」とうすつぺらな放言をするよりも、金石学の権威である郭さんの文章をだまつて読んでゐたはうが立派だらう》（二五九）との漢学に関わる指摘もある。

のは、訓詁注釈という方法のほうだったかもしれないのだ。

また、博識といっても、のっぺりとした広漠たる知識の豊富さではなく、方法的意識と切り離せないものであったことも確認できたはずである。

例えば、エッセイ「沈黙について〈夷斎筆談〉」には本稿で確認した漢籍だけでなく、ヴァレリーやサルトルも出てくるのだが、これは、現代を舞台にした小説「普賢」（一九三六、①に仏教〈寒山拾得、普賢・文殊……〉、能楽（「蝉丸」ほか）、フランスの女性詩人クリスティヌ・ピザン、ジャンヌ・ダルク、D・H・ロレンス、ウォルター・ペーター、ジョージ・ムア、能楽……多方面にわたって融通無碍に引用言及がなされ、それらが時代状況と重層化させられながら物語を形作っているのと同じ方法的実践ではなかったのか。[*82]決して博識に振り回されることはなく、むしろ博識を振り回している。

権威ある言葉によってみずからの文章に箔を付けるのとは全く異なる古文・漢籍の活用の仕方。[*83]これはむしろ、人の認識を広げるべく贅沢に蕩尽するための博識だったか。惜しみない贈与として読者の前に供されたと言うべき石川淳の文業について、考えるべきことはまだまだたくさんある。

＊82　石川の重層化という方法については、拙著『石川淳研究―「佳人」から「焼跡のイエス」まで』（双文社出版、二〇〇五年）などを参照。

＊83　なお、煩雑さを避けるため、本稿では引用・言及される漢詩文について典拠明示を基本としたが、特に作品名について は石川が明記していない場合が実は多い。引用の織物としてのテクストというロラン・バルト的な観点から考えるべきことでもあろう。

第三章　大西巨人と漢詩文――『神聖喜劇』を中心に

山口直孝

第一節　生涯と文学――道義と公正との追究

大西巨人（一九一六―二〇一四）は、自筆年譜を作ったことがなく、自らの履歴を語るのに積極的でもなかったため、幼少期については、わからないことが多い。齋藤秀昭作成の年譜[*1]に基づき、エッセイやインタビューを踏まえて、生育の過程および足跡を簡単に記す。

大西巨人は、一九一六年八月二〇日に福岡市鍛治町で生まれた。父大西宇治恵、母須賀野がいずれも四十歳の時の子で、上には三人の兄姉がいたが、いずれも夭折したため、一人っ子として育てられた。宇治恵は女学校や商業学校の漢文教師などを務めた。気骨のある人物で、周囲と衝突し、辞職することもしばしばであったという。父親の職場が定まらなかったため、一家はよく住まいを移し、巨人は転校を余儀なくされた。小学校を三度、中学校を一度変わっている。宇治恵の収入は安定せず、暮らし向きは楽ではなかった。

読書については、「早生（わせ）」[*2]で、小学校に入る前から書物に親しんでいた。音声や文字を記

＊1　齋藤秀昭編「大西巨人詳細年譜」（『日本人論争 大西巨人回想』〈左右社、二〇一四年七月〉所収）。

＊2　「〈いつもそばに、本が〉「古典千冊3回読め」と菊池寛」（『朝日新聞』二〇〇一年二月四日）。

憶する能力に秀でており、琵琶語りや映画の弁士の説明を一度聞いただけで正確に暗唱することができた。英和辞典を引けば、発音記号、語義、例文などがすべて頭に入り、どの教科でも授業中にノートを取らなかったという。規格外の記憶力は、内外の古典や現代の作品を精確に受け入れることを可能にした。数多くの詞章を暗唱できることは、巨人の文芸的な感性を培った一つの条件として見逃せない。

大西家は武士の家系で、祖父の與（あとう）は、漢学塾を一時期開いていた。武士道や儒学の教えを巨人は、父から教えさとされた。周囲にせがまれ、暗唱を披露して褒美に菓子をもらった際に、武士にあるまじきふるまいとして父から厳しく叱責された挿話がある。

大西巨人（2004年、撮影：浜井武）

巨人は、自家にあった本を手に取り、内容を理解しようとする意欲を持つ子どもであった。名将の伝記を集成した『偉人風丰録』（青年成瑳会、一九一六年一月）に難渋しながら、両親に読み方を教わることもなく、自身で理解できる時を待った。巨人の幼少年期は、『現代日本文学全集』（改造社）を始めとする円本ブームの時代と重なる。廉価で大量に印刷された文学や思想の叢書は、教養の大衆化に貢献し、巨人も恩恵に与った。知り合いの書棚にあった『現代日本文学全集』を借り受けたり、古書店で端本を求めたりすることで、知的な欲求が満たされることもあった。百科全書的な記述を特色とする巨人文芸の淵源として、全集類をめぐる出版界の活況を数えることができる。

交友関係は限られており、福岡高校時代は野球部に所属したが、部活動に熱心であったとは言いがたい。和歌や漢詩に親しみ、内外の小説や詩を多読する文学少年は、孤独であり、創作にはまだ手を染めていなかった。わずかに前衛的で主情的な短歌を詠み、短歌雑誌[*3]に掲載されることがあるだけで、学生時代に校友会誌や同人誌に寄稿した形跡は見られない。

中学生の時、軍事教練の教官の威圧的な言動に反撥した巨人は、マルキシズムに積極的な関心を持つようになる。不正を憎む心は、武士道や儒教によってすでに形成されていたが、道義を普遍的に実現するための手立ての模索が新しい思想への接近を促した。武士道や儒教とマルキシズムとが単純に対立しないところに、独自の様相を認めることができる。マルクス、エンゲルス、レーニンの著作を読み、インターナショナルの理念と実践とに共感するが、日本共産党が壊滅した後に活動することは困難であった。九州帝国大学在学中に少数の仲間と読書会を催し、他の活動家とも連絡を取ろうと試みるが、当局の察するところとなり、治安維持法違反容疑で検挙される。証拠不十分で釈放されるものの、権力に対して無力であることを痛感させられたことは、巨人に虚無的な心情を植えつけることになった。

大学を放校処分になった巨人は、毎日新聞社西部本社に雇員として入社する。一九四二年一月、教育召集兵として対馬に赴き、以後一九四五年に復員するまでの期間を同地で過ごし

＊3　『日本短歌』（一九四〇年）、『日本歌人』（一九四一年）への投稿が確認されている。

た。入隊後の身体検査で即日帰郷の診断を受けたにもかかわらず、あえて巨人は入隊を望んだ。異例の選択は、無力な自己を死に追いやろうとする心情と可能な行動を試そうとする意欲との、相反する二つの志向のいずれもが作用した結果であった。上官の命令でも納得できない場合は従わず、論戦を挑む型破りな存在として、巨人は軍隊生活を送る。兵営での経験は、後に大作『神聖喜劇』の題材となる。

福岡に戻った巨人は、知人の宮崎宣久[*4]に誘われ、総合雑誌『文化展望』（一九四六年四月創刊）の編集に携わる。同誌の文芸時評欄を担当することで、本格的な文筆活動が始まることとなった。ファシズム体制の打破が自分たちの手でなしとげられなかったことは、巨人にとって大きな憂いであった。彼は、民主主義が与えられたものであることに無自覚な風潮を憂い、過去を清算しない文学者たちを厳しく批判した。同時に創作も手がけ、中編『精神の氷点』（一九四八年五月〜七月）や『白日の序曲』（同年一二月）を発表する。絶望した青年知識人が意識的に乱倫や殺人を行なうことを描いた両作は、戦時下に余儀なくされた心身の荒廃の深さを示しつつ、向日的な生への転換を模索するものであった。

新日本文学会（一九四六年一一月入会）や綜合文化協会（一九四七年入会）などに所属し、『近代文学』の第一次拡大同人の呼びかけに応じた（一九四七年四月）。一九四八年には日本共産党に入党している。巨人の行動は、「政治」と「文学」とのあるべき関係において、正義を実現しようとする動機に基づくものであったろう。しかし、進歩的であるはずの諸組織にお

＊4　福岡中学、福岡高校の同窓。敗戦後、三帆書房を設立し、出版を手がけた。

いても偏見が残り、数を恃む発想が支配的であることを、巨人は目の当たりにする。革命のためには、支配権力と同時に運動内部の反動ともたたかわなければならない事情が、創作でも重要な題材になっていく。部落差別との取り組みや学生運動への支援などの体験から、『たたかいの犠牲』（一九五三年四月）や『黄金伝説』（一九五四年一月）など、ドキュメンタリーの形式を取り入れ、多面的な闘争活動を形象化した作品が生まれる。

私生活では一九四八年一一月に柴田美智子と結婚、文筆業に専念することを決意する。一九五一年九月母須賀野を失い、福岡に留まる必要がなくなった巨人は東京に移住する。新日本文学会の事務所などで寝泊まりするような不自由な生活の中、巨人は新日本文学会の再編の仕事に取り組む。当時会は、共産党の俗流大衆路線の影響の下、非専門文学者の会員で肥大化しており、会費滞納者の増加によって財政危機に陥っていた。組織改革の過程においても、主導権を握ろうとする宮本顕治の介入があり、活動は容易でなかった。巨人は、「俗情との結託」（一九五二年一〇月）において野間宏『真空地帯』の軍隊観が国家権力の意向に追随するものになっていることを批判し、さらに会内の議論を封じ、形式的に統一を進めようとする風潮を「会本来の使命のために」（一九五四年四月）ほかで論難した。[*5] 時流に迎合した発言を戒める傾向は初期から見られたが、「俗情との結託」からの一連の文章は、論争家としての巨人をいよいよ印象づけた。

一九五五年二月に起筆し、一九六〇年一〇月から『新日本文学』に連載が始まった『神聖

＊5　大西―宮本論争および当時の新日本文学会をめぐる状況については、武井昭夫「著者自注（1）」（『武井昭夫批評集1　戦後文学とアヴァンギャルド』〈未来社、一九七五年三月〉所収）参照。

喜劇』[*6]（一九八〇年完結）は、『精神の氷点』や『白日の序曲』の問題意識を引き継ぎながら、困難な状況下での抵抗と回生の可能性とを模索した作品である。主人公東堂太郎は、侵略戦争が拡大する中で自己の無力さを感じ、「私は、この戦争に死すべきである」との決意で応召する。しかし、威圧によって下級者が理不尽な服従を強いられることを受け入れることができず、異議の声を上げる。法や諸規則を守らせることで上官たちの横暴を封じようとする東堂の取り組みは、有志の共感を呼ぶようになる。対馬重砲兵聯隊における三か月の教育召集期間のできごとを通じて、東堂太郎は実践的に変貌していく。当初『最初の小波瀾』、あるいは『名砲手伝』と題する中編として構想された物語は、精確な引用と重層的な回想とを駆使することで主人公の教養形成を詳細に伝えることを、また、軍隊を日本社会の縮図として総体的に提示することを目指して膨張していき、最終的には四〇〇字詰め原稿用紙約四七〇〇枚の大長編となった。二五年の執筆期間を要した『神聖喜劇』は大西巨人の代表作であり、近代小説の中でも屈指の達成である。

一九五五年七月に長男の赤人、一九六一年七月に三男の野人が生まれた（次男旅人は夭折）。赤人、野人は、生まれつき出血性体質（血友病）であり、有効な治療法が確立していない中での育児は困難を伴った。教育制度も整っておらず、一九七一年三月の赤人の高校受験の際には、内申書の機械的評価（実技科目の低評価）によって不合格と判定される差別事件が起こった（浦和高校入学拒否事件）。巨人は赤人と共に高校、教育委員会、文部省に対して、決定が

＊6　本稿における引用は、光文社文庫版（二〇〇二年七月〜一一月）を用いた。

教育を受ける権利の侵害であると抗議した。[*7] 事件をきっかけに発足した「大西問題を契機として障害者の教育権を実現する会」の活動は、注目を集め、障害者教育の見直しを促した。

『神聖喜劇』完成の時点で六〇代半ばに達していた巨人は、その後も意欲的に創作を行った。以後の長編には、革命政党の道義的頽廃を剔抉した『天路の奈落』（一九八四年）、太郎と瑞枝という一組の夫婦の生涯を通じて理想的な生き方を問うた『地獄変相奏鳴曲』（一九八八年）、経歴詐称の作家が芸術的劣等感によって引き起こす殺人事件を通じて、社会の病巣に迫った『三位一体の神話』（一九九二年）、記憶喪失に陥った主人公を設定して主体性とは何かを根源的に追求した『深淵』（二〇〇八年）などがある。即物的に事態をとらえる姿勢を基盤としつつ、人間としてあるべき姿を描出しようとする理念に支えられていることで、それらの作品は共通する。批評家としての仕事も生涯を通じて継続され、論理的で厳粛な、一方でユーモアをたたえたエッセイは、『大西巨人文芸論叢』（全二巻、立風書房）、『大西巨人文選』（全四巻、みすず書房）に集成されている。

唯物論に立脚した道義と公正との実現という目標が、出発期において確立されていたことが、大西巨人の特徴として挙げられる。社会主義が内外の政治状況において退潮していく中でも巨人はコミュニストとしての立場を堅持し、言論活動を展開した。形式や文体を洗練されていきながら、モチーフにおいて一貫性が認められるところは、他の同時代の作家に比して際立つ特徴である。差別や抑圧を生み出す現実とのたたかいを通して形成された主体が、

＊7　事件に関わる巨人、赤人の文章は、『時と無限』（創樹社、一九七三年七月）に集成されている。

さらにあるべき姿を模索する営みの中で複数化していく――、観念小説の一面を持つ巨人文芸の展開は、例えばこのように要約できよう。

第二節　引用される漢詩文――私的かつ兆候的な読解

詞華集『春秋の花』（一九九六年）は、『週刊金曜日』の連載をまとめたものである。印象的な詩歌や小説の一節を掲げ、簡潔な解説を添える。新たに渉猟することをせず、記憶にある限りのものを紹介したという章句の範囲は、日本人の作に限定されているが、田能村竹田、菅茶山、江馬細香、吉田松陰らの漢詩文を含んでいる。さらに『春秋の花』は後に別の雑誌で「漢詩篇」の連載があり、[*8] 駱賓王『帝京篇』や杜甫『兵車行』など六編が追加された。漢詩文は、短歌、俳句などと並び、巨人の教養の一角を占めているジャンルである。

作者が親しんでいることと見合うように、漢詩文は、小説の登場人物の発言の中でも取り上げられる。『天路の奈落』の鮫島主税(ちから)は、組織防衛のために事実を直視しない前衛党の同志の言動を、『孟子』の一節「孔子曰(イハ)ク、似テ非ナルヲ悪(ニク)ム」に触れて戒めようとする（第四 拡大地方委員会の夜（結）／三の1）。『迷宮』（一九九五年）の皆木旅人は、『玉台新詠』所収の陶淵明『擬古九首』の一首を挙げながら、死のとらえ方について私見を語る（第三章 イスカリオテのユダ／一 ポート・タウン・ビル行き）。主人公が漢詩文の愛好者である割合は高

*8 『CHAI』二〇〇三年七月～一二月。

いが、彼らは衒学的に断章を持ち出す訳ではない。状況や心境を端的に表すものとして、それらはほかの引用句と等価である。見方を変えれば、漢詩文は、常に多言語状況において参照されているということになる。

漢詩文は、また、エピグラフにも用いられる。例えば、『三位一体の神話』には、「凡テ事ニハ、近因有リテ、遠因有ルナリ」（皮錫瑞『経学歴史』）が掲げられている（第一篇　遠因近因）。『地獄変相奏鳴曲』における『詩経』「小雅、十月之交」（第二楽章　伝説の黄昏）、『深淵』における張養浩『牧民忠告』（第十八章　冤罪の構図）のように、漢詩文はしばしば取り上げられており、異例の選択ではない。題辞における採用は、主題やモチーフの普遍性および不変性を強調する狙いがあると、まずはとらえられよう。現代日本におけるできごとは、はるか昔に中国で起こったこと、あるいは詠われたことと結び付けられる。

巨人の漢詩文の素養は、父の影響によるところが大きい。『神聖喜劇』には、主人公の東堂太郎が、試し書きに認めた田能村竹田や芥川龍之介の漢文をめぐって、喚問を受ける場面がある。取り調べ自体は、上官に従順でない教育兵に対する嫌がらせであり無意味なものであるが、連想から竹田愛好の理由が分析的に詳述されていること（第七部　連環の章／第二歴世）は見逃せない。また、家庭での漢文教育について証言されていることも貴重である。

片桐　東堂。お前は、いつごろから漢文に親しんだのか。

東堂　「親しんだ」というほどのことはなかったのでありますが、とにかく初めて漢文を読ませられたのは、東堂が四歳〔数え年〕になった年の正月でありました。
片桐　「四歳になった年の正月」？　すると、……いわゆる……「素読（そどく）」か。
東堂　はい。初手（しょて）は。
片桐　どんな書物だ？
東堂　やはり『論語』だの『左伝』だのでありました。
片桐　ふぅむ。東堂の同年代で、そんな経験のある者は、すこぶるめずらしいのじゃないか。片桐は、東堂よりも十幾つか年上だが、片桐の同年代にも、めったにおらなかったようだな、実際に「四書五経」の素読を通過してきた者は。誰から教わったのか。先生は？
東堂　東堂の父――亡父からでありました。しかし、東堂のは、形（かたち）ばかりの……生兵法（なまびょうほう）に留まりましたので――。（第七部 連環の章／第一 喚問／二）

一九一九年生まれの東堂には、年長者からも驚かれるような、幼児期からの体験があった。戦前の高等教育において、国語の一部門として漢文は重んじられていたにせよ、東堂のように家庭で手ほどきを受けていたのは稀であったことが、相手の反応からわかる。エッセイに同様の言及は見られないものの、話題に挙げられる作品や書き手の重なりから類推すれば、巨人においても父からの薫陶はあったと考えてよいであろう。＊9

＊9　一九九〇年前後に執筆されたと推測される『遺書の告発』という草稿（次ページ画像参照）には、東堂太郎より一歳年長の主人公が登場する。彼茂樹は父から、父は祖父から「漢学の素読、学習を授けられ」たという。東堂と類似する、漢文教育を受けた人物を、巨人が改めて描こうとしていた事実は興味深い。

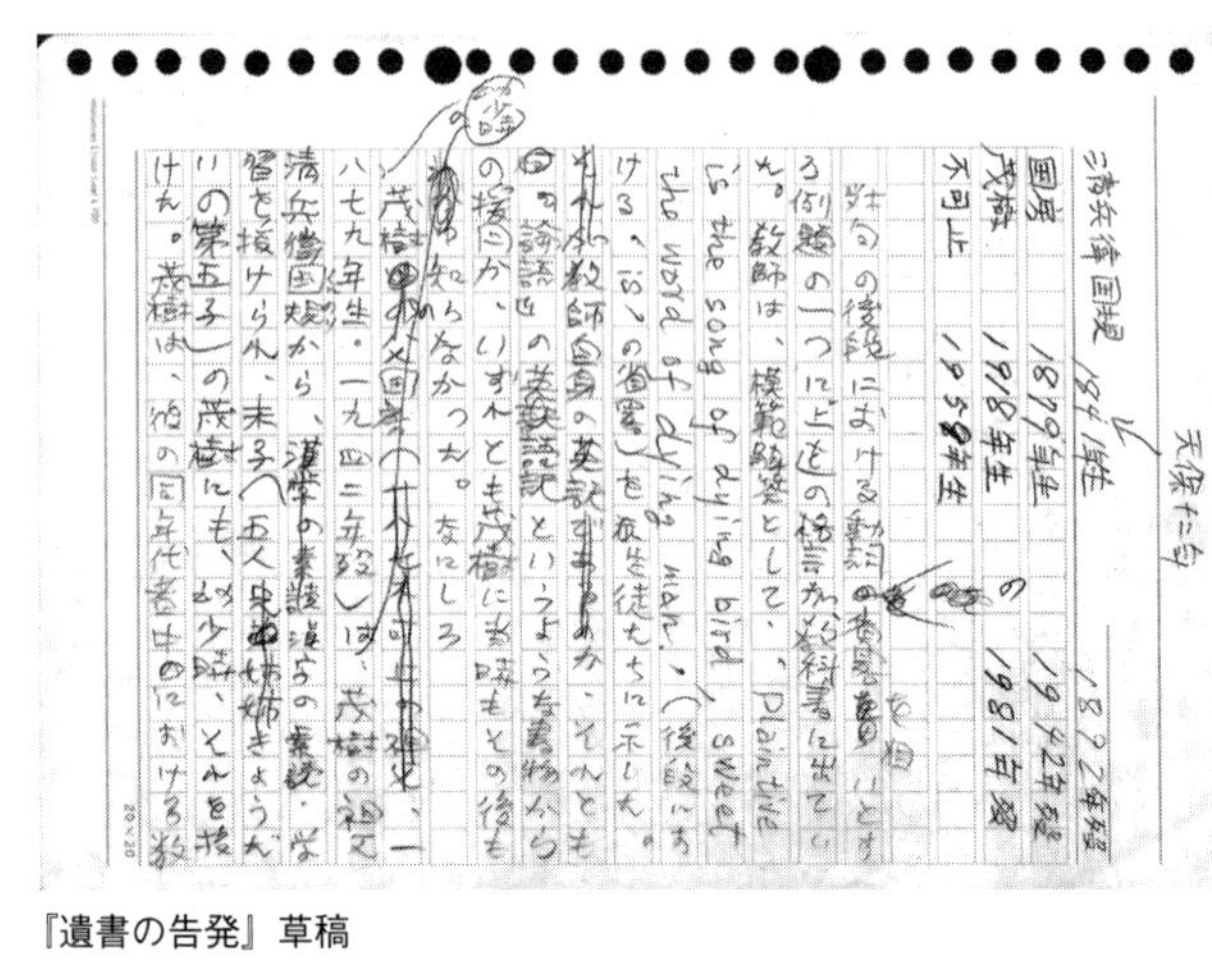
『遺書の告発』草稿

東堂太郎が生まれた家には、父の蔵書である漢籍や和本があり、太郎はそれらを読むことができた。『神聖喜劇』には、「幼少年私の眼は、木版本（上記化政度諸家の物では、たとえば『山中人饒舌』、『梅墩詩鈔』、『黄葉夕陽村舎詩』、『日本楽府』、『山陽詩鈔』、『画学大全』、『言志録』、『愛日楼文詩』、『論語考文』、『玉堂詩集』、『星巌集』、『春雷余響』、『小竹斎詩鈔』、『南京遺響』など）ないし写本（略）をも見慣れた。」（第七部　連環の章／第二　歴世／一）という回顧がある。しかし、洋装本が出版物の中心を占める時代に成長した東堂が、自身で和装本を購入することは少なかったと思われる。作品には、漢籍や和本を古書店で求めた記述は見られない。父国継と異なり、東堂は活字で漢詩文を読む世代の人間であった。田能村竹田に傾倒する彼が愛読し、軍隊にも携帯した書籍が洋装の『田能村竹田全集』（国書刊行会、一九一六年五月）であったことは象徴的である。

書物をめぐる環境は、作者においても変わらない。巨人の蔵書に漢籍や和本は少なく、一方で『中国詩人選集』（岩波書店）や『漢詩大系』（集英社）などの叢書の揃いが見られる。初見は版本であった可能性もあるが、蔵書として留め置かれることはなく、新しいものに置き換えられていったのであろう。堀籠美善編『中学諷詠詳解』（集文館、一九一三年七月）や簡野道明『和漢名詩類選評釈』（明治書院、一九一四年一〇月）なども所蔵されており、アンソロジーを通じての受容もあったことが推測できる。『中学諷詠詳解』は、尋常小学校一年か二年かの時に愛読した本と証言されている。[*10] 触れる書物の形態が変わっても、関心が途切れることはなかった。

漢詩文についての豊富な知識は、持ち主に卓越性のしるしと同時に孤独の相貌を与えることとなった。近い年齢で同好の士を見つけることは困難であり、話題にする機会も乏しい。『神聖喜劇』における生源寺景文以外は、主人公の知識を受け止める相手は現われない。西洋文学については同好の士がしばしば登場するのに比べれば、漢詩文の趣味が共有する相手を持たないことは対照的である。短歌や俳句のように連想から取り上げられることも少ない。漢詩文をめぐるやり取りが活発でないことは、現代日本における漢文の地位低下と関係していよう。

『中学諷詠詳解』と『偉人風丰録』

状況は芳しくないものの、他者への連絡の試みがなさ

＊10　＊2前掲エッセイ。

れていないわけではない。短編集『五里霧』（一九九四年）や『迷宮』の頃から次世代へ文学について語りかける場面が目立つようになる。年長者から年少者に対して、印象的な章句が解釈や感想と共に披露される。文学をめぐる記憶の継承は、「中期後半」以降の作意の一つと言えるであろう。

『深淵』の麻田布満（あさだのぶみつ）は、二度の記憶喪失に陥り、直近の体験についてはすべて忘却してしまうが、書物で得た情報を失うことはない。北海道の病院で意識を回復した布満は、窓外の月から斎藤茂吉の短歌やゲーテの詩を思い出し、以前の記憶が損なわれていないことで自信を取り戻す。想起された作品の中には、田能村竹田の六言絶句があった。「麻田において、文学・とりわけ短歌俳句など短詩型文学ないし漢詩漢文にたいする愛重の始原は、少年時代以来、彼が敬意をもって親近した伯父大庭宗昔の影響である」（第4章　夜思／3）と説明されているように、布満の教養形成に伯父が果たした役割は大きく、漢詩文を含めた文学的な記憶の受け渡しが成立していると言える。

登場人物の発言、語り手による提示のいずれの場合においても、先人の言葉は、精確に引用される。引用が巨人文芸における重要な方法であることは断るまでもないが、それがもたらす作用について改めて整理しておく。可能な限り出典を明示し、語句を誤りなく再現することは、他者をそのまま受け止め、尊重することを意味する。引用による意識化を通じて、感性や思考の源が確かめられ、自身の現在の立場が問い直される。一方で異なる文脈に移し替えられた言葉は、新しい意義を得ると同時に、有効性を試される。引用は、引用する主体と引用される対象との双方に影響を及ぼし、変化を促す契機となる。相互作用が出現することは、漢詩文についても例外ではない。

『深淵』には丹生持節（にふよしとも）という人物が登場する。彼は、「不羈独往（ふきどくおう）」の人柄であり、「松浦県宝満市桔梗町」において「国文・漢文・英文の学習塾」、「海濱学舎」を経営している（第二十五章　新局面／3）。塾名は、『孟子』「尽心上」の故事に由来する。父が罪を犯した時に、法と家族の情との板挟みになった皇帝舜は、天下を捨てて父と海辺に沿って逃げ、遠くで隠れ住むとよい。弟子に問われて、孟子は如上の返答をする。『孟子』の中でも「破格的・異端的な属性」を持つ挿話への持節の注目は、語り手によって「思想家孟子ないし書物『孟子』に不羈奔放あるいは豪放磊落の――近視眼的には原則からの逸脱と映ずるであろうような――フモールを共感的に看取したにちがいない」と想像されている。一般的には法の遵守よりも父への孝行を重んじると解されている章句を持節がどう受け止めているか、作品では示されない。ただ、地方で開いた私塾の名に当該挿話の語句を選んだことから、血縁の情とは異なる回路に話が接続されたことが推

『深淵　下巻』（光文社文庫、2007年11月）

測されるだけである。二〇世紀末の日本における異色の営みに『孟子』に基づく命名がなされると同時に、依拠文献の新しい読みが目指される。「国家権力とマスコミ・メディア権力と」（第十章　玉石混淆（ボーダーレス）／1）という二大権力に対する対抗が意識されていることからすれば、志向されているのは国家を乗り越えていく知であると見当がつく。

『迷宮』の皆木旅人は、ウォルター・デ・ラ・メアの詩『ある墓碑銘』（A Epitaph）から「爽快な唯物論的気流」を看取している。旅人のような独創的な把握は、江馬細香の五言絶句『養蘭』への評言「真正フェミニストの毅然たる一撃ならんか」（『春秋の花』）のように、巨人においてもしばしばなされていた。引用の際に行われているのは、私的であり、かつ、作品に潜在する可能性に触れている点で兆候的でもある読解である。漢詩文も他の対象と同様、静態的な参照項としてのみ意識されているわけではない。

第三節　「漢語・漢文脈的表現」からの脱却——『神聖喜劇』の文体

大西巨人の文体は、異質であると評されることが多い。論理性を重視した語の選択や配列は類例がなく、屹立した印象を読者に与える。いとうせいこうは、「細かく書き込めば書き込むほどリアルでなくなっていく」傾向を認め、「多種テキストの使用と徹底したリアリズムによる脱リアリズムという、きわめてポストモダンなやり方で、大西巨人は平板な近代文学のリアリズムをとっくの昔に突破していた」[*11]と指摘している。常套表現を脱し、事態の細部まで描き出そうとする意欲が巨人にあることは確かであろう。ただし、言語運用の態度を「徹底したリアリズム」と呼ぶことには検討の余地がある。「多種テキストの使用」との関係も、いとうの文章においては併記されるに留まっている。ここでは『神聖喜劇』に即して、巨人における世界との向き合い方を分析してみたい。

「第三部　運命の章」には、村上少尉という青年将校が登場する。彼は、「聖戦」の大義を信じる一種の理想主義者で、高等学校から陸軍士官学校に転じた異色の経歴を持つ。村上は、大前田軍曹が教育兵に長広舌を奮っているところに介入する。中国大陸における苛酷な戦闘体験を思い返し、激情に駆られながら手段を選ばず敵を打ち倒すべきと主張する大前田に対して、村上は「聖戦」の理念を説く。納得しない大前田は、戦場に行けば村上の意見も変わるかもしれないと言う。南方戦線に赴く可能性に触れた村上に、大前田は同じ部隊になるかもしれないと返し、村上が微笑む。

> 遍照（へんじょう）する光の下で村上少尉が莞爾（かんじ）として笑うのを、私は見た。彼のその微笑を、私は、「莞爾として笑う」という語句そのものによって知覚した。「莞爾（クワンジ）トシテ笑フ」は、たとえば『漁夫ノ辞』にも出ている。……「屈原曰（イハ）ク／吾之レヲ聞ケリ／新タニ沐（モク）スル者ハ必ズ冠ヲ弾（ハジ）キ／新タニ浴スル者ハ必ズ衣ヲ振フ、ト／安（イヅク）ンゾ能ク身ノ察察（サツサツ）タルヲ以テ／

＊11　いとうせいこう「リアリズムへの神聖喜劇」（『大西巨人　抒情と革命』〈河出書房新社、二〇一四年六月〉所収）。

物ノ汶汶タル者ヲ受ケンヤ／寧ロ湘流ニ赴キテ／江魚ノ腹中ニ葬ラントモ／安ンゾ能ク皓皓ノ白キヲ以テシテ／世俗ノ塵埃ヲ蒙ランヤ、ト／漁夫莞爾トシテ笑ヒ／枻ヲ鼓シテ去ル／乃チ歌ヒテ曰ク／滄浪ノ水清マバ／以テ吾ガ纓ヲ濯フ可シ／滄浪ノ水濁ラバ／以テ吾ガ足ヲ濯フ可シ、ト／遂ニ去リテ復与に言ハズ」……しかし、それは、私にとって、なかんずく『論語』の「陽貨」における言葉である。……「子武城ニ之キテ、絃歌ノ声ヲ聞ク。夫子莞爾トシテ笑ッテ曰ク雞ヲ割クニ焉ゾ牛刀ヲ用ヒン。子游対ヘテ曰ク、昔者、偃、諸レヲ夫子ニ聞ケリ、曰ク、君子道ヲ学ブトキハ即チ人ヲ愛シ、小人道ヲ学ブトキハ即チ使ヒ易シ、ト。子曰ク、二、三子ヨ、偃ガ言是シ、前ノ言ハ戯レシノミ。」……柄を握れる左手を村上少尉が左横合いへまわして突っ張ると、刀室のそれにつれて傾斜する帯金、責め金に金色の光が二、三度走って過ぎた。（第三部　運命の章／第三「匹夫モ志ヲ奪フ可カラズ」／一）[*12]

掲出の部分は、語り手としての東堂太郎の姿勢を考察する上で見逃せない。「「莞爾として笑う」という語句そのものによって知覚した」が示しているのは、事態をとらえ、ふさわしい表現を見つけるという段階的な進み行きではない。東堂が表明しているのは、できごとと言葉との相即的な立ち現れである。「彼女は、自分の動悸を「早鐘を打つように」という月並みな修辞そのものによって感覚した。してまた彼女は、自分の動悸を「早鐘を打つように」

＊12　引用部分の初出は、『新日本文学』第二〇巻第一二号、一九六五年一二月（連載第五五回）。出典としては、『論語』のみが示されている。『漁夫ノ辞』が追記されるのは、四六判刊行時（一九七八年七月）になってからである。

という月並みな修辞そのものによって感覚したと意識した」（『天路の奈落』第四　拡大地方委員会の夜（結）／四）のように、他作品にも同様の表現は見られるところから、言葉と世界との相即的関係は、東堂太郎だけでなく、巨人文芸に通底する性格と見なすことができる。

「莞爾として笑う」をめぐる記述は、言語が分節化した世界をそのまま反映した文である。言葉の媒介によって初めて知覚が成立することをとらえている点において、東堂あるいは巨人は、言語論的転換以後の認識をいち早く手にしていたと言うことができる。漢詩文に幼時から親しみ、学んだ詩句や断章が身体化している両者にとって、言葉による世界の立ち現れは、自然な経験であったろう。もちろん、長い年月をかけて社会に蓄積された言い方があり、それが個人の認識を支えていることは珍しいことではなく、すべての人に当てはまる。ただ、東堂あるいは巨人においては、厳密な引用によって言葉と世界との関係が明瞭に自覚化されていることが異なる。さらに、主体は、定型表現によるできごとの生成と認識とを甘受しているだけではない。

かつて『黄金伝説』が発表された際、中野重治は「主人公と作者とがグルになって、万事万端漢語でやっている」[*13]ことを難点として挙げた。共産党の中でも

『神聖喜劇　第二部　運命の章』（光文社カッパ・ノベルス、1969年2月）

＊13　中野重治「大西の「黄金伝説」について」（『新日本文学』第九巻第七号、一九五四年七月）。

偏見が残存する中での部落差別事件を解決しようとする困難さを扱った作品について、問題にされたのは、内容と表現との齟齬である。中野の批判は、大西―宮本論争への介入という意味を帯びており、[＊14] 必要以上に言い方が厳しいところがあるが、漢語多様の弊害を説いていることは肯ける。進行中の事態を既成の熟語で成型することを難じた中野の指摘は、巨人に響くものであり、『神聖喜劇』において漢語依存からの脱却が図られることになる。[＊15]「明確な論理性を貫徹すること、それと同時に音楽的な（？）律動性（緊張性）を――漢語・漢文脈的表現の採用（多用）に頼ることなくして――生み出すこと」[＊16]は、『神聖喜劇』執筆における作者のもくろみであった。むろん、巨人が目指したのは、単なる言いかえではなかった。

「莞爾として笑う」のは、出典の『論語』においては孔子（夫子）である。[＊17]小さな町で儀礼と雅楽との講習をしている様子が大げさではないかと弟子に問いかける時に、孔子は笑顔を浮かべていた。質問は弟子を試すものであり、「戯」であった。「莞爾」は、師の余裕ある態度を表わしている。大前田の返答に対する村上の応接も、「莞爾として笑う」ものである限りは、上官に似つかわしい。しかし、村上の理想主義は、鉢田や橋本の「日本の戦争は、殺して分捕るが目的であります。」という明け透けな回答によって揺るがされてしまう。大前田、鉢田、橋本の言動に因んだ、節の題名「匹夫モ志ヲ奪フ可カラズ」も『論語』に由来する。夫子のふるまいが匹夫によって無効化される展開が「運命の章」には認められ、比喩的に言えば、それは『論語』の言葉によって『論語』（の治者の知の側面）を超えていくこと

＊14　＊5前掲武井昭夫文。

＊15　鎌田哲哉を聞き手としたロング・インタビュー『未完結の問い』（作品社、二〇〇七年三月）に、「「大西の『黄金伝説』について」で、あなたが私についていろいろ批評してくれましたが、今度の『神聖喜劇』を読まれて、その観点から、言葉の使い方とか、いかがですかと聞いたことがある。すると、「それどころじゃない。よく咀嚼して、全部飲み込んでいる」というようなことを言われたんだ。」という発言がある。

＊16　「論理性と律動性と」（『国語教育』第一一巻第七号、一九六九年七月）。

＊17　貝塚茂樹編『世界の名著3　孔子　孟子』（中央公論社、一九六六年三月。大西巨人

であった。「漢語・漢文脈的表現」への依存から脱却することには、狭義の儒教思想の影響圏から離れていくという意味があった。『神聖喜劇』の執筆に費やされた四半世紀の時は、東堂太郎の回生を表現として実現するための模索のためにも必要とされたのである。

東堂は、父国継から「武士の子」たる心構えを子供の頃から教えられてきた。ただし、国継は、家の格式に拘るようなことはなく、また、「江戸時代末期の尊皇思想・勤王運動には同情共感積極的評価を惜しまなかった」が、「天皇ないし皇室にたいする尊崇敬愛を（父個人としては）かつて絶えて微塵も表明もしなかった」という（第三部　運命の章／十一月の夜の媾曳／十一）。儒教との交渉を経て体制における地方共同体を維持する規範として機能してきた武士道は、国継において、家や国家の枠組に縛られない普遍性を胚胎するものとなり、息子に受け継がれた。太郎が「道義」の観点から武士道とコミュニズムとを接続させていくのは、父によって準備された道筋に沿ったものととらえることができる。

召集前、東堂は、吉田松陰の著作を読み返し、大義を疑わず後進の存在を信じて死地に赴いた幕末の志士と虚無主義にとらわれた自己との落差を感じている。

> 松陰のそれのような死を死ぬる身ではない私が、ここから見収めとなるべき刃金色の海を見て立ち尽くしている。おりおりあちらこちらに蒼白くひるがえってたちまち果てる波の穂を愛しみながら、虚無主義者私が、『留魂録』のその一段を、ある刻薄な自虐

の蔵書には本書が含まれ、紙片の挟み込みが見られる）には、本章について「孔子は子游の居城にきて絃歌の声を耳にし、諺を引いて子游をからかって、まじめに反論され、前言を取り消さねばならないことになった。孔子のこんな失敗談を平気でのせているところが、『論語』である」という解説がある。

的快感にまみれてつぶやいている。（同前／十三）

この段階の東堂にまだ能動的な姿勢は見られない。しかし、松陰の漢文訓読体の遺書を暗誦する自身を、「漢語・漢文脈的表現」に頼らずに対象化しえていることに、向日的な生に反転する兆しはすでに宿っている。

大西巨人における漢詩文の受容は、複数の意味で特徴的である。同世代の中で珍しい積極性がうかがえ、一方では利用が断章の引用に留まるという抑制があった。材源とした物語が執筆されることはなく、古典はあくまで現在を生きる人間の言及物として用いられている。引用する主体と引用される対象との間には常に距たりがあり、二者の緊張関係は思想と表現とをめぐる運動を生じる契機たりえた。現実との関わりにおいて真価が問われる点に着目するならば、断片であることによって漢詩文は根源的な意義を獲得、あるいは回復している、ということになる。そして、先行する言葉との対話的関係を生きること自体が一つの現実であった。写された現実ではなく、生きる現実、変革する様態そのものである巨人文芸において、リアリズムはあらかじめ乗り越えられていたと言えよう。

【参考文献】
大高知児編『『神聖喜劇』の読み方』（晩聲社、一九九二年）
石橋正孝『大西巨人　闘争する秘密』（左右社、二〇一〇年）

『大西巨人――抒情と革命』（河出書房新社、二〇一四年）
山口直孝編『大西巨人――文学と革命』（翰林書房、二〇一八年）
山口直孝編『図録　作家・大西巨人――「全力的な精進」の軌跡』（学校法人二松学舎、二〇二〇年）

研究の窓

澁澤龍彦の後期小説における漢文学の影響

杉浦楓太

澁澤と漢文学

澁澤龍彦（一九二八—一九八七）は、マルキ・ド・サド作『悪徳の栄え』を邦訳したことで「猥褻文書販売同所持」の疑いで起訴された。いわゆるサド裁判である。サド裁判は、フランス文学者としての澁澤を有名にした。澁澤が永眠した翌日、一九八七年八月六日の『読売新聞』二三面に小さな記事が掲載された。「異端の文学の紹介、美術評論／仏文学者 澁澤龍彦氏死去」——この見出しは、澁澤が死没するまでサド裁判で形作られた印象を拭いきれなかったことを示唆している。[*1]

事実、澁澤の一九六二年までの初期小説群は漢文学の影響下にあるとはいいがたい。また、澁澤は、『世界悪女物語』（桃源社、一九六四年四月）で、一二人の女性の中で唯一の東洋人女性として則天武后を取りあげたものの、[*2]全集の「解題」によれば則天武后とエルゼベエト・バートリの項目は「ほとんどただ一冊の書物に依拠した」、「受け売りに近い」ものであった。[*3]これは初期の澁澤が漢文学にあまり関心を示していなかったことの傍証になるであろう。

したがって、初期の澁澤からサド裁判のイメージを喚起するのは自然である。しかし、後期の澁澤の小説に漢文学の影響が垣間見えることは指摘しておかなくてはならない。

澁澤は、一九四六年に浦和高校理科甲類に入学しているが、[*4]旧制高校において、漢文教育は柱とされていた。後期の澁澤の創作活動には、この頃の学習が寄与しているところもあるであろう。

澁澤の蔵書を確認すると、『論語』、『随園食単』、『浮生六記』などといった、入手が比較的容易であったと考えられる漢文学の書籍に関しても、一九八〇年以降に入手していることがわかる。[*5] 詳細は後述するが、「護法」[*6] の典拠となった『聊斎志異』も、一九七八年に刊行されたものである。

巖谷國士らが構成した『澁澤龍彦辞典』（平凡社、一九九六年四月）の「天竺」の項目にも、「五〇年代末からの国文説話の耽読に促されて、七〇年代後期には、仏教の神話・美術への見識も高まっていた」とある。

以上をふまえて、澁澤の後期小説群における漢文学の影響を、作品ごとに簡単に見ていきたい。

『唐草物語』

後期小説群の嚆矢となる『唐草物語』（河出書房新社、一九七九年七月）で、澁澤は一九八一年の泉鏡花賞を受賞している。異端という惹句で紹介されてきた澁澤とともに受賞しているのが、澁澤が「異才」と評する筒井であるというのは興味を引かれるところがある。

「女体消滅」の主人公の長谷雄は鬼と双六で勝負し、絶世の美女を譲り受ける。鬼に百日が経過する前に手をつけてはならないと警告されるが、長谷雄は禁を犯してしまう。「女体消滅」には「遣唐使の船とともに渡ってきた『玉房秘訣』『玄女経』『洞玄子』などの貴重な写本」が登場するが、これは作中にも記されているとおり、房中術の文献である。高柴慎治は「物語のアラベスク」と題された、澁澤の小説群に関する全七回におよぶ考察の初回で「個々の書籍は失われているが、日本最古の遺書『医心方』の「題二十八　房内篇」に書籍名とそれぞれからの引用があり、澁澤はそれらの記述を利用している」ことを指摘している。[*7] 長谷雄が『玉房秘訣』を「ひらいて読み出」す場面からは、散逸した書籍に対する憧憬が見え隠れするようである。

「蜃気楼」の冒頭には、『史記』の秦始皇本紀からの引用がある。仙薬を求めて蓬莱山に出航した徐福の「記録にのこっていないところを、これから私が語ろうというわけである」と語り手はいう。この物語の結末をいってしまえば、九百年後に「土人」が徐福と数百人の童男童女に邂逅するというものである。高柴は「蜃気楼」が『列仙全伝』に、すこし脚色を加えたものであると指摘している。[*8] とはいえ、典拠に脚色を加えて自作に昇華する方法は、澁澤としては珍しいものではない。この手法から、澁澤の小説はパッチワークともコラージュとも評されている。

『ねむり姫』

このころの澁澤の小説からは西洋的な要素が明らかに減少している。小説集『ねむり姫』とエッセイ集『狐のだんぶくろ』が同じ年に出版されたことで、「「澁澤龍彦の日本回帰」が取り沙汰された」[*9]。

『ねむり姫』（河出書房新社、一九八三年一一月）の「付記」には「本文中にも言及したように「ぼろんじ」および「画美人」の作中に引用した漢詩は石川鴻斎（いしかわこうさい）著『夜窓鬼談』から借りたものであることを明らかにしておく」とある。小泉八雲の『怪談』の材料となったことでも知られている『夜窓鬼談』は、現在では国立国会図書館のデジタルコレクションに収められているが、残念ながら「画美人」には欠損部分がすくなくない。

「ぼろんじ」は、女装した男性と、男装した女性が登場する物語で、澁澤の創作にはすくなくないが、両性具有のモチーフが指摘されている。「画美人」は題名そのまま、画から女性がでてくる物語である。

全集19巻の「解題」は「ぼろんじ」を「原作者・鴻斎が読めば驚倒したに違いない、〔…〕「茨城智雄」とは、チンパンジーと人間ぐらい懸け離れたものとなっている」と高く評価する一方で、「画美人」を「六篇中でただ一つ、所期の成功を収めえなかった作品とみな」している。[*10]

『うつろ舟』

澁澤の最後の短編小説集である『うつろ舟』（福武書店、一九八六年六月）は、初出誌と底本とで、『ねむり姫』と比べて意味内容の異同がすくない。その理由として、全集21巻の「解題」は「物語作者としての澁澤の文体が、習熟によって完全な安定を得るに至ったことを、第一に挙げ」ている。[*11] 澁澤が早逝しなかった、もしもの場合を夢想すると、ますます口惜しいものがある。

「護法」は、蒲松齢『聊斎志異』を典拠としている。作中にも主人公の彦七が「『聊斎志異』という小説集のなかに、なぜかわたしとそっくりな主人公の出てくる一篇があるので、狐につままれたような気がしていたというわけです」という場面が記されている。『聊斎志異』の該当部分は、妻の顔を気にいらない男が、妻の首をすげかえてもらうというものである。しかし、後半部は、中野美代子が指摘するように「彦七の男根切断やら、お紺のヴァギナ・デンタータやら〔…〕澁澤氏ごのみの主題が濃厚になり、もはや藍本のおもかげは、どこにもとどめない」。[*12] 中野は、澁澤が「退屈な後半を切り捨てたのも、また宜なるかな、と思われる」としている。

「花妖記」は、いかなる女性にも快感を感じさせる緬鈴という石をめぐる物語である。「花妖記」の一部は、全集21巻の「解題」で、澁澤が漢詩が「澁澤の創作ではありえない」こと、「漢文を読み下したような文章も、澁澤の書きうるものでない」こと、「これらのあまり上手でないこと」を根拠として「『夜窓鬼談』の再利用の可能性が強いと推定され」ていたが、全集の稿者が『夜窓鬼談』を披見できなかったことから推定にとどまっていた。それが二〇〇九年になって、高柴の調査によって、前半部が『夜窓鬼談』の「花神」に基づくものであることが判明した。[*13] なお、全集21巻「解題」の時点では、澁澤の蔵書に石川鴻斎『夜窓鬼談』は発見されなかったようだが、現在では、東陽堂支店から一八九四年に刊行されたものを所有しており、書き込みもなされていたことが確認できる。

表題作の「うつろ舟」は「護法」よりも前に執筆されているのであるが、胴体と生首が分離する場面が登場する。「うつろ舟」は男女が互いの首を投げ合うというもので、「護法」とは性質が異なるものであるが、全集21巻の「解題」は『聊斎志異』と、『大語園』の「接吻の玉」の「着想を組み合わせて、いっそう幻怪なものに仕上げたのだと思われる」としている。

『高丘親王航海記』

澁澤の最初で最後の長篇である。天竺を目指す高丘親王の旅路を描いたもので、澁澤は死後、この作品で読売文学賞を受賞している。この秀作の執筆の途中で下咽頭ガンが判明したが、澁澤は病床で完結させた。そのことから、澁澤の病と『高丘親王航海記』（文藝春秋、一九八七年一〇月）を結びつける論者はすくなくない。

全集22巻の「解題」は、「杉本直治郎博士の大著、『真如親王伝研究』が直接の所依である」とした上で、親王が虎に食われて死ぬという「結末も、この労作が紹介する〈虎害伝説〉に基づいている」とする。[*14]「高丘親王の入唐略記前後からの事績を伝える根本資料」は『真如親王入唐略記』『頭陀親王入唐略記』である。[*15]

ほかにも、『高丘親王航海記』には『梁書』『詩経』『大雅』の名が登場する。「解題」によれば『梁書』については「基本資料からの孫引きである」。『詩経』は霊囿について、『大雅』は鼠負（そふ）について言及する際に引かれている。

これまで概観したように、後期の澁澤は、簡単とはいえ漢文学の影響を受けながら創作活動を続けていた。西洋と東洋というふたつの視座が結実している澁澤の幻想小説は豊潤で、コラージュを反復しながらも縦横無尽である。

早逝していなければ、われわれの澁澤に対するイメージは、西洋的なものではなく、東洋的なものになっていたかもしれない。そのような空想をして、筆を置く。

引用文中の〔…〕は省略、／は改行を表し、澁澤の作品の本文引用は各全集による。

【註】

＊1　澁澤のセルフ・プロデュースによるところも大きい。

＊2　『澁澤龍彥全集』4巻（河出書房新社、一九九三年九月）、一三九頁。

＊3　前掲『澁澤龍彥全集』4巻、四四一頁。

＊4　澁澤の伝記に関しては『新潮日本文学アルバム　澁澤龍彥』（新潮社、一九九三年八月）を参考とした。浦和高校には「戦時の繰り上げ卒業のため中学四年から」入学している（一九頁）。

＊5　国書刊行会編集部『書物の宇宙誌　澁澤龍彥蔵書目録』（国書刊行会、二〇〇六年一〇月）。以下、澁澤の蔵書に関する記述は、この文献に基づくものである。凡例には「書籍が重版本の場合は、出版年は初版年ではなく、重版年で記した」とある。なお、『随園食単』と『浮生六記』の二作は、この時期に岩波文庫から刊行されている。これまで入手する機会がなかったとも考えることはできるが、苦労して手に入れる必要はなかったということになる。いずれにせよ、あまり関心が向いていなかったのであろう。

＊6　澁澤の短編小説。『うつろ舟』所収。

＊7　高柴慎治「物語のアラベスク」（静岡県立大学国際関係学部『国際関係・比較文化研究』第5巻第1号〈二〇〇六年九月〉所収）、二〇一頁。

＊8　高柴慎治「物語のアラベスク　part2」（静岡県立大学国際関係学部『国際関係・比較文化研究』第6巻第1号〈二〇〇六年九月〉所収）、一七九頁。同論文で高柴は「澁澤が依ったのはおそらく『「説話」大百科事典・大語園』第5巻（名著普及会）の「秦徐福」の項目だと思う」とする。

＊9　前掲『新潮日本文学アルバム　澁澤龍彥』、八四頁。

＊10　『澁澤龍彥全集』19巻（河出書房新社、一九九四年一二月）、四四四、四五二頁。

＊11　『澁澤龍彥全集』21巻（河出書房新社、一九九五年二月）、四四六頁。

＊12　中野美代子「虎を呼び出す力」（『バベルの図書館』「月報10」〈国書刊行会、一九八八年一二月〉所収）。

＊13　高柴慎治「物語のアラベスク　part4」（静岡県立大学国際関係学部『国際関係・比較文化研究』第7巻第2号〈二〇〇九年三月〉所収）、一〇三―一〇四頁。

＊14　『澁澤龍彥全集』22巻（河出書房新社、一九九五年三月）、五七〇頁。

＊15　＊14に同じ。

【執筆者一覧】（掲載順）

関谷博（せきや・ひろし）

学習院大学大学院博士課程中退。現在、藤女子大学文学部教授。

主な著作に、『幸田露伴論』（翰林書房、二〇〇六年）、『明治二十年代　透谷・一葉・露伴』（翰林書房、二〇一七年）、「漱石の日露戦争―『琴のそら音』と『趣味の遺伝』―」（『藤女子大学国文学雑誌』九九・一〇〇、二〇一九年）などがある。

古田島洋介（こたじま・ようすけ）

東京大学大学院比較文学比較文化専攻修士課程修了。文学修士（比較文学）。台湾大学中国文学研究所碩士課程修了。文学碩士（中国文学）。東京大学大学院比較文学比較文化専攻博士課程（単位取得満期退学）。現在、明星大学人文学部日本文化学科教授。

主な著作に、『鷗外歴史文学集　第十二・十三巻『漢詩』上・下』（注釈、岩波書店、二〇〇〇・二〇〇一年）、『大正天皇御製詩の基礎的研究』（明徳出版社、二〇〇五年）、『日本近代史を学ぶための文語文入門――漢文訓読体の地平』（吉川弘文館、二〇一三年）などがある。

楊爽（よう・そう）

二松学舎大学大学院文学研究科博士後期課程修了。博士（文学）。現在、中国・河南農業大学文学部講師。

主な著作に、「漢文白話体小説の書き手「秋風道人」とは誰か―依田学海の創作活動の一面」（『人文論叢』、第九十九輯、二松学舎大学人文学会、二〇一七年一〇月）、「近代における漢文小説の「還流」―依田学海『譚海』と『東海遺聞』の関係を中心に』」（『神話と詩』第一四号、日本聞一多学会、二〇一六年二月）、「依田学海と『聊斎志異』―「小野篁」と「蓮花公主」との比較研究を中心に」（『日本漢文学研究』、第一二号、二松学舎大学東アジア学術総合研究所、二〇一七年三月）などがある。

田部知季（たべ・ともき）

早稲田大学大学院文学研究科博士後期課程修了。現在、日本学術振興会特別研究員ＰＤ。

主な著作に、「子規の「写生」と日清戦争―視覚メディアと文画壇の中で―」（『社会文学』四五号、社会文学会、二〇一七年二月）、「明治三十年前後の虚子俳論―日清戦後の「文学」の中で―」（『日本近代文学』九六集、日本近代文学会、二〇一七年五月）、「剣花坊・日露戦争・碧梧桐―時局の中の川柳と俳句―」（『日本近代文学』九九集、日本近代文学会、二〇一八年一一月）などがある。

伊豆原潤星（いずはら・じゅんせい）

二松学舎大学大学院博士前期課程修了。現在、二松学舎大学大学院博士後期課程、二松学舎大学国文共同研究室助手、二松学舎大学漱石アンドロイドプロジェクト研究助手、慶應義塾中等部非常勤講師。

主な著作に、「文豪アンドロイドに感じるリアリティと事前知識・信念の関係性の検討」（共著、『知能と情報』、二〇一九年）、「夏目漱石が『こころ』を朗読する時：アンドロイドによる文学教育の試み」（共著、『二松学舎大学人文論叢』、二〇一九年一〇月）、「映画『ウエストワールド』のアクチュアリティ――アンドロイドと人間の境界線」（『鏡像』、二〇一九年一一月）などがある。

多田蔵人（ただ・くらひと）

東京大学大学院人文社会系研究科日本文化専攻日本語日本文学専門分野修了。博士（文学）。現在、鹿児島大学法文学部准教授。

主な著作に、『永井荷風』（東京大学出版会、二〇一七年）、『荷風追想』（編著。岩波書店、二〇二〇年）、「宮崎三昧『辛亥日誌』――蒐集家の表現」（『日本近代文学館年誌 資料探索』二〇一九年三月）などがある。

瀧田浩（たきた・ひろし）

立教大学大学院文学研究科博士後期課程単位取得後退学。現在、二松学舎大学文学部教授。

主な著作に、「六〇年代詩と七〇年代前後のポップスの状況―渡辺武彦と松本隆を中心に―」（『敍説』Ⅲ期9号、二〇一三年三月）、「武者小路実篤「その妹」論―戦後受容の問題と障害学の観点から―」（『二松学舎大学人文論叢』第九一輯、二〇一三年一〇月）、「本多秋五の〈野性〉と〈後退〉―「『白樺』派の文学」への接近―」（『二松学舎大学人文論叢』第一〇二輯、二〇一九年三月）などがある。

須田千里（すだ・ちさと）
京都大学大学院文学研究科博士後期課程中退。現在、京都大学大学院人間・環境学研究科教授。
主な著作に、「泉鏡花と中国文学―その出典を中心に―」（『国語国文』五五巻一一号、京都大学文学部国語学国文学研究室、一九八六年一一月）、「芥川龍之介歴史小説の基盤―『地獄変』を中心として―」（『叙説』二五号、奈良女子大学文学部国語国文学会、一九九七年一二月）などがある。

河野龍也（こうの・たつや）
東京大学大学院人文社会系研究科博士課程満期退学。博士（文学）。現在、実践女子大学文学部教授。
主な著作に、『佐藤春夫と大正日本の感受性―「物語」を超えて』（単著。鼎書房、二〇一九年）、『佐藤春夫読本』（編著。勉誠出版、二〇一五年）、『梶井基次郎「檸檬」を含む草稿群―瀬山の話―』（編著。武蔵野書院、二〇一九年）などがある。

平崎真右（ひらさき・しんすけ）
二松学舎大学大学院博士後期課程単位取得満期退学。現在、二松学舎大学文学部非常勤講師。
主な著作に、「モダン、ロマン、カレーライス―「共栄堂のスマトラカレー」と「中村屋のカリー・ライス」―」（『ショッピングモールと地域』――食をめぐる文化・地域・情報・流通』ナカニシヤ出版、二〇一八年所収）、「戦時下の郵便メディア―中島一太関連「軍事郵便」を中心に―」（『中島醫家資料研究』第一巻第一号、二〇一八年五月）、「国士舘とその時代―私塾、大正、活学の系譜―」（『国士舘史研究年報 楓原』第九号、二〇一八年三月）などがある。

渡邊ルリ（わたなべ・るり）
奈良女子大学大学院人間文化研究科（博士課程）単位取得済退学。博士（文学）。現在、東大阪大学こども学部教授。
主な著作に、「中島敦『李陵』論」（『叙説』奈良女子大学文学部国語国文学会、二〇〇六年三月）、「上海日僑管理処発行『導報』誌の中の日本人たち―内山完造・海野昇雄・林俊夫（三木七石）」（『アジア遊学』二〇五、勉誠出版、二〇一七年二月）などがある。

山口俊雄（やまぐち・としお）
東京大学大学院人文社会系研究科博士課程修了。博士（文学）。現在、日本女子大学文学部教授。
主な著作に、『石川淳作品研究―「佳人」から「焼跡のイエス」まで』双文社出版、二〇〇五年）、『太宰治をおもしろく読む方法』（編著、風媒社、二〇〇六年）、『言葉の文明開化―継承と変容』（共著、学術出版会、二〇〇七年）、『石川淳と戦後日本』（共著、ミネルヴァ書房、二〇一〇年）、『展望 太宰治』（共著、ぎょうせい、二〇〇九年）、『日本近代文学と戦争―「十五年戦争」期の文学を通じて』（編著、三弥井書店、二〇一二年）などがある。

山口直孝　別掲

杉浦楓太（すぎうら・ふうた）
現在、二松学舎大学大学院文学研究科博士前期課程。
主な著作に、「氷解する小宇宙――「人形塚」」（『解纜』二〇一八年一一月）などがある。

あとがき

夏目漱石は、一九一一年（明治四四）に大阪で行った講演「文芸と道徳」において、世代の断絶に触れている（『朝日講演集』〈朝日新聞社、一九一一年一〇月〉所収）。「明治維新の丁度前の年に生れた人間」である「私」は、「海陸両棲動物のやうな怪しげなもの」であり、「今の若い人は余程自由が利いて居るやうに見え」ると漱石は言う。彼我を分かつものは、倫理観であり、「漢学塾へ二年でも三年でも通つた経験のある我々には豪くもないのに豪さうな顔をして見たり、性を矯めて痩我慢を言ひ張つて見たりする癖が能くあつた」のに対して若者は「大体吹き抜けの空筒で何でも隠さない所が宜い」と評されている。

漱石の感じた隔たりを反映するように、文学の歴史は不連続に展開し、また、把握されていった。西洋化の観点から考察する研究者の眼には、「漢学塾」に学んで「痩我慢」をする人間の営みはとらえにくい。書記言語の体制が変化し、言文一致体が小説表現の中心を占めるようになった後、漢文を読むことができる者が減少したことも、取りこぼしに拍車をかけた。二葉亭四迷『浮雲』と森鷗外『舞姫』とを出発点とする史的理解は、大きな空白を抱えている。

本巻『漢学と近代文学』は、既成の日本近代文芸史に対する見直しとして企画された。「時間軸としては前近代・近代を分断せず通時的に見ることに努め、内容的には西洋由来の外来知識と東洋地域の伝統文化がいかなる接点をもったかを問題にする」（「刊行にあたって」）という講座全体の狙いを踏まえつつ、文芸を対象とした議論に集中した。「漢学」（漢文による学びの総称）に触れることで文学者たちがどのような教養を形成したか、また、何に着想を得ていかなる表現で作品を創造したかをめぐって、一二編の論文と三編の「研究の窓」とが創見を提示する。各編は、まずは特定作家に対する考察としてあるが、漢学受容の視座からの分析は、対象と先人の仕事とを連絡させ、自ずと史的記述の性格を帯びる。全体を通して、近世からの連続相における文芸史が浮かび上がるはずである。本書は四部構成とし、部題によって時期ごとの特色と関連性とを示した。もとより個々の考察の奥行きは、短い見出しで尽くせるものではない。とはいえ、「漢学」の視座から、一五〇年以上の文芸の歩みが一つの連なりであることを見通した点に、本書の魅力はあろう。

本書は、編者の力不足で準備を始めるのが遅く、十分な執筆期間を用意することができなかった。ご多忙の中、依頼をご快諾いただき、短い時間の中で力編をご寄稿いただいたみなさまのご厚意に深くお礼を申し上げる。「漢学と近代文学」の題目の下、望みうる最上の成果をまとめることができたのは、身に余る喜びである。戎光祥出版株式会社の宮川万理子氏、丸山裕之氏は、作業を停滞させがちな私に辛抱強くつきあってくださった。お二人の支援にも感謝したい。

「文芸と道徳」の終盤には「倫理的に活動する底の文芸は決して吾人内心の欲する道徳と乖離して栄えるわけがない」という発言があり、倫理と没交渉であるかのように文芸をとらえる風潮が戒められている。漱石が問題視した状況は、近世との関わりを否定しようとする近代の意識から生じていた。時代を架橋する本書の試みが、文芸の可能態を考える契機となれば幸いである。

二〇二〇年三月

第六巻 責任編集　山口直孝

【編者略歴】

山口直孝（やまぐち・ただよし）

関西学院大学大学院文学研究科博士課程後期課程単位取得済退学。博士（文学）。
現在、二松学舎大学文学部教授。
主な著作に、『私を語る小説の誕生――近松秋江・志賀直哉の出発期』（翰林書房、2011年）、『横溝正史研究』（共編著、既刊6巻、戎光祥出版、2009年～）、『漢文脈の漱石』（編著、翰林書房、2018年）などがある。

装丁：堀 立明

講座 近代日本と漢学 第6巻
漢学と近代文学
二〇二〇年四月二〇日 初版初刷発行

編 者 山口直孝
発行者 伊藤光祥
発行所 戎光祥出版株式会社
東京都千代田区麹町一―七
相互半蔵門ビル八階
電 話 〇三―五二七五―三三六一（代）
FAX 〇三―五二七五―三三六五
編集協力 株式会社イズシエ・コーポレーション
印刷・製本 モリモト印刷株式会社

https://www.ebisukosyo.co.jp
info@ebisukosyo.co.jp

ISBN978-4-86403-346-6